近代日本の作家たち
建築をめぐる空間表現

14 SPACE CREATORS in MODERN JAPAN

編 黒田智子 Tomoko KURODA

学芸出版社

はじめに

1. 空間表現とは

　一つのもの、一人の人間の周りにも、何らかの趣きや雰囲気を持った空間がある。さらに、建築には内部と外部にそれぞれこのような空間を持ち、しかも内部と外部はつながっている。だから、建築の内部や外部にものがあり、人がいる時、どこまでが建築のつくる空間で、どこまでがものや人のつくる空間かを分けることは難しい。

　一つの建築に機能と美があるとする。美は人を感動させる目的があるとするなら、どこからどこまでが機能で、どこからどこまでが美だろうか。人の生活とものや建築が調和しているとはどういうことだろう。

　本書は、このような建築をめぐる空間への基本的な問いを、近代の作家たちはどう捉え、どう応えたか、それを探ろうとするものである。

2. 近代における戦間期

　日本人は、第二次世界大戦後、アメリカの影響を受けて大きく変ったといわれる。しかし、建築をめぐる空間表現の基本的な考えが方向づけられたのは、第一次大戦後である。この頃、日本は、近代を迎えてどの国も経験した生活や都市に関する現象を同じように経験した。人の手に代わって、機械で大量に同じものをつくること、そのことがもたらす社会の恩恵と問題についてである。

　もちろん、明治時代から日本が推進してきた近代化を建築によって表現するという建築家の役割はあった。しかし、建築が人々の生活に環境として関わり、生活に対しても、芸術に対しても、社会的な責任があると意識されたのは、第一次大戦後である。この戦争では、日本の犠牲は少なかったが、世界情勢の変化に揺さぶられ、建築家は、生活と空間、機能と美、工芸と工業、社会と芸術、独創と普遍という、それ以前は個別に意識されるか、ほとんど顧みられなかった問題に意識的に取り組み始めた。本書では、この時期に深く影響を受けたか、活躍を始めて、時代をつくっていった作家を取り上げている。

3．この本の構成

　本書では、建築家、デザイナー、芸術家など14人の作家を取り上げて、各章ごとに、作家たちの生き方とその時代背景、空間表現のための考え方や方法、主な作品を紹介する。過去または同時代の空間表現の手法をどのように援用したか、また、彼らの独創性はどこにあったのか読み取っていただきたい。また、建築をめぐる空間の意味やあり方を考える手がかりにしていただきたい。本書は、興味を持った章をどこからでも読めるような構成になっている。また、序章、各部の解説、年表、相関図を活用して、作家同士の関係や、時代や世界の表現の流れの中で、それぞれの位置をイメージする助けとしていただきたい。

　第Ⅰ部では、近代の視点から、伝統的な日本の建築やヨーロッパの建築と向きあい、そこから得たものを自らの空間表現に生かした作家を紹介している。

　第Ⅱ部では、近代の問題に自らの空間表現としての答えを出した欧米の作家たちの考え方を修得し、自らの方法として取り込み、展開した作家を紹介する。

　第Ⅲ部では、人間と建築の間に存在する室内装飾を空間表現とした美術工芸家、機能性を重視し素材の性格を引き出したプロダクト・デザイナー、時代が要求する住生活を生き生きと空間に表現した住宅作家を取り上げる。

　第Ⅳ部では、「食べる」「眺める」「巡り歩く」といった人間にとって基本的な生活行為と、陶磁器、庭園、彫刻などの芸術作品を結びつけることから空間を構想した作陶家、作庭家、彫刻家を取り上げる。

　作家たちを各部の枠組みの中でより立体的に把握できるように、各部の最初で時代的な特徴・トピックスを解説した。

　本書は、多くの方々の協力を得て一つに結晶化した。精緻な仕事を忍耐強く続けて下さった執筆者各氏、学芸出版社・宮本裕美氏と、表紙のデザインに共に取り組んで下さった武庫川女子大学・奥田有美氏に深く感謝申し上げる。

　　　　　　　　　　　　　　　　　　　　　　　　　　　黒田智子

目次

はじめに 2
年表 6
相関図 8

序章 〈黒田智子〉 12

近代日本における建築をめぐる空間表現の前提：明治維新〜第一次大戦
ヨーロッパのモダニズムと「日本的なもの」論：第一次大戦〜日中戦争
アメリカへの前衛作家の移動と日本のモダニズム：敗戦〜高度経済成長
モダニズムという言葉の意味と背景

I部　建築における伝統性の近代的解釈 17

1　村野藤吾　歴史とモダニズムを超えて 〈笠原一人〉 21

独自の立場から
様式とモダニズムからの自由
自由への道程

2　吉田五十八　新しい普遍的日本建築を求めて 〈青井哲人〉 33

古い日本と新しい日本
数寄屋とモダニズム：近さと遠さ
日本建築の「現在性」：その追求の道程

3　堀口捨己　「日本的なもの」の探求 〈本田昌昭〉 45

堀口捨己、その探求者としての生涯
西洋と日本、二つの「古典」
様式の否定、そして「様式なき様式」へ

4　白井晟一　普遍的伝統の創出、白井好みへ 〈田中禎彦〉 57

伝統をめぐって
象徴／素材／不連続
白井好みへ

II部　欧米建築家の作法の受容と昇華 69

5　遠藤新　日本人建築家としての F. L. ライトの思想の実践 〈黒田智子〉 73

建築家としての正義の追求
ライトの理念と方法の継承：新しい建築の規範を目指して
人間の生き方を啓発する建築

6　山口文象　時代・社会・建築の関係性を探究し続けた表現者 〈加嶋章博〉 85

大正育ちの異色建築家
建築家のあり方と表現の手法
山口文象の実践

7　前川國男　日本の近代建築に生命を与える〈松隈洋〉　97

　　モダニズムの理念を信じて
　　日本の近代建築を実現させること
　　確かな近代建築を求めて

8　丹下健三　日本のモダニズムの確立〈黒田智子〉　109

　　日本を代表する国際的建築家として
　　日本建築の国際性と記念碑性を求めて
　　国家と自治体のモニュメント

Ⅲ部　近代的生活の場のためのデザイン　121

9　リチ・上野＝リックス　装飾とモダニズム〈奥佳弥〉　125

　　独創と自由の美術工芸を求めて
　　装飾とモダニズムのはざまで
　　アクセサリーからインテリアまで

10　剣持勇　「ジャパニーズ・モダーン」の追求〈笠原一人〉　137

　　近代と伝統のはざまで
　　「ジャパニーズ・モダーン」という理念
　　プロダクトからインテリアまで

11　浜口ミホ　台所改革による住宅の民主化〈小林正子〉　149

　　女性建築家の誕生
　　日本住宅の民主化に向けて
　　モダン・リヴィングの実践

Ⅳ部　近代的作法が向かう芸術の空間性　161

12　北大路魯山人　食空間の芸術性を求めて〈黒田智子〉　165

　　逆境を才能の発露のきっかけとして
　　時代と心がつくる美を求めて
　　命の輝きとしての雅味

13　重森三玲　伝統とモダンの融合〈重森千青〉　177

　　日本庭園の革新を体現した作庭家
　　「永遠のモダン」の追求
　　抽象美の具現化

14　イサム・ノグチ　彫刻としての空間の探求〈南智子〉　189

　　モダンアートと日本美の融合
　　空間の彫刻の創造
　　彫刻と空間と人間の対話を目指して

　　図版出典　201
　　索引　204

年表

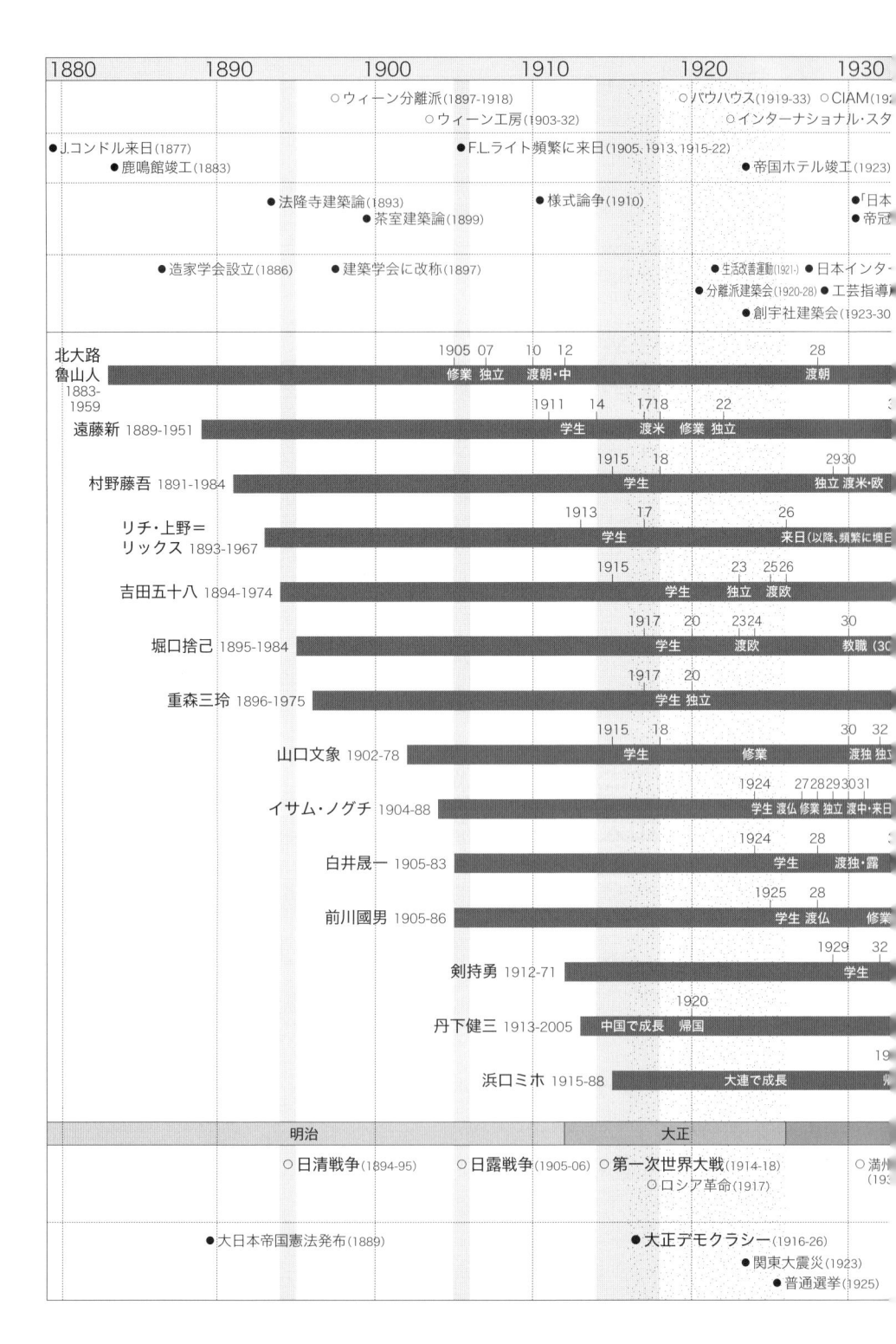

西洋の動向 (1880-1930)

- ○ ウィーン分離派 (1897-1918)
- ○ ウィーン工房 (1903-32)
- ○ バウハウス (1919-33)
- ○ CIAM (192...)
- ○ インターナショナル・スタ...

日本の建築家・作品

- ● J.コンドル来日 (1877)
- ● 鹿鳴館竣工 (1883)
- ● F.L.ライト頻繁に来日 (1905、1913、1915-22)
- ● 帝国ホテル竣工 (1923)

建築論

- ● 法隆寺建築論 (1893)
- ● 茶室建築論 (1899)
- ● 様式論争 (1910)
- ●「日本...
- ● 帝冠...

建築学会・運動

- ● 造家学会設立 (1886)
- ● 建築学会に改称 (1897)
- ● 生活善運動 (1921-)
- ● 日本インタ...
- ● 分離派建築会 (1920-28)
- ● 工芸指導...
- ● 創宇社建築会 (1923-30)

人物年表

北大路魯山人 1883-1959
- 1905 修業 / 07 独立 / 10 渡朝・中 / 12 / 28 渡朝

遠藤新 1889-1951
- 1911 学生 / 14 渡米 / 17 18 修業 / 22 独立

村野藤吾 1891-1984
- 1915 学生 / 18 / 29 独立 / 30 渡米・欧

リチ・上野=リックス 1893-1967
- 1913 学生 / 17 / 26 来日(以降、頻繁に渡E...)

吉田五十八 1894-1974
- 1915 学生 / 23 独立 / 25 26 渡欧

堀口捨己 1895-1984
- 1917 学生 / 20 渡欧 / 23 24 / 30 教職(30...)

重森三玲 1896-1975
- 1917 学生 / 20 独立

山口文象 1902-78
- 1915 学生 / 18 修業 / 30 渡独 / 32 独...

イサム・ノグチ 1904-88
- 1924 学生 / 27 渡仏 / 28 修業 / 29 独立 / 30 渡中・来日 / 31

白井晟一 1905-83
- 1924 学生 / 28 渡独・露

前川國男 1905-86
- 1925 学生 / 28 渡仏 / 修業

剣持勇 1912-71
- 1929 学生 / 32

丹下健三 1913-2005
- 中国で成長 / 1920 帰国

浜口ミホ 1915-88
- 大連で成長

時代区分

明治 | 大正

社会の出来事

- ○ 日清戦争 (1894-95)
- ○ 日露戦争 (1905-06)
- ○ 第一次世界大戦 (1914-18)
- ○ ロシア革命 (1917)
- ○ 満州...(193...)
- ● 大日本帝国憲法発布 (1889)
- ● 大正デモクラシー (1916-26)
- ● 関東大震災 (1923)
- ● 普通選挙 (1925)

	1940	1950	1960	1970	1980

○N.Y.のシュールレアリスム(1941-)　　　　　　　　　　　　　　　　　　○ポスト・モダニズム(1977-)
(1922-)
タウト来日(1933-36)　　　　●ル・コルビュジエ来日(1956)
『ニッポン』(1934)、『日本美の再発見』(1939)　　●国立西洋近代美術館竣工(1959)
「もの」論(1930年代)　　　　　●伝統論争(1955-)
(1930-40)　　●大東亜共栄圏の建築(1942-45)
新興数寄屋(1934-)
ショナル建築会(1927-33)　　●日本住宅公団設立(1955)
立(1928)　●住宅営団設立(1941)　　　●メタボリズム・グループ結成(1960)
●新制作派協会(1936-)

　　　　　　　　54
　　　　　　　渡欧・米
　　　45
頻繁に満州へ
　　　　　　　　　53
　　　　　　　度々渡米・欧(53~62)
　41　45　49
復)　満州　教職(49~67)
　41
教職(41~61)

　　　　　4950
渡欧・エジプト・ギリシア・印 来日

立

立

　　　　5253　55
　　　　渡米　独立
　38　41　46　51　　596061　70
学生　修業 学生(大学院)　教職(46~74) 渡欧　渡米 独立　頻繁に渡欧・米・亜(70~85)
　39　　　48　　　　　　　69
生　　修業　独立　　　　スペイン旅行

昭和

○日中戦争(1937-45)　○朝鮮戦争(1950-53)
　○第二次世界大戦(1939-45)　　　　○中国文化大革命(1966)
　　○太平洋戦争(1941-45)
　　　●婦人参政権による選挙(1946)　●日米安保反対運動(1960-61)
　　　●日本国憲法公布(1946)　　　●東京オリンピック(1964)
　　　　　　●高度経済成長(1955-73)　●大阪万国博覧会(1970)

(執筆者の協力を得て黒田智子作成)

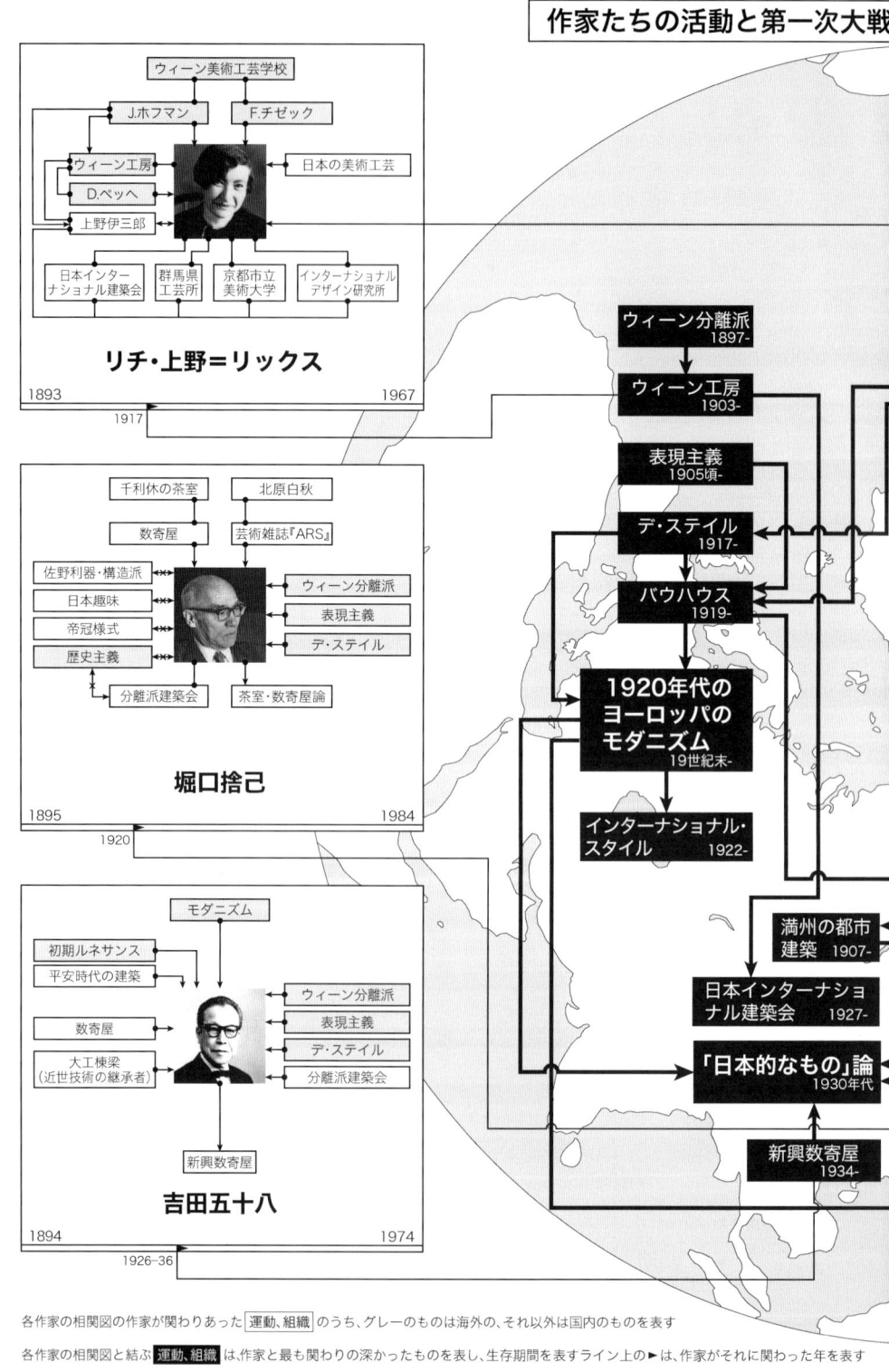

日中戦争までの空間表現の流れ

（執筆者の協力を得て黒田智子作成）

遠藤 新 (1889–1951)

- 19世紀の理想主義
- 土井晩翠
- T.カーライル
- 官僚養成教育
- 辰野金吾
- 中国下式住宅
- 中流住宅の近代化
- 生活改善調査
- ありか壁住
- 国家主義
- 茶室・農家住宅
- F.L.ライト
- 林愛作
- 羽仁もと子・吉一
- 自由学園
- YMCA
- ライト式建築

村野藤吾 (1891–1984)

- 資本論
- 近代都市論
- 折衷主義
- 様式建築
- 渡辺節
- 書院・数寄屋・民家
- ロマネスク、ルネサンス
- ウィーン分離派
- 表現主義
- モダニズム
- ロシア構成主義
- R.エストベリ
- ポスト・モダニズム

山口文象 (1902–1978)

- 関東大震災後の帝都復興（橋梁デザイン）
- 単位三科
- 大工の修業
- 内務省復興局
- 逓信省営繕課
- 岩元禄
- 吉田鉄郎
- 山田守
- 石本喜久治
- 分離派建築会
- W.グロピウス
- ドイツの合理主義
- インターナショナルスタイル
- 唯物史観
- 日本・ドイツの土木工学
- 創宇社建築会
- RIA
- 新制作派協会
- ローコストハウス
- プランニングの思想

剣持 勇 (1912–1971)

- 東京高等工芸学校
- 工芸指導所
- B.タウト
- C.イームズ
- イサム・ノグチ
- 新制作派協会
- 丹下健三
- 前川國男

歴史・折衷主義 19世紀-

F.L.ライトの有機的建築 1910頃-

渡辺節の建築事務所 1916-

ライト式建築 1920年代-

分離派建築会 1920-

創宇社建築会 1923-

工芸指導所 1928-

凡例:
- A→B：AはBに所属、またはAとBは理念を共有する
- A⇢B：BはAの影響を受ける（ただし、時間差がある）
- A⋯B：AとBは理念に共通性がある
- A↔B：AとBはお互いに影響を与えあう
- A→B：BはAの影響を受ける
- A⇔B：AとBは理念が対立する

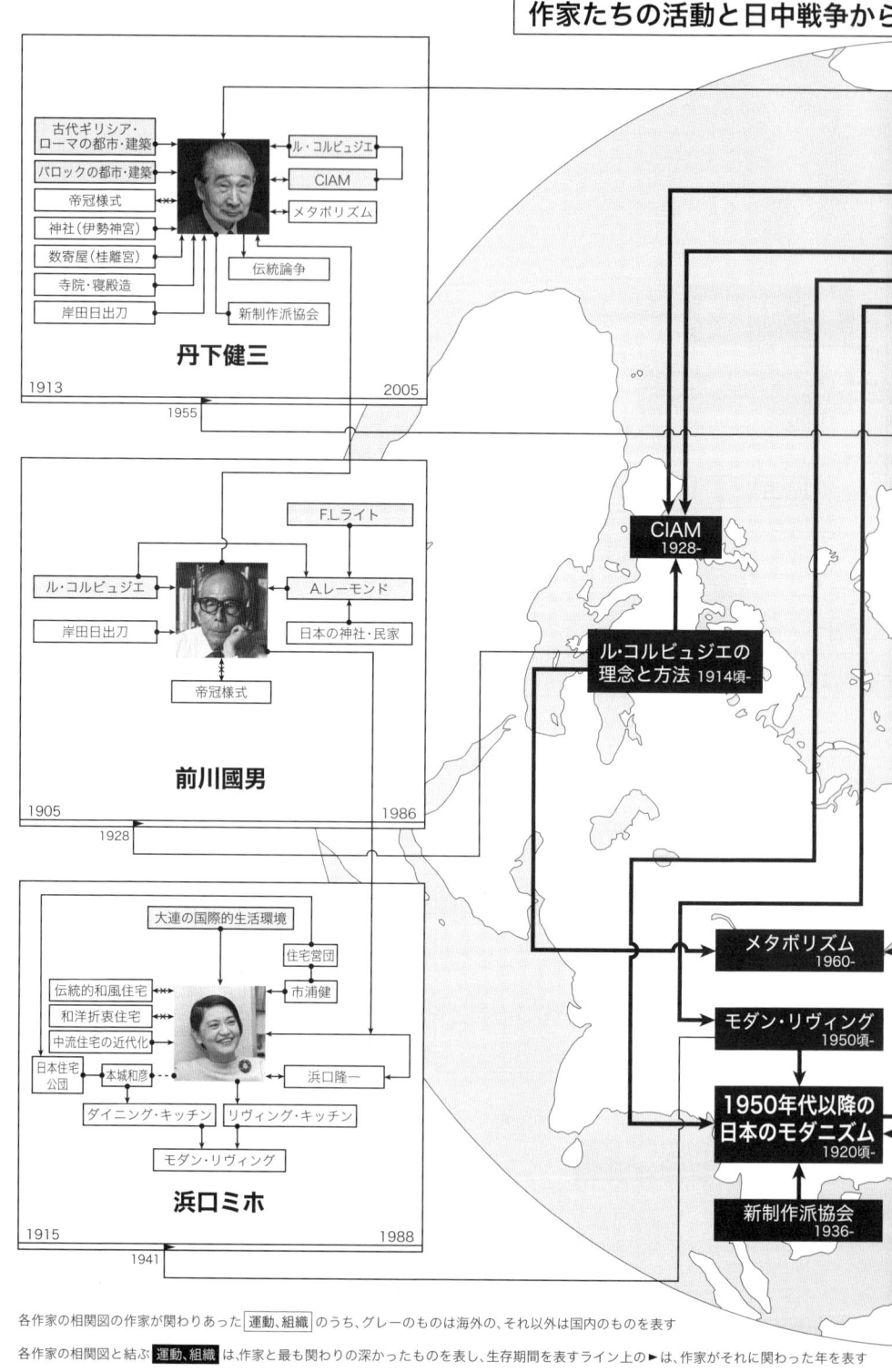

経済成長までの空間表現の流れ

(執筆者の協力を得て黒田智子作成)

白井晟一 (1905–1983)

- 書道
- 大正期の自由主義・国際主義・理想主義
- 奈良の社寺
- 武家住宅(江川家住宅)
- 新日本調
- K.ヤスパース → 実存哲学
- ヨーロッパの様式建築
- 伝統論争

1940年代以降のアメリカのモダニズム 20世紀初-

インターナショナル・スタイル 1922-

ニューヨークのシュールレアリスム 1941-

イサム・ノグチ (1904–1988)

- アカデミックな具象彫刻
- キュビスム、ダダイスム
- C.ブランクーシ
- M.デュシャン
- A.ブルトン
- シュールレアリスム
- M.グラハム
- メキシコ壁画運動
- 世界の古代石造建築
- 世界の広場
- 中国の書画・陶器
- 日本の庭園・書画・指物
- 谷口吉生
- 大谷幸夫
- 日本文化・自然観

重森三玲 (1896–1975)

- 近代庭園学
- 茶道
- 華道
- 田村剛
- 関野貞
- 文化財保護
- 京都林泉協会
- 新興いけばな協会
- 白東社
- 近代抽象絵画
- J.F.ミレー
- 西洋美学・哲学
- 日本美術界

伝統論争 1955-

京都林泉協会 1932-

星岡窯(魯山人雅陶研究所) 1920-

北大路魯山人 (1883–1959)

- 数寄者趣味人
- 茶道精神
- 美術骨董品
- 竹内栖鳳
- 伝統工芸(陶・漆)
- 伝統料理
- 岡本可亭
- 朝鮮・中国の書画・篆刻
- 中国文人の反権力思想
- 民芸運動
- 帝展
- 関西日本画壇
- 星岡茶寮
- 星岡窯

- A → B : AはBに所属、またはAとBは理念を共有する
- A ⇢ B : BはAの影響を受ける(ただし、時間差がある)
- A --- B : AとBは理念に共通性がある
- A ↔ B : AとBはお互いに影響を与えあう
- A → B : BはAの影響を受ける
- A ↔ B : AとBは理念が対立する

序章

黒田智子

1 近代日本における建築をめぐる空間表現の前提:明治維新～第一次大戦

1.1 先進諸国の建築についての最新情報の摂取

　明治新政府の発足によって、約300年続いた幕藩体制に代わり日本は天皇を拝し強い中央集権制をとる国民国家の道を歩むことになった。それは近代化の証として、国家の威信を列強先進諸国と肩を並べる堂々たる建築群によって表現することを必要とする。従来の木造では不可能な大空間の設計と建設のために外国人建築家が招かれ、1876(明治9)年からは本格的な建築教育にあたるようになる。当時列強国で主流だった歴史主義・折衷主義[*1]の手法が組積造と共に主にイギリスから導入された。これを始点に、建築に関する最新情報が国境を超えて常に日本の作家たちに開かれることになる。彼らは、海外雑誌、来日外国人の活動、海外視察や留学などを通じて、様々な表現手法だけでなく、鉄筋コンクリート・鉄骨造などの新しい構造についても積極的に摂取していった。

1.2 課題としての新しい日本らしさ

　日清戦争(1894-95)で隣国朝鮮の古くからの宗主国である中国・清、日露戦争(1905-06)で列強諸国の一つであるロシア帝国という二つの大国に勝利した日本は、大陸での植民地経営に着手する。そこでは、被支配民族や前支配国に対する日本文化の優勢と独自性を建築に表現する必要があった。続く大正期は帝国議会議事堂に代表される国家的建築が海外支配地の建築とも共有しうる、記念碑性の高い新たな日本らしさが、建築様式として模索されることになる。

　日清戦争に前後して明治20年代初頭に、日本人の手で本格的組積造の歴史主義建築が実現する一方で、建築が自国の文化や伝統に根ざしたものである以上、西欧の諸様式の形態的特徴を学ぶだけでは不十分なことが、既に建築界では自覚されていた。そして日本やアジアの伝統的建築についての研究が行われ始め、美や芸術性の視点から建築が論じられるようになった。

＊1 歴史主義・折衷主義：過去の様式や装飾から、用途・目的や好みに応じて形態要素を選び借用すること。19世紀に盛んとなった。古典主義を最上位におく従来の姿勢に対して、各様式に優劣をつけず同列に扱うことを重視する。民族・国家主義と結びついたロマネスクやゴシックの再考と復興、複数の様式を組み合わせる折衷主義が実践された。

1.3　都市文化と生活への提案

　日露戦争後、日本はほぼ産業革命を達成し、やがて建築家は資本主義経済の発展と表裏の関係にある都市文化の開花と居住環境の劣悪化という先進諸国に共通の二つの現象の前に投げ出される。都市の顔としての駅、ホテル、オフィスビルや、郊外に広がる中流階級の住宅は、作家の感性を生かす表現対象となった。これらはその内外に展開する複雑な人や物の動きに調和した合理的な空間を得て初めて現実性を持つ。建築家は欧米の最新動向を、日本の生活習慣、経済・技術水準、自然条件、建築材料などの現状に照らして独自の提案を行った。

1.4　都市設計からの乖離

　都市文化や生活への提案がより現実的で効果的であるためには、建築単体の設計は都市や国土の視座に立つ広域的な計画と一体である必要がある。このことは劣悪な居住環境の改善にとっては、より切実であった。また、支配地の都市は、少数で統治に当たる列強諸国と異なり、様々な階層の日本人が仕事を求めて多数移住したため、その居住地計画も急務だった。さらに、富国強兵の国策に沿った国家規模の経済活動には、軍備と一体の港湾、鉄道の建設が不可欠であった。このことは、空間表現の芸術性よりも工学技術の優先を意味し、中央集権制を支える官僚組織において土木と建築の乖離が起こる。それは、空間表現の対象として都市を捉える行為が建築家から離れていく要因となった。

2　ヨーロッパのモダニズムと「日本的なもの」論：第一次大戦〜日中戦争

2.1　1920年代までに受容したドイツをめぐるモダニズムの理念と方法

　第一次世界大戦において日本は戦力を消費することなく南方諸島にまで領土を拡大し、空前の好景気にもあずかった。内政においては民主主義による政党政治が実現して国民の生活や政治への意識は大きく変化した。一方、参戦によって疲弊した列強諸国はそれぞれの実情に合わせて国策や政治体制を改変せざ

＊2　分離派建築会：第3章参照。
＊3　ウィーン分離派：第9章参照。
＊4　ドイツ表現主義　Expressionism：20世紀初めドイツを中心に展開された芸術運動。文学上の自然主義や美術上の印象主義に対する反動として起こり、作家の内面的・主観的感情表現に重点を置く。美術から始まり、文学・音楽・演劇・建築など幅広い分野に広がった。建築では、E. メンデルゾーンのアインシュタイン塔（1924、ポツダム）が有名。
＊5　デ・ステイル　De Stijl：Th. v. ドゥースブルフが中心となってオランダのライデンで1917年に結成された造形運動。「デ・ステイル」とはオランダ語で「様式」の意味。水平・垂直線による幾何学構成を特徴とする。P. モンドリアンの絵画に始まり、建築、家具など幅広い領域で活動を展開し、近代建築運動に多大な影響を与える。その他の活動作家に、G. Th. リートフェルト、J. J. P. アウトなど。
＊6　バウハウス　Bauhaus：1919年、建築家 W. グロピウスが中心となってヴァイマールに設立された国立総合造形学校（建築、工芸、写真、デザイン等）。工業技術と芸術の統合を目指した教育と研究が行われ、現代建築・デザインに大きな影響を与えた。戦時下、デッサウ（市立、1925）、ベルリン（私立、1932）と移転を余儀なくされ、1933年、ナチスの圧迫により閉鎖。J. イッテン、モホリ＝ナジ、ミース・ファン・デル・ローエ、W. カンディンスキー、P. クレーらが講師を務めた。
＊7　日本的なもの：第3章参照。
＊8　新興数寄屋：第2章参照。

るをえなかった。1917年には、ロシア革命で帝政ロシアが倒れ、産業革命によって戦前に目覚ましい国力の充実を見せたドイツは、同年、共和制に移行した上に敗戦国となった。

　このような事情と呼応して19世紀末から1920年代までにドイツとその周辺諸国では様々な空間表現の理念や方法が提示される。立憲君主国・日本の国策モデルが拡散するのと対照的に、日本の若手建築家たちは分離派建築会＊2を先頭に自らの立場や価値観に基づいてそれらを選択し組み合わせた。ウィーン分離派＊3にならい、過去の様式から決別して自由の中に総合芸術としての建築を求め、ドイツ表現主義＊4にならい、自己の内面性の表現として建築の芸術性を捉えた。さらに、デ・ステイル＊5が示した、形態の基本要素としての直線と平面による空間構成や、バウハウス＊6を中心に探究された、用途や目的に合った合理的な空間など、歴史主義とはまったく異なる考え方に刺激されたのである。

2.2　「日本的なもの」論とモダニズムによる数寄屋・茶室の分析

　大戦後は度重なる恐慌のために資源の乏しい日本は挙国一致で領土拡大を断行し、1926（昭和元）年、政党政治の放棄とともに大正デモクラシーは終焉した。満州事変（1931）以降は、国家的建築の需要は国外である満州国に集中し、「八紘一宇」のスローガンの下、アジアで唯一の列強国としての表現が求められる。さらに日中戦争から太平洋戦争へと戦線が拡大すると、それを「大東亜共栄圏」に置き換えながら「日本的なもの」＊7をテーマとする議論が活発化する。その一方で、1930年代に建築家の間に、日本の伝統建築である茶室や数寄屋を、新しいモダニズムの空間理念や方法を援用して分析し、その成果を自らの表現手法とする者が現れる。彼らは外観の記念碑性ではなく、内部空間の特質に注目することで、「日本的なもの」論に加わったのである。彼らの作品は「新興数寄屋」＊8とも称されたが、華道、作庭など他の伝統的分野において前衛的試みが見られるのもこの頃である。

*9　シュールレアリスト：第14章参照。
*10　新制作派協会：第6章、第10章参照。
*11　モダン・リヴィング：第11章参照。
*12　ル・コルビュジエ：第7章参照。

3　アメリカへの前衛作家の移動と日本のモダニズム：敗戦〜高度経済成長

3.1　バウハウスとシュールレアリスムのアメリカへの移動

　広島と長崎への原子爆弾の投下によって、日本は疲弊しきった敗戦国として終戦を迎える。戦前の国力を取り戻すための復興期は、日本の作家たちにとって、海外作家との交流を再開させる時期であった。第二次大戦の開始とともに、シュールレアリスト[*9]たちはパリからニューヨークへ拠点を移した(1941)。それに先立つ1930年代後半には、ナチスの迫害から逃れて、バウハウスのメンバーは既にアメリカに移住していた。戦後のアメリカでは、自由競争による豊かな経済力を背景に、これらヨーロッパ出身の建築家や芸術家の刺激を受けながら、プロダクト、彫刻、建築など専門分野を越えた空間表現が展開する。作家の交流再開は、このようなアメリカ的状況へ合流することでもあった。さらに、新制作派協会[*10]に建築部が設立(1949)されると、国内でも分野を越えた共同活動が促進され、芸術作品が空間を構成する重要な要素の一つとなった。

3.2　日本のモダニズムの世界的評価

　朝鮮戦争(1950)による特需景気をきっかけに日本は、1950年代後半、高度経済成長に向かう。民主主義への期待とともにモダン・リヴィング[*11]を持つ小住宅や、自治体の公共建築などが竣工し、消費生活の活発化と並行し家具やプロダクト・デザインが発表されるようになった。これらには、戦前、ドイツをめぐるモダニズムに続いて作家たちが摂取に努めたル・コルビュジエ[*12]の理念と方法が的確に用いられていた。また、形態や素材の扱いにおいて日本の伝統文化の特性を適度なバランスで備えていた。世界的な注目が寄せられたこのような表現の傾向は、「日本のモダニズム」と呼ぶにふさわしく、明治以来の課題であった空間表現としての日本らしさの一つの帰結である。続く1960年代は、日本の伝統文化から、高度経済成長を支える工業技術力へと空間表現の主題は移行した。

＊13　ヴァイゼンホーフ・ジードルンク　Wissenhof Siedlung：1927年、ミース・ファン・デル・ローエが指揮し、ドイツ工作連盟の後援で、シュトゥットガルトで開催された住宅展示会。ミースをはじめ、P. ベーレンス、W. グロピウス、ル・コルビュジエなど当時を代表する16名の建築家が参加。
＊14　ヴァルター・グロピウス　Walter Gropius：1883－1969。ドイツの建築家。ミュンヘンやベルリンの工科大学で建築を学ぶ。卒業後、P. ベーレンスの事務所を経て(1907－10)、独立。ドイツ工作連盟にも参加し(1911)、バウハウスの初代校長(1919－28)として、教育活動や論著を通じ、近代建築の普及に貢献。バウハウス閉鎖後、1934年イギリスに亡命、37年ハーバード大学に教授として招かれ渡米し、I. M. ペイ、Ph. ジョンソンらを育てた。代表作にバウハウス・デッサウ校舎(1926)など。1954年来日。

4　モダニズムという言葉の意味と背景

4.1　第一次大戦以降の前衛的建築の共通性

　欧米の近代建築について語る時、モダニズムという言葉は、合理性、機能性を重視し装飾性がない箱のような外観の建築を典型的イメージとする。本書でも、文脈上、この意味で用いる箇所がある。ヴァイゼンホーフのジードルンク＊13(1927)に代表される、第一次大戦以降のヨーロッパの前衛的建築に共通する空間表現の傾向を指す。このイメージに、字義としては近代の代表的な主義主張を連想する「モダニズム」を対応させるのは、近代以前の伝統的様式建築の特徴と対極にある空間表現で、近代建築の課題に応えているためである。

4.2　近代建築の課題の解としてのモダニズムとバウハウス

　産業革命と資本主義経済によって激変した都市の居住環境や人々の生活様式に対して、人間性と生活行為を尊重した空間を提案することは、近代欧米の社会的課題だった。やがて、作家たちは目的や用途に合うと同時に総合芸術でもあるような建築の実現でそれに応えようとする。モダニズムの中核を成したバウハウスにおいて、W. グロピウス＊14は、このような建築を実現するために、まず、経済発展による社会全体の恩恵を考え、手工芸を捨てて機械による工業生産を選んだ。次に、建築、家具から絵画、彫刻まで対象や分野の異なる作家たちが共同して調和のある生活空間を実現するために、個人の多様な内面性ではなく、形態の基本要素による構成方法の普遍性に信頼をおいた。そして1920年代後半には、機械生産のための規格化・合理化と、製品としての機能性を追求した単純明解な幾何学形態の家具、プロダクト・デザインを発表した。同時に、空間を目的や機能に応じて面で分節する建築を可能にした。そこには、場所、時代、文化に関係ないという点での普遍性に加えて、伝統的な組積造の厚い壁が構造上の必然から空間を分断するのとは対極の、自由さと軽快さがあった。

I

建築における伝統性の近代的解釈

*1　東京駅：1872(明治5)年に国鉄の新橋～横浜間が開通し、その10年後、私鉄の日本鉄道会社が上野～青森間に線路を建設。新橋と上野を結ぶ高架鉄道の建設が立案され、1896(明治29)年、帝国議会でこの新線の途中に中央停車場を建設することが可決された。設計には、当初ドイツ人技師F.バルツアーがあたったが、1903(明治36)年に辰野金吾が引き継ぐ。日露戦争の勝利を背景として、諸外国にも見劣りしない威風堂々とした建築デザインが要求され、辰野はイギリス留学時に流行していた赤煉瓦に白い石を帯状に配する華やかな様式（鉄筋煉瓦造3階建）を採用した。1914(大正3)年、開業。

*2　帝国ホテル：第5章参照。

*3　帝国議会議事堂の設計競技：主催者側の議院建築局が1等案を参考に議事堂の設計を進めることになっていた。設計案を募るためで、設計者を決定するためではないということに批判が出された。作家としての建築家の社会的地位の低さを露呈していた。

*4　ウィーン分離派：第9章参照。

*5　前衛モダニズム：デ・ステイルやバウハウスなど、19世紀末から1920年代までにドイツとその周辺諸国で起こった造形運動を指す。

*6　渡辺節：第1章参照。

*7　ドイツ表現主義：序章参照。

*8　歴史主義：序章参照。

1．都市における民間建築の需要

　第一次大戦が終わる頃、日本国内では明治以来政府が進めてきた国家的建築の建設にほぼ終止符を打つ目処がたった。東京駅*1(1914)が竣工し、帝国ホテル*2が着工(1919)し、帝国議会議事堂の設計競技*3で1等案が決定(1919)した。それを境に、国家的建築は大陸に求められ、1920年代末まで、国内の建築家は国家の威信を表現するための「日本らしさ」の要求から束の間、解放された。前年解散したウィーン分離派*4が言う、時代の自由を表わす総合芸術としての建築は、都市の経済活動を担う民間企業に求められる。そこでは、前衛モダニズム*5の主張を待つまでもなく、資本主義経済の原理が、建築家に合理性、機能性を厳しく求めた。一方で、機能性・合理性一辺倒のモダニズム的な建築は大衆に好まれず、それゆえ施主に好まれない。そのような建築家にとっての経済原理・普遍性としての大衆の嗜好を、村野藤吾は渡辺節*6の下で学んだ。

2．伝統的建築に読み取る普遍性と作家の独創性

　ここで取り上げる吉田五十八、堀口捨己そして村野は、若い頃にドイツ表現主義*7が言う自己の内面性の表現と、前衛モダニズムが言う空間表現の方法の普遍性という対照的な二つの主張に出会っている。彼らは、前衛モダニズムの建築の普遍性を追求することを選択しなかった。それは、理念や方法の問題ではなく、ヨーロッパで実際に様々な建築に接して、それらが自分に馴染まないと実感したからだった。この実感が、堀口と吉田を日本の茶室や数寄屋の分析に向かわせる。村野の場合は、渡欧経験からではなく、機能・合理一辺倒を施主・大衆が好まないという事実への実感が決定的だった。一方、白井晟一の場合は、4年間のヨーロッパ滞在で、歴史主義*8の元になる本物の様式建築に数多く接した感動が大きい。それらは、独学で建築を学ぶきっかけになるほど自分に馴染んだのである。彼らのこのような実感は、建築家・表現者としての自己の内面世界に深く関わるものである。

＊9 デ・ステイル：序章参照。

　しかし、彼らは、決して建築の普遍性というものを認めなかったのではない。むしろ、それをいかに追求するかが自己の独創性そのものに直結する。村野と白井は、伝統的な建築が時代や文化を超えて共通に持っている、その意味で普遍的な特質を探究した。それは、普遍的だからといって、労せず自動的に与えられるものではない。多様な形態をとって表れるその特質を、なんとか読み取ってつかみ出し、自らの方法でそれを強調する。このような過程を辿ることを自己の表現方法とした。天、大地、場所、民族、文化などに深く根ざすこの特質を、村野は建築のヒューマニズムと呼んだ。白井は沸き上がる生命感、縄文的なるものと呼び、モダニズム建築が放棄したことに警鐘を鳴らした。村野も白井も普遍性を読み取る対象として、同時代の建築にも自由に視線を向けた。二人とも作品の完成度を高めるために、手工芸的な仕上げを賞揚したこと、自己の内面世界を広げ深めるために思想・哲学に親しんだことなども共通する。

　堀口は、内面世界と響きあう対象として、茶室を選んだ。それは、利休をはじめとする日本人が引き継いだ古代の精神世界への遡求でもある。そして、茶室に同時代の近代建築との共通性を発見し、そこに茶室の普遍性を求めた。所作が定まった茶道の点前に則した茶室は、目的や用途に合った空間そのものである。茶道具や書画・掛け軸に調和した茶室は、総合芸術としての建築である。また、彼にとっては、茶道の精神に沿って設計される茶室は、機能や目的に従い、様式の持つ恣意性を捨てることで形成される建築であった。

　吉田は自らも属する知識人、文化人に、新しい数寄屋を様式として提案した。かつての武家にとっての書院造にあたるような住宅様式であるという点で、普遍性を求めたといえる。また、従来の数寄屋から、必要な線と面だけを取り出しそこからさらに空間構成を進める吉田の方法は、具象から抽象へ向かって対象を線と面に解体し、それらを再構成するデ・ステイル＊9の方法と共通する。

I 部の作家について理解を深めるための参考図書

■ 1 章　村野藤吾
- 村野藤吾『建築をつくる者の心』ブレーンセンター、1981
- 神子久忠編『村野藤吾著作集』同朋舎出版、1991
- 村野藤吾『村野藤吾（1928→1963、1964→1974、1975→1988）』新建築社、1983 - 1991
- 村野・森建築事務所『村野藤吾建築図面集　全 8 巻』同朋舎出版、1991 - 1992
- 『村野藤吾建築設計図展カタログ 1 - 7』京都工芸繊維大学美術工芸資料館、1999 - 2005

■ 2 章　吉田五十八
- 吉田五十八『饒舌抄』新建築社、1988
- 俣野忠蔵『数寄屋造りの詳細―吉田五十八研究』建築資料研究社、1985
- 砂川幸雄『建築家吉田五十八』晶文社、1991
- 中川武監修／中谷礼仁ほか著『数寄屋の森―和風空間の見方・考え方』丸善、1995
- 磯崎新『建築の一九三〇年代―系譜と脈絡』鹿島出版会、1978

■ 3 章　堀口捨己
- 堀口捨己『建築論叢』鹿島出版会、1978
- 堀口捨己『堀口捨己作品・家と庭の空間構成』鹿島出版会、1978
- 栗田勇監修『現代日本建築家全集 4　堀口捨己』三一書房、1971
- SD 編集部編『現代の建築家　堀口捨己』鹿島出版会、1983
- 『建築文化 8 月号別冊　堀口捨己の「日本」　空間構成による美の世界』彰国社、1996

■ 4 章　白井晟一
- 水原徳言『白井晟一の建築と人―縄文的なるもの』相模書房、1979
- 「白井晟一研究」企画編集室編『白井晟一研究 1 - 5』南洋堂出版、1978 - 1984
- 栗田勇監修『現代日本建築家全集 9　白井晟一』三一書房、1970
- SD 編集部編『現代の建築家　白井晟一』鹿島出版会、1976
- 白井晟一ほか『懐霄館―白井晟一の建築』中央公論社、1980

[p.18 - 19　解説文執筆：黒田智子、p.20　図書選出：各章執筆者]

1
村野藤吾
歴史とモダニズムを超えて

笠原一人

「数は、今日の社会である。しかし、一と二の間に、無数の数がある。これが、大切な問題だと思います。私のいう、ヒューマニズムとは、それを探求することです。」(『建築をつくる者の心』ブレーンセンター、1981より)

図 1.1　渡辺節(左)とともに[1]

1.1　独自の立場から

　村野藤吾は、日本の近代建築史上において、極めて独自性の高い建築家として知られている。彼は、いわゆるモダニズムの時代を生きながら、そこから距離を取り続け、独自の複雑な思考と作風を生み出した。それは一体何に由来しているのだろうか。

　村野は、1891(明治 24)年に佐賀県の唐津に生まれた。その後福岡県の八幡に移り住み、小倉工業学校を卒業し、八幡製鉄所に就職する。しかし、その後兵役を務めた際に僚友の影響を受け、大学進学を志す。1910(明治 43)年に早稲田大学電気学科に入学し、1915(大正 4)年に建築学科に編入している。村野が建築を学び始めるまでには紆余曲折があったのだ。それはまるで、その後の村野の、独自で複雑な建築の思考とその作風を暗示しているかのようである。

　村野が建築を学び始めた 1910 年代、ヨーロッパでは伝統や様式からの「分離」を謳って 19 世紀末に結成されたウィーン分離派[*1]やその流れを受け継ぐウィーン工房[*2]が活躍し、またドイツ工作連盟[*3]が工業化や規格化を前提にした建築やデザインの実践を行っていた。そんななかで、村野は当時の建築の学生の多くがそうであったように、ヨーロッパの先端の表現の影響を受けた。

　大学の設計の課題では、村野はウィーン分離派を真似た建築をデザインしていたという。また、大学卒業の翌年にあたる 1919(大正 8)年に書かれた論考「様式の上にあれ」[*4]では、村野は旧来の様式にとらわれた建築を批判し、個人の「自由意志」の下での建築を目指すべきだと論じた。村野は様式や伝統から解き放たれた地点から、建築の活動をスタートさせたのであった。

　村野は大学を卒業した 1918(大正 7)年、古典的な様式性を好む大阪の建築家・渡辺節[*5]に誘われて、彼の建築事務所に入所する(図 1.1)。独立して単独で建築を設計するようになる 1929(昭和 4)年まで渡辺事務所に勤務するが、その

図1.2 大阪商船神戸支店(現商船三井ビル、渡辺節、1922)[2]

間に建築への興味や姿勢を変化させていく。村野は、しばしば渡辺から「ツー・マッチ・モダーンはいかん」「売れる図面を描いてくれ」[*6]と指示されたという。建築を注文する施主や利用する大衆は、決して前衛的なものを求めているのではなく、古風で様式的なものを求めているというのである。こうして、独立するまでの約10年間、村野は渡辺事務所で様式的かつ折衷的な建築のデザイン技法を学ぶ(図1.2)。それによって、様式的な建築が大衆に受け入れられる商業的価値を持つことに気づかされることになった。

また村野は、学生時代に社会主義思想の影響も受け、都市や経済への強い興味を抱いていた。村野の大学卒業論文は「都市建築論」と題されており、都市における建築と地価の問題などを科学的な視点で論じたものである。しかしその後、渡辺事務所での修行を経て1930(昭和5)年に著した『建築の経済問題』[*7]では、単純な科学的考察や建築の機能性への関心を廃し、建築家よりも大衆や施主の立場に立ちながら、時代の趨勢をつくりつつあったモダニズム建築を暗に批判し、装飾の新たな可能性を見出そうとしている。

自らの建築事務所を構える頃には、村野は建築を社会や大衆との間に成立する商品として捉え、商品的価値をもたらす建築のあり方を模索するようになっていたのである。とりわけ建築のファサードのデザインや装飾など、建築の芸術的側面に着目して、社会の中での建築の商品的価値を考察している。機能性に加えて芸術的価値、さらに施主や大衆の要求や趣味を考慮した上で、社会の中での建築のあり方を包括的に捉えようとしたといえるだろう。しかしそれは、決してモダニズムを廃棄するのではなく、モダニズムに基づきながら、どこか様式的で繊細な装飾を持つ作品となって表れた。このような建築のあり方を追求した建築家は村野をおいて他におらず、独自性を有していた。

その後、第二次大戦中には仕事があまりなく、その間に村野は『資本論』[*8]をよく読んでいたという。しかしマルクス[*9]の理論にシンパシーを感じつつも、

独自の立場から 23

(左)図 1.3　千代田生命本社ビル(現目黒区総合庁舎)の階段(1966、東京)[3]
(右)図 1.4　新大阪ビル(現新ダイビル)の装飾(1958)[4]

結局共産主義を標榜することはなかった。おそらく、資本主義のメカニズムを読み解くための手がかりとして『資本論』を読んだのであろう。モダニズムや資本主義に寄り添いながらも、様式的な建築のように民衆や社会に受け入れられるリアルな建築のあり方を捉えようとしたのだといえる。

　戦後になると、民間の建物を中心に、村野は大きな仕事に携わるようになる。企業の本社ビルやホール、さらに公共的な建築をも実現させていく。加えて、小さな住宅にも取り組む。作品の幅は、拡大の一途を辿った。そこでは、抽象的な形態を用いたモダニズム建築が遺憾なく実現されているが、細部を見ると、自由で繊細な曲線や装飾が見られる(図 1.3、4)。戦前に確立された建築への姿勢は変わることなく受け継がれていた。1953(昭和 28)年には日本芸術院賞を受賞し、その後、日本芸術院の会員となっている。また 1954(昭和 29)年に日本建築学会賞を受賞し、これを皮切りに、合計 4 度もの日本建築学会賞を受賞する。さらにアメリカやイギリスの建築協会の名誉会員にも選ばれている。村野は、日本の建築界の頂点を極めることになったのである。

　晩年の村野は、より多くの曲線を重ねることで、明快な全体性や輪郭のない作風へと向かい、数寄の精神や手法を受け継ぎながら、さながら工芸品のような建築を生み出す。それはモダニズムからも、またあらゆる様式からも自由な独自のものであった。だがそのような作品を生み出す姿勢は、戦前に一人の建築家としての経歴をスタートさせた時から、一貫していた。

　1970 年代から 80 年代にかけてのポスト・モダニズム[*10] 隆盛の時代にあって、モダニズム建築は批判され、様式性や装飾性、技巧性を重視した建築が評価されるようになる。そんななかで、村野の建築は以前に増して高く評価された。しかしそれは、村野が時代の変化に対応したのではなく、時代が村野の方へと寄り添ったのだと言えるだろう。1984(昭和 59)年に 93 歳でその生涯を閉じるまで、設計の現場に立ち続け、独自の姿勢を貫いたのだった。

(左)図1.5　加能合同銀行本店(現北国銀行武蔵辻支店、1932、金沢)[5]
(右)図1.6　日本生命日比谷ビルの外壁(1963、東京)[6]

1.2　様式とモダニズムからの自由

　村野の初期の理念をよく示す論考に、「日本における折衷主義建築の功禍」[*11]がある。1933(昭和8)年に建築家ブルーノ・タウト[*12]が来日した際に開催された講演会での講演を載録したものである。この論考の中で村野は、当時の日本で多く見られた、様々な時代の様式を折衷してつくられる折衷主義建築を、当時隆盛を極めていたモダニズム建築と対比させつつ擁護している。

　村野によれば、折衷的な建築や装飾的な建築は、合理性や機能性を重視したモダニズムの論理からすれば価値のない建築である。しかし、大衆がそれらを求めるなら、そこには価値があるという。すなわち村野は、建築の価値を現実の社会の中で包括的に捉え直し、モダニズムが前提とする建築の価値に疑問を投げかけたのである。しかしこの論考の最後では、村野はこの論に自ら疑問を投げかけている。これは、村野の思考が単純なものではないことを示している。

　村野の建築を見ると、様々な時代の様式や様々な建築のモチーフを引用しながらつくられている。しかし、決してただ寄せ集めただけの折衷的なものではなく、モダニズムの方法によって抽象化されデフォルメされ、独自のものに昇華されている(図1.5、6)。それは、過去の様式やモチーフを懐古し、リバイバルしているのではないことを意味している。村野にとっては、ロマネスク[*13]やルネサンス[*14]、ウィーン分離派、表現主義[*15]など、様々な過去の建築のあり方が、自由な選択の対象として存在しているのである。村野は、施主や大衆の要求といった社会の現実の中で、場合に応じてふさわしい建築の様式やあり方を選択し、新たな創造に昇華させた。過去の遺産を、過去の視点からではなく、現在の創造行為において捉えようとしたのである。

　大学を卒業する年に書かれた論考「様式の上にあれ」では、村野は既に、自らを過去や未来の様式から解き放たれた「プレゼンチスト」すなわち「現在主

(左)図 1.7 叡山ホテル(1937、京都、現存せず)[7]
(右)図 1.8 中山半邸(1940、神戸)[8]

義者」と位置づけている[*16]。その後、様式建築を学び、その価値に気づかされることになるが、過去ではなく現在に立脚する態度は変わらなかったといえる。「日本における折衷主義建築の功禍」において、折衷主義建築を肯定しつつ最終的に疑問を投げかけたのは、過去の様式の寄せ集めとしての折衷主義が、結局は過去に立脚していることに疑問を感じていたからではないか。

こうした態度は、伝統の問題に対しても当てはまる。日本では、ナショナリズムが高揚する 1930 年代になると、保守化や歴史回帰する傾向が表れた。ルネサンス風の建物の上に和風の屋根を載せた帝冠様式[*17]や、日本の伝統的なモチーフを取り入れた歴史・折衷主義的な建築も登場するようになる。

村野もまた、戦前から和風の作品に取り組み、日本の伝統的なモチーフを用いた(図 1.7、8)。しかし村野が用いるモチーフには、独自のデフォルメと新たな創造が加えられている。村野にとっては、書院造[*18]も数寄屋造[*19]も民家風も、必要に応じて選択し、手を加えるための素材であった。モダニズムか歴史主義かという、立場の選択を迫られるような時代にあって、村野はいずれでもない、それらを否定するわけでもない、独自の立場に立脚していたのだった。

村野は戦前から、しばしば建築のヒューマニズムについて論じていた。初期の論考「様式の上にあれ」では、今や多くの破綻を見せる科学を「ヒュウマナイズする」べきだと論じた[*20]。晩年には、整数が近代科学の象徴であるのに対して、整数の間の実数、あるいは割り切れない世界を追求することがヒューマニズムであり、その割り切れなさが弁証法[*21]をもたらし、次の新たな創造を生み出すと論じた[*22]。村野は、折衷主義を肯定しつつそれを独自のものへと昇華し、また装飾や手作りを重視し、触覚的で工芸品のような作品を生み出した。その作品の形に、村野の言うヒューマニズムが実現している。そして、様式やモダニズムから自由に、変幻自在に創造する行為は、ヒューマニズムの実践を意味している。村野は、ヒューマニズムを生き抜いた建築家であった。

(左)図 1.9　森五商店東京支店(現近三ビル、1931)[9]
(右)図 1.10　大阪そごう百貨店(1935、2003年解体)[10]

1.3　自由への道程

1.3.1　様式性とモダニズム

　では、村野の言うヒューマニズムは、どのようにして実現されていたのだろうか。村野の様式性や大衆の考慮は、1929(昭和4)年に渡辺事務所から独立した後の、初期の作品によく表れている。モダニズムの方法に基づきながらも、同時に、モダニズムが脱却しようとした様式や装飾への強い意識が読み取れる。この新規さと古風さの共存が、大衆に対して親しみを与えたのだった。

　森五商店東京支店(現近三ビル、1931、図 1.9)は、村野が独立して最初の作品である。竣工当時は7階建だったが、戦後8階部分が増築された。壁面とほとんど同じ面に収められた美しいプロポーションの窓が整然と並ぶファサード、小さく丸みを帯びた建物の角、軒先の細部の手の込んだデザイン、エントランスロビー天井のガラスモザイクなど、繊細な設計が随所に見られる。硬質で抽象的な形態によってモダニズム建築の様相を呈しながらも、様式性を感じさせ、重厚さや繊細さ、過剰な技巧性を感じさせるものとなっている。

　大阪のそごう百貨店(1935、図 1.10)は、一見すると無表情なモダニズム建築の典型のように見える。施主から、この百貨店の命運の6割は建築家の力によっていると、期待されて挑んだ作品である。それに対して村野は、御堂筋に面したファサードのデザインに注意を払い、当時のモダンな生活を象徴した電化製品であるラジオのキャビネットからヒントを得たデザインで応えた。街並みに対して、シャープだが陰影のある印象深いファサードである。そして内部でも、人々の手や目に触れる細部には繊細なデザインが施されている。モダニズムのデザインを纏いながら、大衆を意識した建築が実現された。

　山口県宇部市の宇部市民会館(1937、図 1.11)も同様の視点で捉えられる。モダニズム特有の抽象的なボリュームの組合せからなるが、シンメトリーをなし

(左)図 1.11　宇部市民会館(1937、山口)[11]
(右)図 1.12　世界平和記念聖堂(1953、広島)[12]

た全体の構成や表面に貼られた塩焼きタイルの深い色合いが、通常のモダニズム建築には少ないシンボリックで堂々とした姿に仕立てている。内部では、抽象化されながらもどこか様式的な柱が用いられ、細部の繊細なデザインが人々の目を引く。そして、大理石の濃厚な質感が来館者の全身を包み込む。

1.3.2　戦後モダニズムへ

戦後になると村野は、建物の全体構成において、よりモダニズム建築の方法に近づくことになる。しかし、戦前に増して様々な要素が混在し、細部には必ずモダニズムから逃れていくような繊細な形や技巧性が潜んでいる。

広島の世界平和記念聖堂(1953、図 1.12)は、原爆によって被爆し損壊したカトリック教会を再建したものである。打放しコンクリートの柱と梁の枠組みに原爆の灰を含んだ土でつくった煉瓦をはめ込んだ真壁風の外観や、壁に穿たれた洲浜形の窓には、モダニズムの手法と同時に日本の伝統的な特徴を見出せる。また内部はロマネスク的な空間構成と雰囲気となっている。それは、随所に見出せる手作り感の強いディテールと相まって、モダニズムでも日本建築でもロマネスク様式でもあるような、独自の宗教的空間となっている。

新大阪ビル(現新ダイビル、1958・1963、図 1.13)は、大阪の中心部、堂島川に面して建つ。白いタイルで覆われた巨大なボリュームに、水平連続窓がすべての階で四周を廻らされ、屋上には樹木が生い茂り、いわゆる屋上庭園が実現されている。それは、ミース・ファン・デル・ローエ[*23]のコンクリートのオフィスビル案(1922)やル・コルビュジエ[*24]の建築を髣髴とさせる、典型的なモダニズム建築の様相を呈している。しかし、壁面と窓面がほとんど同一の位置にあるため極端にフラットに見える建築のファサードや、建物の隅部の途中階に置かれた羊の彫刻(図 1.4)など、細部に村野の独自性を見ることができる。

関西大学(1951−74)では、20年以上にわたって、村野によって少しずつ校舎が建てられた。いずれも、モダニズムの手法による明快な形態や構成を持って

図 1.13　新大阪ビル(現新ダイビル)[13]　　図 1.14　大阪新歌舞伎座(1958)[14]

いる。特に 1950 年代につくられた第 1 学舎(1954)や図書館(1955)は、世界平和記念聖堂と同様、打放しコンクリートの柱と梁の骨格を持ったモダニズム建築である。だが校舎によってそれぞれに形態が異なり、細部には手の込んだ技巧性を見ることができる。その多様さが、村野作品の豊かさを物語っている。

1.3.3 「村野流」和風

　村野は戦前から、いわゆる和風の作品にも取り組んでいた。しかし村野はことさら和風の表現にこだわっていたわけではない。それは様々な様式のうちの一つとして扱われ、また他の様式の扱いと同様、デフォルメされ別のものへと昇華された和風である。それはしばしば「村野流」と呼ばれている。

　京都にあったドイツ文化研究所(1935)は、日独文化協定などで日本と親しい関係にあった、ナチス政権下のドイツ政府が施主となって建てられた施設である。ドイツ政府から日本的な表現を求められ、鉄筋コンクリートによる明快さを備えながらも、和風の木造屋根を持つものがつくられた。その屋根の勾配は緩く、軒の出が深い。それは数寄屋の手法を受け継いだものであり、その後の村野の和風の表現に再三見られる表現である。当時、ルネサンス風の建物に和風の屋根を載せたいわゆる帝冠様式の建築が流行していたが、この建物はモダンな繊細さを備えている点で、帝冠様式とは一線を画すものだった。

　戦後も独自の和風に取り組んでいる。大阪新歌舞伎座(1958、図 1.14)では、歌舞伎にちなんで桃山調のデザインが採用された。しかし通常、正面に一つ設けられるだけの唐破風(からはふ)が、ファサード全面を覆うように連続して用いられている。そして大屋根には、歌舞伎俳優の隈取り(くまどり)からヒントを得たという抽象的だが複雑な形態の鬼瓦が、唐破風の頂部には稚児髷(ちごまげ)のような装飾が取り付けられている。また内部は、歌舞伎特有の原色を用いたインテリアとなっており、天井も歌舞伎特有の紋をイメージしたような抽象的な形態の装飾で飾られている。日本的なモチーフを用いながらも、まったく新しいものとなっている。

図 1.15 都ホテル、佳水園(1960、京都)[15]

図 1.16 日生劇場、内観(1963、東京)[16]

　京都の東山の麓に建つ都ホテルもまた、村野による作品である。本館は戦前に村野によって設計され、戦後も村野によって改築や増築、新築が繰り返し行われた。別館の佳水園(1960、図 1.15)が、村野の和風をよく表現している。自然の緩やかな傾斜に合わせて雁行する廊下に沿って客室が配されており、醍醐寺三宝院の庭を手本にしてつくられたという庭を取り囲んでいる。むくりのついた客室の屋根や庭と客室の関係は、数寄屋の典型である。だが、鉄やコンクリートの使用、柿葺きによる極度に厚みの薄い屋根、通常より広い垂木の間隔、低い軒高や床高、複雑に重なりあう屋根などに、型通りの素材の使用やデザインに収まらない「村野流」の設計が見られる。

1.3.4　工芸としての建築

　村野の作品は、晩年を迎えてその独創性と技巧性に磨きがかかる。複雑な曲線や曲面、装飾が建物の表面を覆い、創造の自由を謳歌している。だが細部の造作のすべてが厳選された素材で、そして伝統的な優れた技を持つ職人の技術によって丁寧につくられている。それは建築というよりは、まるで巨大な工芸品のようである。

　日本生命日比谷ビル(1963)は、東京の日比谷に建つ日生劇場(図 1.16)を中心とした複合ビルである。外観は御影石を用いた様式的なデザインで統一されている(図 1.6)。内部のエントランスには大理石が敷き詰められた堂々とした空間が広がっている。ホールへと至る階段は、独特の曲線を描きながら宙を走り、村野特有のさりげない、しかし手の込んだ手摺りが人目を引く。そして極めつけはホール内部である。様々な色ガラスのモザイクタイルで覆われた、うねるような壁面がホールを囲む。天井には全面にわたって、薄く加工されたあこや貝がびっしりと貼られている。表面と細部の技巧へのこだわりが目立つ。

　千代田生命本社ビル(現目黒区総合庁舎、1966、図 1.17)は、垂直部材が細く、水平部材が太いアルミキャストで全面的に覆われた外観が、来館者の目を引く。

図 1.17　千代田生命本社ビル(現目黒区総合庁舎)[17]　　図 1.18　新高輪プリンスホテル「飛天」の天井(1982、東京)[18]

　通常、建築は重力の原理に従って、垂直部材が太く水平部材が細いのだが、ここでは逆になっている。それによって重力を感じさせない、そして表面が強調された巨大な工芸品のような様相を呈している。またエントランスホールは白い大理石に覆われ、天井にはモザイク画、窓には凝った飾りが施されている。その奥の階段は、複雑な曲線を描きながら上下を結び(図1.3)、蛍光灯が取り付けられた細い鉄筋で最上階の天井から吊り下げられている。ここでもやはり表面と細部の技巧への過剰なまでのこだわりが見られる。

　新高輪プリンスホテル(1982)は、村野が91歳の時に竣工した最晩年の作品である。広大な敷地の中に建つ巨大な客室棟には、すべての客室に、繊細な装飾が施された柵を持つ半円形のベランダが取り付けられており、巨大な建物に手作りのようなきめ細かさが生み出されている。大宴会場へのアプローチである「渦潮」は、文字通り渦潮のように巨大な円弧を描きながら下るスロープのための空間である。そして大宴会場「飛天」(図1.18)では、日生劇場と同様、あこや貝がびっしりと貼られた天井が細かくうねりながら上昇し、その天井からは巨大な、しかしきめ細かいシャンデリアが吊り下げられている。

　晩年の村野の作品は、およそヨーロッパ的な意味での「建築」とは異なる。様式的な秩序をつくり出そうとするものでも、柱や壁といった要素で抽象的な空間を演出しようというものでもない。ひたすら表面と細部にこだわり、職人の手によって丁寧につくられたものである。それは身体の延長にある触覚的な建築だと言える。そしてそこでは、歴史性やモダニズムは断片化され、新たなものへと昇華されている。時には、ハイヒールや歯ブラシの広告、玩具さえ、デザインのモチーフとなっているなど、もはや何ものにもこだわらない自由さも見られる。その昇華と自由さこそが、村野の言うヒューマニズムである。村野の建築は、隅々にまでヒューマニズムの精神が行き渡った珠玉の作品なのである。

＊1　ウィーン分離派　Wiener Secession：1897年にウィーンで画家グスタフ・クリムトを中心に結成された、新しい表現を主張する芸術家グループ。ゼツェッション、セセッションともいう。絵画、彫刻、工芸、建築などの作家が集まり、過去の様式にとらわれない、総合的な芸術運動を目指した。第9章参照。

＊2　ウィーン工房　Wiener Werkstatte：1903年、ウィーン分離派の一員であるヨゼフ・ホフマンとコロマン・モーザーが、実業家の資金援助を受けて設立したデザイン工房。アーツ・アンド・クラフツ運動やマッキントッシュらグラスゴー派の影響を受け、絵画や彫刻、建築と工芸が統一された生活のあり方を追求した。第9章参照。

＊3　ドイツ工作連盟　Deutscher Werkbund：1907年、ミュンヘンに創設された企業と芸術家からなる団体。芸術と企業と手工業が一体となった生産品の改良を目的として、H.ムテジウスやドレスデンの家具会社社長K.シュミットを中心に設立された。他に、H.ベルツィヒやJ.ホフマン、H.ヴァン・デ・ヴェルデなどが参加していた。

＊4　村野藤吾「様式の上にあれ（上）」『日本建築協会雑誌』第2輯第5号、1919年5月（村野藤吾『村野藤吾著作集』同朋舎出版、1991所収）。

＊5　渡辺節：1884-1967。建築家。東京帝国大学卒業後、鉄道院などを経て、1916（大正5）年大阪で建築事務所を開設。アメリカで合理主義建築を学ぶ一方、様式に基づいた精緻な建築をつくり続けた。代表作に、大阪商船神戸支店、綿業会館などがある。

＊6　村野藤吾『建築をつくる者の心』ブレーンセンター、1981。

＊7　村野藤吾『建築の経済問題』早稲田大学出版部、1930（「建築の経済問題」と題された同じ内容の論考が、『早稲田建築講義』に1930年から31年にかけて3回にわたって掲載されている）。

＊8　『資本論』：1867年に出版された、カール・マルクスの主著。資本主義における、資本の運動の法則と剰余価値の生成過程を明らかにした。マルクス経済学の基本書となっている。全3巻。

＊9　カール・マルクス　Karl Heinrich Marx：1818-83。ドイツの経済学者。資本主義のメカニズムを分析し、フリードリヒ・エンゲルスと共に共産主義を打ち立てた。19世紀後半から20世紀の共産主義の運動に大きな影響を与えた。

＊10　ポスト・モダニズム：1970年代から80年代にかけて登場した建築思想とその建築デザインのこと。機能性や合理性を重視し、装飾を排した抽象的な形態を用いるモダニズム建築を批判し、表現としての建築を重視。多様性や装飾性、折衷性、過剰性などを特徴とした。

＊11　村野藤吾「日本における折衷主義建築の功禍」『建築と社会』1933年6月号。

＊12　ブルーノ・タウト　Bruno Taut：1880-1938。ドイツの建築家。ドイツは社会主義思想を背景に、集合住宅の設計で活躍した。作風はモダンではあるが表現主義的でもある。建築のほか、絵画、工芸など多岐にわたる分野で活躍した。1933-36年の3年半、日本に滞在し、住宅や工芸において作品を残している。第9章、第10章参照。

＊13　ロマネスク：11世紀から12世紀にかけて、ヨーロッパで最盛期を迎えた建築様式。主に教会堂や修道院建築で採用された。身廊の天井へのヴォールトの使用や、重厚な壁面を持つことなどを特徴とする。

＊14　ルネサンス：14世紀から16世紀にかけて、イタリアを中心にヨーロッパ全域で発達した様式。古典古代の文化を復興、再生しようとする文化運動を背景にしており、円柱など古典古代に用いられた建築のモチーフを用いることなどを特徴とする。

＊15　表現主義　Expressionism：20世紀初頭にドイツを中心として生まれた建築様式。表現派ともいう。芸術全般において、人間の感情や内面を重視し、それらを反映させる形で表現が行われた動向が生じ、それが建築にも及んだもの。曲線や曲面が多用されたマッシブな形態が用いられることが多い。

＊16　村野藤吾「様式の上にあれ（下）」『日本建築協会雑誌』第2輯第8号、1919年8月（村野藤吾『村野藤吾著作集』同朋舎出版、1991所収）。

＊17　帝冠様式：ナショナリズムを背景として、昭和初期に流行した建築様式。ルネサンス様式など洋風の建物本体に、和風の瓦屋根を載せている。神奈川県庁舎や愛知県庁舎、京都市美術館などが典型的。

＊18　書院造：日本の室町時代中期以降に成立した住宅の様式。床の間（または押板）、違い棚、付書院という座敷飾りを備えた、格式ある意匠が特徴。

＊19　数寄屋造：数寄屋は、好み（数寄）に任せてつくった住宅という意味で、茶室をいう。数寄屋造は、数寄屋風につくられた軽妙な意匠の住宅の様式を指す。

＊20　村野藤吾「様式の上にあれ（下）」『日本建築協会雑誌』第2輯第8号、1919年8月（村野藤吾『村野藤吾著作集』同朋舎出版、1991所収）。

＊21　弁証法：主にヘーゲルやマルクスが用いた哲学用語。世界や事物の変化、発展過程を理解するための法則。有限なものが自己自身のうちに自己との対立・矛盾を生み出し、それをより高次な段階へと統合し発展する思考や存在、歴史、社会の運動のあり方を指す。

＊22　村野藤吾『建築をつくる者の心』ブレーンセンター、1981。

＊23　ミース・ファン・デル・ローエ　Ludwig Mies van der Rohe：1886-1969。ドイツの建築家で、近代建築の三巨匠の一人。石工職人の家に生まれ、独学で建築を学んだ後、建築家として活動。数々の名作を残した。ドイツ工作連盟の副会長、バウハウスの校長も務めた。戦後はアメリカで活躍した。

＊24　ル・コルビュジエ　Le Corbusier：1887-1965。スイスで生まれ、フランスで活躍した建築家。近代建築最大の巨匠とされる。本名はシャルル＝エドゥアール・ジャンヌレ（Charles-Edouard Jeanneret）。機能性と合理性に裏付けられたモダニズム建築の提唱者として、世界的に多大な影響を与えた。日本人では、前川國男や坂倉準三、吉阪隆正らが直接指導を受けたほか、丹下健三らが思想と表現の両者において大きな影響を受けた。第7章参照。

2
吉田五十八
新しい普遍的日本建築を求めて

青井哲人

「新しい数寄屋のもたらした影響は、非常に大きなものだったと思います。たとえば、床の間の構想の変革。間仕切欄間の吹抜き。それによる天井板の長尺化等々……数かぎりない、数寄屋の新しいゆき方は、古い数寄屋を完膚なきまでに変革させ、もはや「新しい数寄屋」という名称さえ、ぴったりしなくなったぐらいに普遍化され、ただ単に「数寄屋」といっても、新しい数寄屋を意味するところまで、様式化されてきたようであります。」(「数寄屋十話」『毎日新聞』1965年7月29日より)

 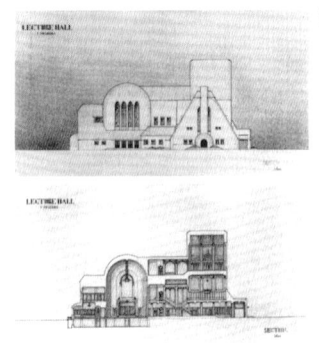

図2.1　吉田の卒業設計「Lecture Hall」(1923)[1]

2.1　古い日本と新しい日本

2.1.1　憧憬・絶望・転向

　吉田五十八は、1915(大正4)年に東京美術学校（現東京藝術大学）に入学、図案科二部で建築を学んだ。学生数は5〜6名で、教師と学生との年齢差もあまりなく、「まるで私塾にいるような感じ」だったという。

　ヨーロッパは第一次大戦後の復興のさなかにあり、アール・ヌーヴォー[*1]、ウィーン分離派[*2]に続く表現主義[*3]やデ・ステイル[*4]の運動に勢いがあった。日本の建築学生たちはこうした動向に雑誌を通して注目していたが、吉田もまたその一人で、学校の設計製図で西洋の歴史様式のトレースや再構成ばかり叩き込まれるなか、ドイツやオランダの新潮流を追いかけることに躍起だった。

　1920(大正9)年、東京帝国大学を卒業したばかりの堀口捨己[*5]、石本喜久治、森田慶一ら6名が「過去建築圏」からの「分離」を宣言して「分離派建築会」を名乗った。吉田の美校卒業は1923(大正12)年で、これは病気などで2年遅れての卒業だったが、本来なら帝大の堀口らと同学年だった。卒業設計はいくつかのレクチャーホールを同心円状に配した芸術クラブ（図2.1）で、教授陣からはその歴史様式と無縁な無装飾の造形を「タービン」みたいなもので建築ではないなどと酷評された。吉田自身、自らを「分離派だった」と回顧している。

　卒業の年、病弱だったため就職をあきらめ、いきなり自分の設計事務所を開いた。まもなく関東大震災が発生。数々の建築団体が現れ、「百鬼夜行」の様相を呈した[*6]。吉田は途方に暮れながらも、手がかりを求めて1925(大正14)年にヨーロッパ旅行に出る。ところが憧れのオランダ、ドイツの新建築が、第一次大戦後の不況下とはいえあまりに粗雑で安っぽいことに幻滅する[*7]（図2.2）。しかも、イタリアに入ってフィレンツェで初期ルネサンスの「おおらかさ」「格調の高さ」「圧倒されるようなボリューム」に「打ちのめされ」てしまう（図

図2.2　ラインハルト劇場(H. ペルツィヒ、1919、ドイツ)[2]

図2.3　オスペダーレ・デッリ・インノチェンティ（P. ブルネレッスキ、1445、イタリア)[3]

2.3)。これは学習の問題ではなく、乗り越えがたい歴史的蓄積と「民族的な血」の問題だと吉田は観念した。この「絶望」ゆえに、それならば「日本人の血」によってヨーロッパにもどこにもない独自の近代建築をつくりあげ、それを世界に問うのだと彼は決意し、日本建築の近代化を模索し始める。よく知られた「転向」の物語であり、これが建築家・吉田五十八のキャリアの始まりだった。

事務所再開から1930年代半ばまで、吉田はほとんど無名に近かったが、1934−36年頃を境に、「新興数寄屋」と呼ばれるスタイルとともに一躍有名人になる。同じ頃、建築界では、1933(昭和8)年に来日したブルーノ・タウトがモダニズムに接続しうる日本建築の古典として桂離宮や伊勢神宮を再発見するなど、「日本建築論」のパラダイムがつくり出されていったが[*8]、この文脈で数寄屋や茶室も脚光を浴び、吉田はジャーナリズムにおいても欠くことのできない建築家の一人になった[*9]。もっとも、吉田とすれば数寄屋の発見はタウトよりはるかに早かったという自負はあった。

2.1.2　「日本橋」と「新日本」

吉田は1894(明治27)年に東京の日本橋で生まれている。吉田の父・信義は、オランダ軍医ボードウィンから胃散の調剤権を得て1879(明治12)年に「太田胃散」を創業した人物で、渋沢栄一らと商工会議所設立に関係し、東京府会議員を務めてもいる。その父を早くに亡くすのだが、普請道楽の父が東京に建てた茶室や別邸について、後に吉田はそれが本格的な京都風の普請だったと感心し、血は争えないと述懐している。「正真正銘」の江戸の下町であった日本橋は、関東大震災までは近世の情緒を色濃く残していたし、近くには、料亭と芸妓の世界（花柳界）があって、吉田は江戸期から残る数寄屋建築に囲まれて育ったともいえる。これらは新興数寄屋の開発者としての吉田を語る上で無視できない背景であろう。ただ、それは吉田が近世的な数寄者の直接的な継承者であることを必ずしも物語るわけではない。

図 2.4　川合玉堂邸、画室（1936、東京）[4]　　　図 2.5　吉住小三郎邸、客室天井（1954、東京）[5]

　東京美術学校の同期や前後には、著名な芸術家が多い。日本画の森田沙伊、陶芸家の川合修二（日本画の川合玉堂の次男）、舞台美術家の伊藤喜朔、洋画から大和絵に転向した山口逢春、ガラス工芸家の岩田藤七らで、芸術院会員も多く、またいわゆる趣味人ばかりだった。このうち玉堂、逢春らは吉田の新興数寄屋の施主でもある(図2.4)。施主ということでは他に、日本画の鏑木清方、洋画の梅原龍三郎、岩波出版社長の岩波茂雄、政治家の吉田茂、岸信介らがいる。ここに挙がった人々は、それぞれの領域で新しい普遍的な日本文化のあり方を追求し提示していった人々であり、吉田はこうしたある種サロン的な人脈のなかで、彼らと共通する「新日本」的表現を建築の領域で追求したのだともいえる。後述するように、吉田は、近世から続く文脈を意識的に切断し、普遍性を持つ近代の日本建築を構築していく独自の方法を模索した。

2.1.3　国際的な舞台へ

　吉田五十八は、プロフェッサー・アーキテクトでもあった。戦争中の1941(昭和16)年に母校の講師となり、終戦後、1961年まで東京藝術大学教授を務めている（62年、同名誉教授）。そして、戦後の吉田の仕事は多岐にわたる。個人住宅や料亭における新興数寄屋の追求は1950-60年代には完成から集大成の域に達し(図2.5)、同じ頃から劇場やホテル、公共建築などの大規模な施設の設計を数多く手がけている。

　さらに、在ローマ日本文化会館(1962、図2.17)、大阪万博の松下館(1970)や、在米日本大使公邸(未実施)といった国際的な仕事もこなした。それらは、ヨーロッパ旅行での挫折以来、日本建築と近代とを接続しようと奮闘してきた自身の軌跡を、ひるがえって欧米世界に問う機会でもあった。赤坂葵町の虎ノ門病院で、ワシントンに実現するはずだった日本大使公邸の設計を検討しながら、1974(昭和49)年3月、吉田は79歳の人生を終えている。

図 2.6　書院造の例(二条城二の丸御殿)⁶⁾　　図 2.7　数寄屋風書院の例(本願寺黒書院)⁷⁾

2.2　数寄屋とモダニズム：近さと遠さ

　前述の「絶望」からの「転向」において、吉田は日本建築を「現在」に近づけるというアプローチを決めた。その時、彼は二つのものを選び取っている。一つは立脚点としてのモダニズム。もう一つは、近代に最も近づけやすい日本建築としての数寄屋造。「数寄屋造の近代化」という独特の戦略を、彼は非常に早い段階で定めたのである。吉田は後に、自分なりの答えを手にしたのは1933 (昭和8)年頃だったと振り返っている。それが「新興数寄屋」である。

　近世武士の上流住宅、町家、遊里の揚屋建築などに見られる数寄屋造は、主従関係を確認する公式行事の舞台としての書院造との相補的な関係において捉える必要がある。動かしがたい比例体系としての「木割」*¹⁰と絢爛たる装飾によって社会的序列を建築化した書院造に対して(図2.6)、数寄屋造は、木割の秩序を前提としながらも、それを超え出て独特な自律的世界を獲得しようとする(図2.7)。製材された規格的な材にない偶然性に満ちた「侘びた」材への嗜好、「好み」や「写し」といった過去形式の参照やその変形、様々な材の加工や仕上げの技法、部材の多様な納まり、そして部分の組合せによって生まれる全体的な雰囲気にいたるまで、数寄屋の世界には継承と創意が折り重なるように連鎖している。その微細でしたたかな運動性に、数寄屋の特質があるだろう。

　しかし吉田は、「永い時代の歴史と経験と、慣習と技法と美意識等によって生まれた」「建築的約束」としての「昔ながらの木割」を「打破」することを目指した。と同時に、過去の形式や技法を引き継ぎながら、遊びや創意を加えるという数寄屋の特質をも彼は拒否した。むしろ、材や納まりを極限までそぎ落としていくことで、「明朗な」近代的デザインが獲得できると考えた。

　彼は晩年に、自分が追求し確立したものは「数寄屋建築」ではなく「数寄屋様式」であると言っている。設計者を超え、建築の種別を超えて普遍化できる

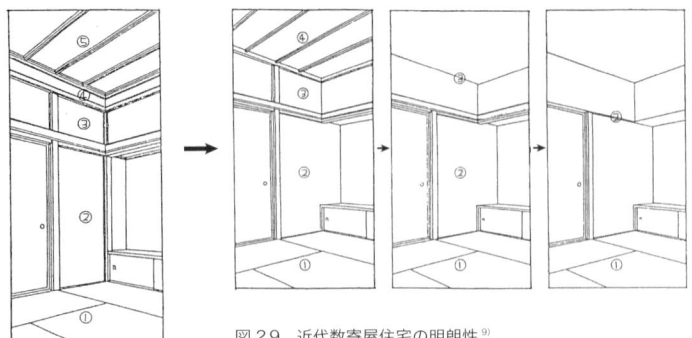

図 2.9　近代数寄屋住宅の明朗性[9]

様式性の獲得を、吉田は自覚していたのである。実際、戦後には「吉田流」は日本全国に普及する。それは一種の商品化でもあった。村野藤吾[*11]も、吉田流が強い個性と同時に、強い普遍性を持ちあわせていたことに注意を喚起しつつ、その完成された精密なデザインを「何となく、味気のない、遊びも自然味もない」ものと評している。村野は、吉田の方法に数寄屋本来の運動を含む継承性ではなく、むしろそれを殺す否定の力を読み取っている。

　興味深いことに、吉田は素材としての数寄屋を新たなコンポジションへと再構成していく際、「黄金率みたいなところから考えている」と発言したことがある。また、江戸時代を「見放し」、平安時代の建築を参照したと語ってもいる。平安時代の建築は、移植された中国建築が消化され、しかもまだ畳を敷かず椅子座であったから、日本的でしかも近代的生活様式にも通じ、プロポーションもおおらかでよいと吉田は言う。これらは数寄者の発言ではない。吉田はたしかに一人のモダニストだったのである。しかし、木造の数寄屋造という範疇に足を置いて、構造から細部にいたる緻密なデザインをほとんど偏執的に追求していったところに、他のモダニストとは異質な独自性がある。

　それゆえ、吉田の実践は、近世の技術を継承する大工棟梁たちとの矛盾に満ちた協働でもあったことが指摘されている。吉田は新興数寄屋を模索した昭和初期には棟梁・岡村仁三（にぞう）と組み、彼から多くを学んだが、それは彼が継承している木割の体系や数寄屋特有の技法を打破するためだった。

　ところで、吉田の作品は決して新興数寄屋ばかりではない。彼自身、彼のキャリアを振り返って、①数寄屋の近代化、②近代建築の日本化、③社寺の近代化、の順にやってきたと段階的に振り返っている。それぞれの段階で、思考の道筋も、デザインの傾向も違う。戦後のある時期以降は、数寄屋にはあまり興味がないとすら吉田は言っている。吉田流新興数寄屋に視野をとらわれすぎると、建築家・吉田五十八を見誤るかもしれない。

図2.8　吉屋信子邸、応接間(1936、東京)[8]　　図2.10　同、和室とサンルーム[10]

2.3　日本建築の「現在性」：その追求の道程

2.3.1　吉屋信子邸

　吉屋信子は、ショートカットの髪型で知られたベストセラー作家で、吉田の思う通りに仕事をさせた。吉屋邸(1936、東京)の外観は、京都風の瀟洒なつくりで、瓦屋根は勾配を緩くし、長く差し出した軒先だけを銅板葺きとして軽快に見せている。しかし、初期の吉田の関心は、椅子式の現代生活を前提とした時、数寄屋造のインテリアはどのように再構成されうるかという点にあった。それが、「数寄屋の近代化」のアプローチの一つの軸だった。

　大・小応接間、書斎(仕事部屋)、サンルーム、寝室といった部屋には、畳ではなく絨毯が敷かれ、ソファ・セットや回転椅子、デスク、ベッドを置いて洋室的な使用を設定したが、柱には杉丸太を用い、和室のように大きく開放的な窓にはカーテンでなく障子をはめ、応接間には床の間もついていた(図2.8)。しかし、長押、釣束、回縁、竿縁といった内法材が多いと「明朗性」に欠けるとして、これらは消去された。「明朗性」は吉田を理解する上で数少ない鍵概念である(図2.9)。障子も桟の本数を減らして間隔を広くした粗組である。

　プランニングでは、生活関係と職業関係の二つの「室群」に分け、機能性が合理的に追求された。またサンルームと和室が隣りあうところでは、サンルーム側の床を下げ、和室と視線が揃うようにしたことも注目された(図2.10)。

　この住宅は、『建築世界』『住宅』といった専門誌ばかりか、新聞各紙も競って伝え、「新興数寄屋住宅」として脚光を浴びる。数寄屋を再解釈して現代生活を構成した洒脱な吉屋邸は、当時の人々の目にはきわめて新鮮に映った。大工の領分だった木造住宅を建築家が大真面目に追求するのも珍しかった。

2.3.2　小林古径邸

　新しい日本画の追求者であった小林古径の自宅兼仕事場(1933、東京)で、現

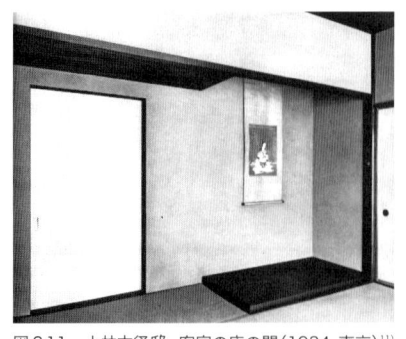

図2.11 小林古径邸、客室の床の間(1934、東京)[11]

図2.12 山口蓬春邸、建具引込み詳細(1940、東京)[12]

在は新潟県上越市に、解体部材を用いた復原工事を経て公開されている*[12]。主に技術的な面に注目すると、まず構造上の柱を露出する真壁構造の代わりに、柱を壁で覆う大壁構造を採用していることに注目したい。一般に伝統的な木造住宅では三尺、六尺というモデュール（単位寸法）に沿って柱を並べ、鴨居、長押といった水平材も同じモデュールに基づいて配される。平面には畳が敷かれ、垂直面には障子や襖などの建具が入る。だから真壁構造を前提にすると、デザインは自ずと伝統的な比例体系、すなわち「木割」に拘束されてしまう。これに対して吉田は、必要に応じて大壁構造を採用し、その上で化粧材を付加していくことで、外観や室内におけるコンポジションを再構築したのである（図2.11）。後の吉田事務所の所員たちはこれを「大壁真壁」とも称したという。

　こうした方法は、構造がそのまま意匠になる点に日本建築の本質を見るモダニストたちの支配的見解とは異質であり、批判も浴びた。たしかに吉田の新興数寄屋では、建築を構成する諸要素を、現前させて重ね合わせるのではなく、むしろ重なる前に消してしまおうとする意図が濃厚である。例えば古径邸では、玄関まわりを二重壁としてその間に扉をすっかり収納できるようにしている。これは見せたい軸組の構成が、動く扉と重なってうるさくなるのを嫌ったためだ。この押込戸の工夫は、まもなく川合玉堂邸（1936）で全面的に採用される。それは完全に開け放たれる開口であり、同時に内外壁のコンポジションを乱すことのない開口の実現だった（図2.12）。さらに古径邸の室内では、長押だけでなく開口部の枠をすべて「はっかけ」という詳細の採用によって見かけ上すっかり隠してしまっている。これらは、意図しない部材を消し、また意図しない構成や比例を消していこうとする吉田の志向性がいかに強烈なものだったかを尖鋭に物語る。そこに、彼が「現在」の数寄屋に求めた「明朗性」の意味や、彼のモダニズムの独特なあり方を見て取ることができよう。

　このほか、古径邸では外壁にドイツから輸入したリシンに特別の配合をした

図 2.14　北村邸、和室(1963、京都)[14]　　図 2.15　同左[15]

ものを使い、聚楽そっくりに見せている。市街地建築物法（1919 年制定）の規定からも外壁における防火構造は不可避的だったが、そうでなくとも吉田は数寄屋造への工業材料の導入に積極的だった。

　こうした数寄屋の革新を可能にした条件としては、外遊から帰国して事務所を再開した 1926(昭和元)年以降、1935(昭和 10)年まで、岡村仁三という大工棟梁と仕事を共にしたことが大きかった。吉田は岡村の現場に通い、また自分の試みが技術的に可能かどうかを岡村に尋ねた。この 10 年足らずの期間は、「新興数寄屋」の成立においてきわめて重大な意味を持っており、したがって古径邸の意義も大きい。

　しかし、岡村との協働関係は、1935(昭和 10)年の吟風荘を最後に終わる。その後の吉田の建築について、岡村は、素人のような職人が吉田の言うままに仕事をしていることへの疑問を吐露したことがある。それはモダニスト・吉田と継承的技術者・岡村の間に、相互に批判・検証しあう濃密な関係があったことをうかがわせる。逆に吉田の側からいえば、そうした過程は既に終わり、自分のスタイルをものにしたとの自負があったのだろう[*13]。

2.3.3　鈴木邸と北村邸

　吉屋信子邸や小林古径邸を見ると、一般に指摘される「吉田流」の特徴[*14] は 1930 年代半ばにはほぼ出揃っていたことがわかる。それが戦中期の岩波茂雄別邸(1940、静岡熱海)や、吉田自邸(1944、神奈川)などで完成し、戦後の料亭・新喜楽(1962、東京)や料亭・つる家(1964、京都)などで集大成されていくというのが一般的な見方であろうか。

　新興数寄屋の追求は、さらに主体構造が鉄筋コンクリート造である場合にも連続的に展開していく。吉田五十八が発表した初めての鉄筋コンクリート造住宅である鈴木邸(1957、東京)はその好例だろう。外観は、フラットな壁と大きく張り出したフラットな屋根の単純な構成ながら、鉄骨柱や雨樋の垂直線、そ

(左)図 2.13　鈴木邸(1957、東京)[13]
(右)図 2.16　日本芸術院会館、中庭と講堂正面(1958、東京)[16]

していかにも繊細な欄干とアルミパイプ製の軒簾がつくる水平線によって整えられている(図 2.13)。

内部では、吉田自ら「長年の懸案」であったという「鴨居の追放」を実現した。天井に切った溝に沿って、いわば欄間付きの大きな襖や障子を動かすのである。この工夫は、やはり鉄筋コンクリート造の北村邸(1963、京都)でも全面的に採用されている。戦前より伝統的モデュールから解き放たれ大型化してきた吉田流の建具であるが、その高さはついに天井高と同一になり、幅は4尺半になった(図 2.14)。しかも、天井は部屋ごとに区切られることなく一枚の面として連続し、室から室へ、内から外へと空間を押し広げていく(図 2.15)。そうした均質空間の中を、伝統的スケールから異化された奇妙な間仕切パネルが音も立てず水平に滑っていく光景を想像してほしい。数寄屋の「明朗」化に向けた大胆かつ精緻な技法の開発は、こうして執拗に推し進められていったのである。

2.3.4　日本芸術院会館

日本芸術院会館(1958、東京)は、芸術院(1947年発足)会員のための会館で、天皇臨席の院賞授与式や、美術展、講演会、映画や各種芸能の公演などに利用される。この多岐にわたる用途を合理的に処理しつつ、鉄筋コンクリートを前提とした日本的表現の可能性を探求するのが吉田の課題だった。新興数寄屋が日本建築の近代化であったのに対して、これを吉田は西洋建築（近代建築）の日本化の試みであるとしている。新興数寄屋の設計においてすら、おおらかな平安時代のプロポーション感覚を参照した吉田だが、鉄筋コンクリート造の公共建築では、より直接的に平安建築の再現を目指したようである。

プランは講堂と廻廊が中庭を囲む左右対称の口字型で、中庭には高知の桂浜から取り寄せた青石を敷き詰めた(図 2.16)。円柱にはうるみ（小豆色）のペンキを塗り、壁面は京都御所を意識したコンポジションとなっている。講堂正面の開口部ではアルミパイプ製の御簾(みす)に似せた欄間が特徴的で、内部では天井近

(左)図2.17　在ローマ日本文化会館、サロン(1962、イタリア)[17]
(右)図2.18　中宮寺本堂(1968、奈良)[18]

くに間接照明のために蔀戸に似せた棚を設けた。他にもプレキャストコンクリートの舞台にきざはし（階段）と欄干がつくこと、正面玄関の築地塀や格子の表現など、平安建築を連想させる表現は随所に見られる。

しかし、全体的な印象を決定づけているのは、おおらかな柱のリズムと、それを上から押さえる、大きく張り出した水平の屋根板であろう。深い軒は、壁面に陰影を刻み、フラットでありながら日本的な屋根の再解釈となっている。

この延長上に、五島美術館(1960、東京)、在ローマ日本文化会館(1962、イタリア、図2.17)、外務省板倉公館(1972、東京)などがある。

2.3.5　中宮寺本堂

数寄屋の近代化、近代建築の日本化に続いて、吉田の3番目のテーマとなったのが社寺建築の近代化であった。彼にとって、日本の社寺の軒下を埋め尽くす組物（斗組）はいかにも大陸風であり、しかも現代にもなおそれをコンクリートで再現した堂宇が多いことは「摩訶不思議」だった。たしかに「現在性」をデザインの「明朗性」と理解し実践してきた吉田には、社寺建築の煩雑な細部は耐え難かったろうし、この意味でも中世・近世の建築より、平安あるいは白鳳・天平ののびやかな建築の方が受け入れやすかったろう。

ここでは中宮寺本堂(1968、奈良)を見てみよう。中宮寺は聖徳太子の斑鳩宮を中心に、西の法隆寺と対称の位置に創建された尼寺で、吉田は池上の浮御堂を構想した。本堂は、内外陣の周囲に朱色の円柱を並べ、軒を極端に深くした独特の構成で、組物は取り去り、化粧の垂木だけを軒裏に並べた（図2.18）。

このデザインの展開例としては、日本万国博覧会の松下館(1970、大阪)がある。パヴィリオン群が最先端の技術を競い合う大阪万博の会場にあって、松下館だけが伝統と近代の結合というテーマを取り上げた。建築本体はいうなればガラス張りの巨大な灯籠であり、これを円柱で囲み、中宮寺以上に単純化された大屋根を大きく張り出させている。

＊1　アール・ヌーヴォー　Art Nouveau：「新しい芸術」の意。19世紀ヨーロッパで開花した装飾美術の傾向。有機的な自由曲線の組合せ、鉄・ガラスといった工業材料の使用を特徴とする。広義には、ウィリアム・モリスが主導したアーツ・アンド・クラフツ以降、世紀末美術やアントニオ・ガウディの建築までを含めて各国の傾向を総称し、ドイツ語ではユーゲントシュテール（Jugendstil）ともいう。

＊2　ウィーン分離派：第3章、第9章参照。

＊3　表現主義　Expressionism：現象を追求した印象主義（Impressionism）に対し、内面的感情の表現を中心とする芸術的傾向のこと、それゆえに原理的には様式的な収れんを求めないが、代表的な作品には曲線・曲面の多用という傾向性が認められる。狭義にはドイツ表現主義を指し、建築ではエーリヒ・メンデルゾーンのアインシュタイン塔（1924）などが代表例とされる。

＊4　デ・ステイル　De Stijl：テオ・ファン・ドゥースブルフがオランダのライデンで1917年に創刊した雑誌およびそれに基づくグループの名称。オランダ語で「様式」の意。絵画ではピエト・モンドリアン、建築ではヘリット・リートフェルトが代表的。直線・面への還元と構成に特徴づけられる。

＊5　堀口捨己：第3章参照。

＊6　分離派以後の建築運動：1920（大正9）年2月発足の「分離派」に続き、1923（大正12）年7月頃には村山知義を中心とする「マヴォ」が結成され前衛芸術運動を展開した。直後の9月1日に発生した関東大震災の後、ショーウィンドゥの装飾や、建築の外装・壁面装飾、さらには建築設計そのものを依頼されている。同年10月に発足した「バラック装飾社（今和次郎ら）」の運動もある。さらに11月には「創宇社」が発足。逓信省営繕課の製図工や技手がメンバーで、宣言文は芸術至上主義だったが、1926（大正15）年頃から労働者階級への連帯感を示し始め、建築運動がサロン的な芸術運動からマルクス主義史観に裏打ちされた社会運動へとシフトする先駆けとなった。1930（昭和5）年10月の新興建築家聯盟の発足とそのわずか1ヶ月後の崩壊とが、戦前期の建築運動に幕を引くことになるが、以上の動向を横目で見つつ、吉田五十八は数寄屋をはじめとする日本建築の伝統的な技術体系との地道な格闘を続けていた。

＊7　吉田五十八が見たヨーロッパの新建築：1925（大正14）年4月、横浜を出航し、5月にロンドンに着いた後、フランス、ベルギーを経てオランダに入った吉田は、アムステルダムでM. デ・クラーク設計の集合住宅（おそらくデ・ダヘラート集合住宅、1923）を見て、その「粗雑さに幻滅」し、ドイツ・ベルリンではハンス・ペルツィヒ設計のラインハルト劇場（シャウスピールハウス、1919）の「安っぽさにさらに失望を感じた」たと述べている。ようやくフリッツ・ヘーガー設計のチリハウス（1924、ハンブルク）や、J. M. オルブリッヒの結婚記念塔（1907、ダルムシュタット）でそれなりの満足を得たが、全体にヨーロッパの新建築は吉田に訴えるものがなかった（「数寄屋十話」『毎日新聞』1965年7-8月）。

＊8　タウト以前のモダニスト的日本建築の理解：ブルーノ・タウト（1933年来日）の桂離宮発見以後の言説が、モダニズムの視点からの日本建築評価のすべてでないことはいうまでもない。茶室・数寄屋に限っても堀口捨己による一連の研究があるし、岸田日出刀の『過去の構成』（1929）のような視点も見逃せない。吉田五十八の「数寄屋の近代化」に向けた取り組みも、こうした様々な試みとともに位置づける必要があろう。

＊9　建築ジャーナリズムと吉田五十八：『建築世界』誌は、1934（昭和9）年4月号で「近代数寄屋建築」と題する特集を組み、初めて数寄屋を取り上げた。吉田五十八の新興数寄屋建築はこの時初めて専門誌に発表されたのだが、掲載作品中、吉田の「稀音家六四郎邸」「鏑木清方邸」など6点を除くと、他の12点は建築家の設計ではなかった。この頃から吉田の存在感は急激に大きくなっていくが、これは日本が足早に戦時体制に突入していくのと平行していた。1937（昭和12）年7月の盧溝橋事件（日中開戦）以後は統制経済と総動員体制が強められ、建築専門誌でも時局を反映した編集が目立つようになる。吉田の主張は、戦時・平時を問わず基本的には終始一貫していたが、戦中期の言説は、自分の切り開いた独自の領域への自信をみなぎらせて高揚している。

＊10　木割：柱間寸法から柱径を割り出し、さらに各部寸法を決定していく設計技術で、桃山から江戸初期にかけて発達した。建物の種別・形式を選び、規模の基準となる柱間寸法を決めれば、後は比例的にほとんどすべての部材や部材間の寸法が決定されるシステムである。意匠の体系化だけでなく、建築生産の合理化にも関わっった。江戸期には、武家上流住宅の書院造や数寄屋造だけでなく、町家などにも適用された。

＊11　村野藤吾：第1章参照。

＊12　小林古径邸：新潟県上越市高田公園内。1992-93年の解体工事に平行して早稲田大学建築史研究室等の手により実地調査が行われた。古径が現在の上越市内の生まれであることから移築復原を求める運動が起こり、市が解体部材を購入、1998年より復原工事に着手、2001年より公開されている。

＊13　岡村仁三との協働とその後：岡村仁三（1884-1972）は、吉田の姉と親交があり、美校卒業後、数寄屋初心者だった吉田の指導を姉が依頼したことから協働作業が始まった。1936（昭和11）年以降は岡村が京都から連れてきた神田・岩崎らが設立した神田岩崎工務店が吉田作品の施工者となっている。「吉田流」の形成過程から見れば、岡村は学習・構築期の、神田岩崎は完成期（戦中期）のパートナーだったといえよう。

＊14　吉田流の特徴：吉田五十八が定式化していった「新興数寄屋」の特徴については、伊藤ていじによる整理が最も広く参照されている（『吉田五十八作品集』新建築社、1980）。
　①大壁造による木割からの解放
　②鴨居の釣束の廃止と欄間の吹抜き
　③荒組・横組の障子
　④押込戸（壁内への建具の引込み）
　⑤工場生産材料の積極的な利用
　⑥レベル差のある部屋（椅子式の導入）
このうち①が、吉田流新興数寄屋の最も代表的な特徴と見なされることが多いが、むろん①〜⑥は互いに連関して可能性を開いていったことはいうまでもない。また、吉田の考案はこのような整理で尽くせるものではない。彼は自身の設計について、プランニングの全体から細部の工夫にいたるまで、なぜそのようにデザインしたのか説明できない箇所はないと語っている。

3
堀口捨己
「日本的なもの」の探求

本田昌昭

「大きい望み、小さい私。真摯と敬虔より外に私には同伴者はない。」
(『分離派建築會宣言と作品』岩波書店、1920 より)

(左)図 3.1 『分離派建築會宣言と作品』(1920)[1]——日本橋白木屋での第 1 回分離派建築会作品展覧会にあわせて出版された。会員 6 人それぞれの作品と論文が掲載されている。堀口は、卒業設計を含む 4 案と論文「建築に対する私の感想と態度」を寄稿している。表紙は、堀口の「ある会堂」案である

3.1 堀口捨己、その探求者としての生涯

3.1.1 生い立ち

1920(大正 9)年、日本に西欧建築の手解きをし、歴史主義建築の礎を築いた J. コンドル[*1]が世を去る。その一方でこの年、日本の近代建築運動の嚆矢と呼ばれる分離派建築会が第 1 回作品展を開催している(図 3.1)。この運動の中心人物の一人、堀口捨己は、日本建築界にとって一つの転回点となったこの年から遡ること 25 年、1895(明治 28)年 1 月 6 日に岐阜県席田村(現本巣市)に生を受ける。農業を営む生家は大地主で、父・泰一は、南画と漢詩を学び、茶道や挿花、俳句をも嗜む粋人であった。その影響もあってか、堀口は、幼少より茶道に親しんでいたという。1914(大正 3)年、岡山県にあった第六高等学校第二部甲類に進んだ堀口は、北原白秋主宰の芸術雑誌『ARS』[*2]に短歌を投稿するなど、在学中は文学に傾倒していた。しかし、父の反対にあった堀口は、文学の道には進まず、1917(大正 6)年、東京帝国大学工科大学(現東京大学工学部)に入学し、建築を専攻することとなる。後に彼は、絵を描くことが好きだったことから建築学科を選んだと述懐している。

3.1.2 「新建築圏を創造せんがために」

堀口が入学した頃の建築学科では、佐野利器[*3]を中心としたいわゆる「構造派」[*4]と呼ばれる人々が発言権を有し、意匠を志す学生にとっては肩身の狭い環境であった。いうまでもなく文学や絵画を愛しんだ堀口も例外ではなかったであろう。そのような状況の中で堀口は、ドイツやオーストリアの雑誌を通じてヨーロッパ建築の新しい動向に強い関心を示し始める。そして、ヨーロッパの近代建築に啓示を受けた堀口は、卒業を数ヶ月後に控えた 1920(大正 9)年 2 月 1 日、同窓の石本喜久治、山田守、瀧澤眞弓、矢田茂、森田慶一らと共に、大学構内で分離派建築会習作展覧会を開催するのであった。このことこそ、分

(前頁右)図3.2　東京帝国大学卒業設計(1920)[2]―「精神的なる文明を来らしめんために集る人々の中心建築への最初の小試案」と題された。集会場、講演場、図書室、展覧会場、音楽試演場、瞑想の広間などから構成された施設

図3.3　動力館・機械館と池の塔の粘土模型(1921)[3]

離派建築会の出帆を意味していた。同年7月、日本橋白木屋に場所を移し、第1回分離派建築会作品展覧会が改めて催されて以降、関西や東北にも会場を求めながら、1928(昭和3)年まで展覧会は継続的に開かれることとなる。彼らは言う「我々は起つ。過去建築圏より分離し、総ての建築をして真に意義あらしめる新建築圏を創造せんがために」と。紛れもなくこの宣言は、当時の日本建築界への宣戦布告に他ならなかった。ただし、ゼツェッション[*5]にその名が由来するという事実が示唆しているように、誰よりも彼らは、ヨーロッパ近代建築の動向に敏感に反応し、その軌跡をトレースすることによって作品を紡ぎ出していた(図3.2)。すなわち彼らは、自ら批判していたはずの歴史主義の建築と同じく「模倣」から逃れられずにいたのであった。

　大学卒業後、堀口は、いったん大学院に進学するが、1921(大正10)年3月には第一次世界大戦の終結を記念して開かれることとなった平和記念東京博覧会の公営課技術員となり、池の塔、動力館・機械館(図3.3)、交通館・航空館、鉱産館・林業館、電気工業館を担当する。これが、建築家・堀口捨己の処女作となる。翌年4月にはこの職を解かれ、母校建築学科・堀越三郎研究室に助手として着任する。この堀越の援助を受け、1923(大正12)年7月にヨーロッパへと渡った堀口は、ギリシア、フランス、ベルギー、オーストリア、ドイツ、オランダ、イギリスといった諸国を巡っている。旅行中、関東大震災の悲報を耳にした堀口は、予定を切り上げ、翌年1月に帰国している。同年9月からは清水組(現清水建設)に勤務し、さらに1926(昭和元)年から翌年5月までは、第一銀行(現みずほ銀行)の技師として実務に携わりながら、執筆を通じてオランダを手始めにヨーロッパ建築のスポークスマンとしての役回りを演じる。時代は、大正から昭和へと移っていた。

3.1.3　探求の里程：創作と研究

　1930年代に入ると、堀口は、一転その筆先をヨーロッパ建築から茶室へと向

図3.4 如庵(織田有楽斎、1617頃、愛知県犬山)[4]

図3.5 黄金の茶室(堀口捨己監修、早川正夫建築設計事務所設計、1981、熱海)[5]

け、旺盛な執筆活動を展開する。ただしそれは、随筆といった類いのものではなく、徹底的な史料の渉猟を通じた批判的、かつ創造的な検証作業とも呼ぶべき研究に裏打ちされたものであった。堀口は、ヨーロッパ建築の「古典」との対峙をその直接的な誘因として、日本の伝統的な建築への視座を獲得することとなる。しかし「日本的なもの」は、一人堀口に限られたものではなく、明治末期以降、繰り返し議論された問題であった。特に堀口の茶室研究が本格化する1930年代には、ナショナリズムの高揚を背景として、いくつもの設計競技で「日本趣味」を表現することが求められ、それが帝冠様式[*6]という一つのスタイルを生み出すこととなった。茶室を中核とする研究を通した堀口の「日本的なもの」への探求は、建築を「趣味」の問題として扱うこのような当時の建築界の風潮に対する批判的意味合いを多分に含むものであった。1944(昭和19)年、堀口の研究への真摯な取り組みは、博士論文「書院造りと数寄屋造りの研究 主として室町時代に於けるその発生と展開について」として結実し、さらに彼は、1949(昭和24)年に発表された著書『利休の茶室』[*7]によって日本建築学会賞(論文賞)を受賞する。しかしこのことは、堀口が創作行為を放棄したことを意味してはいなかった。学問的厳密性に基づく彼の確信は、作品世界へと展開されていくのであった。第二次世界大戦後も、1950年代には設計活動を本格的に再開し、70歳を超えても彼の創作意欲が萎えることはなかった。また晩年は、織田有楽斎作と伝えられる茶室如庵[*8](図3.4)の愛知県犬山への移築(1972)や、熱海MOA美術館における秀吉の「黄金の茶室」[*9]の復元(1981、図3.5)に関わるなど、建築設計とは異なる形で、研究の成果が発揮されることとなる。このように堀口にとって研究と創作は、相互の関係において機能しえたのであった。それは、1969(昭和44)年に堀口が「創作と研究による建築的伝統発展への貢献」により日本建築学会大賞を受賞したという社会的評価によっても裏付けられる。1984(昭和59)年8月18日、堀口は89歳でその生涯を閉じている。

図 3.6　茶室磵居(かんきょ)(1965、東京)[6]──第二次世界大戦後、堀口はいくつかの茶室の設計や監修に取り組むが、磵居は、長きにわたる研究と創作の成果を踏まえた円熟期の傑作と評される作品。3畳台目の小間と8畳の広間を中心とした茶室。木造一部鉄筋コンクリート造平家建

3.2　西洋と日本、二つの「古典」

3.2.1　非都市的なもの

　第3回分離派建築会展覧会の会期終了を待ちかねていたかのように、1923(大正12)年7月19日、堀口は大内秀一郎[*10]と横浜を発ち、ヨーロッパへと向かった。かの地における経験は、この建築家にとって決定的な意味を持つこととなる。象徴的にそれは、「パルテノン体験」と呼ばれる。分離派建築会の一員として、批判の対象としてきた歴史主義の、あるいはヨーロッパ建築の「古典」としてのパルテノン神殿を前にした時、堀口は、「アジアの東のはしの育ち」の者が学ぼうとして学べるものでないことを痛感する。この体験は、歴史主義建築を否定してきた自らの行為の正当性を証するものでもあった。そして彼は、「柄にあう道」を探ることを決意する。彼によれば、その時自らの前に近代建築への道が開かれていたという。彼は、近代建築という基盤を保持しつつ、日本建築の「古典」へとその目を向けるのであった。

　1927(昭和2)年に発表された論文「建築の非都市的なものについて」において堀口は、都市が近代建築における主たる舞台であることを認めた上で、その対極にある田園、つまりは「非都市的なもの」という異なった価値を賞揚している。なぜなら、田園においてこそ、「生活の本質的な欲求を自然のままに満たすことができる」と堀口は言う。彼は、この「非都市的なもの」の可能性を「機能と表現の一元的な完成」に見て取り、ヨーロッパにおいてはようやくその意識が住宅建築において芽生え始めた一方で、日本ではこの非都市的な建築が洗練を加えられながら伝統として培われてきたとの解釈を示す。なかでも彼は、茶室建築(図3.6)を特筆すべきものとし、さらにこの日本的なる建築に、近代建築の理念の結晶としての合目的的建築や総合芸術としての建築との相同性が見出せるというのである。ここにおいて堀口は、ヨーロッパ近代建築と日本の伝

図3.7 忠霊塔競技設計案(1939)[7]── 1939(昭和14)年、財団法人大日本忠霊顕彰会によって戦没者の霊を祀る忠霊塔の図案募集が行われた。堀口案では、神社の回廊や仏塔の相輪、さらにはゴシック教会堂の薔薇窓といった過去の形の抽象化と、それら要素によるシンメトリカルな構成による「記念性」の演出が試みられている

統的な建築の差異を同質性へと回収することによって、同格な二つのモデルを手に入れたのであった。1920年代後半から1930年代前半の堀口の作品には、この二つのモデルの共生状態を確認することができる。

3.2.2 様式なき様式

　1930年代、日本の建築界では「日本的なもの」をめぐって活発な議論が闘わされることとなる。堀口もまた、その議論の渦中にあった。1920年代の近代建築の洗礼を受けた建築家たちは、近代建築というフィルターを通して「日本的なもの」を理解しようと試みるのであった。彼らは、対西欧だけでなく、対支那（中国）という視点から、神社、住宅、そして茶室を日本独自の建築と措定した上で、これらの建築に共通する特徴が「図らずも」近代建築のそれと合致すると主張する。このレトリックによって彼らは、戦争へと向かうナショナリズムの宣揚期にあったにもかかわらず、「日本的なもの」の旗印の下に、ヨーロッパ起源の近代建築を推進することを可能なものとするのであった（図3.7）。既に1920年代後半に「非都市的なもの」という主題から茶室を見出していた堀口は、このような議論を通じて、「日本的なもの」とのお墨付きを茶室に与えることとなる。堀口は、茶室の美が「用」を前提とした美であると言う。周知の通り、この「用」の美とは、近代建築が導出した一つの帰結であった。そして1930年代後半、堀口は、ヨーロッパにおける新即物主義の動きとも呼応した「様式なき様式」というアイロニカルなテーゼに辿り着くのであった。「事物的な要求が充たされるところに建築の形が自然に生じて様式が生まれる」のであって、設計の前に様式は存在せず、あくまで事後的に成立すると堀口は説く。明らかにこの発言は、明治以降日本の建築界がその受容に努め、また堀口がその建築家としての始まりから攻撃の矛先を向けた歴史主義の建築への最後通告であった。このように堀口は、一貫して歴史主義の建築を批判し続けたといえよう。

図 3.8 紫烟荘(1926、埼玉)[8]　　　図 3.9 小出邸(1925、東京)[9]

3.3 様式の否定、そして「様式なき様式」へ

3.3.1 紫烟荘

　1926(昭和元)年、「早蕨の紫の煙」に因んでその名が付けられた紫烟荘(図3.8)が完成する。翌年にはモノグラフが編まれたこの建物は、日本橋で呉服商を営んでいた牧田清之助が、馬場の休憩所として堀口に計画させたものであった。趣味人であったこの裕福な施主は、堀口がヨーロッパからの帰国後出版した『現代オランダ建築』[*11]に掲載されていた茅葺き屋根の住宅を見て、堀口に設計を依頼したのであった。ただし紫烟荘の造形は、単に施主の要望だけでなく、当時の堀口の興味を映し出してもいた。それは、屋根のやわらかな曲線や、対照的に厳格な幾何学形態のヴォリュームといったこの建物の造形上の特徴が、堀口の先行する作品において確認できることからも明らかである。材料は異なるものの、屋根に用いられた曲線と同種のものは、「ある住宅の一つの草案」(1920)や「船川氏の画室と小温室のついた住宅」(1922)に早くも見出せる。また重畳する無装飾なヴォリュームも、卒業設計(1920)を含む1920年代の作品にその萌芽が見て取れる。さらに小出邸[*12](1925、図3.9)は、急勾配の屋根と幾何学的構成の組合せといった点で紫烟荘を予見させ、堀口自らが認めているように、その習作的色合いの濃い作品である。紫烟荘に見られる屋根を貫通するヴォリュームの上面を覆う水平面は、小出邸という草案を意識させずにはおかないが、先の1922年の住宅案にも遡ることができる。この庇状の要素は、吉川邸[*13](1930)に始まる1930年代の作品群においても、様々に変調されつつ使用されることとなる。

　紫烟荘は、堀口にとって生涯を貫く重要な主題となった「非都市的なもの」を具現化する試みの端緒を示すものであったと言える。画期を記す作品となったこの小建築は、竣工から2年、失火によって焼失してしまう。

図 3.10　岡田邸(1933、東京)[10]　　　　図 3.11　同、庭園[11]

3.3.2　岡田邸

　堀口は、岡田邸(図 3.10)を「過渡期の一住宅」と定義づけていた。そこには、和と洋の並立が見られる。堀口は、この状態を好ましいとは考えていなかったが、事実、社会にはそのような要望が存在すると考えていた。このことをもって彼は、「過渡期」と表現したのであった。すなわち岡田邸は、日本の伝統的建築と近代建築という二つのモデルを抱え込んだ堀口の葛藤を示すものであるといえる。さらに岡田邸には、ある程度工事が進んでいた段階で、御殿風のデザインに嫌気がさした施主が、改めて堀口に設計を依頼したという経緯があった。堀口は大幅な設計変更を行い、完全に自分の作品としてしまったとされるが、和洋二つの領域が１本の境界線によって、暴力的ともいえる併存関係にあるという状態は、あるいはこの建設プロセスに因るものなのかもしれない。

　また岡田邸は、「秋草の庭」で知られる。堀口にとって庭は、常に重要な存在であり続けた。堀口が唱えた「非都市的なもの」としての茶室や数寄屋建築は、庭との連続においてその意味が増幅され、また完成されるものであった。あたかも舞台として設えられたかのような岡田邸和室前庭は、俵屋宗達の秋草の屏風[*14]に触発されて、撫子や萩といった秋草のみによって彩られた。ここには、庭を一幅の絵として眺める日本の伝統的な美の世界が息づいている。さらにこの庭には、人工池の水面やそこに立ち上がる垂直な柱、整形にトリミングされた庭々、といった抽象化された面と線による構成が創出されている(図 3.11)。堀口は、いわゆる和洋の空間から装飾を取り去った後には、基本的要素の構成という観点において近似性が現れるとの考えから、この構成を介して、和洋の空間の独立性を確保しつつ、一つの住宅を成立させることに成功するのであった。

3.3.3　大島測候所

　大島測候所は、堀口が 1930 年代に手がけた一連の気象台関係の建築における集大成と呼ぶべき作品である。堀口がこの類いの建築に携わることとなった

図 3.12　大島測候所(1938、伊豆大島)[12]　　図 3.13　若狭邸(1939、東京)[13]

のには、神戸測候所所長や大阪管区気象台長などを歴任した10歳年長の長兄・由己(よしみ)の存在が指摘される。大島測候所は、庁舎・参考室、観測塔(図 3.12)、官舎、三原山観測所、岡田港検潮所などからなる複合施設として伊豆大島に建設された。その中心施設が鉄筋コンクリート造の庁舎・参考室であり、参考室は、気象や地震、海洋に関する知識の普及を目的とした資料館的な役割を担った。地面に添うように延びるこの施設は、水平連続窓や水平なスラブとしての庇によってその水平性をより強めている。これに対し、直方体と円筒を組み合わせた観測塔は、庁舎・参考室のほぼ中央に配され、際立った垂直性を示している。両者は、対比的な構図において造形上の絶妙なバランスを達成している。当時堀口は、「事物的な要求」を充たすことによって建築が生み出されると主張している。例えば、観測塔の円筒形も、風の影響を軽減するためにその形が採用されたという。しかし、「事物的な要求」と形の関係が唯一無二のものではありえないことは付言するまでもない。その造形は、「事物的な要求」の充足の結果、自然と生じたものではなく、建築家の主体的な介入なしには生まれることはなかった。そこに、堀口の作為や嗜好を読み取ることはさほど困難なことではない。「様式なき様式」として堀口が論じたように、「高められた感情の裏付け」なしに建築は成り立ちえないことを、この作品もまた饒舌に物語っているのである。

3.3.4　若狭邸

若狭邸(図 3.13)は、一建築家の作品の範疇を越え、日本戦前のインターナショナル・スタイル建築の極点の一つに数えられる。フェンシングの練習に供したとされる屋上庭園や南側の庭からテラスへと至るスロープ、さらには、「白い箱」という建物全体のイメージは、この作品に対する評価の重要な根拠となっている。しかし堀口にとって、この「様式」に依拠した自身の作品への評価は、不本意なものであったのかもしれない。なぜなら、「事物的な要求」が既存の様式に押し込まれるようなことがあってはならないと主張する堀口に

図 3.14 八勝館・御幸の間（1950、名古屋）[14]

図 3.15 八勝館、御幸の間と次の間の境の襖 [15]

とって、結果的に同様な性向を示したとしても、「インターナショナル・スタイル」というレッテルは意味を持ちえなかったと言える。堀口は、歴史主義や日本趣味といった様式主義の否定と、「古へからの精神」つまりは日本の伝統的な建築の精神から若狭邸が誕生したと述べている。さらに彼は、この住宅をほぼ同時期に設計していた茶室と同じ建築的構成理念の下でつくりえることを身をもって感じたと記している。変化に富んだ空間構成を示す若狭邸の居間と数寄屋建築の違いは、素材や設えの違いに過ぎないというのである。若狭邸には、吉川邸や岡田邸に見られた和と洋の対立的併存状態は存在しない。ここにおいて堀口は、「様式なき様式」という新即物主義的な視点の導入によって、和と洋の差異、さらには様式そのものの無効を宣したのではなかろうか。

3.3.5 八勝館・御幸の間

戦争は、約10年という期間、堀口から実作を残す機会を奪うこととなった。そして、戦後最初の建築作品となったのが、1950（昭和25）年に名古屋で開催された国体に際し、天皇・皇后の御宿泊所として計画された八勝館・御幸の間（図3.14）であった。彼は、この作品によって日本建築学会賞（作品賞）を受賞する。

この作品において堀口が腐心したのは、座敷と次の間を仕切る襖（図3.15）と欄間であったといわれる。襖は当初、横山大観[*15]の襖絵で飾ることとなっていた。しかし、襖や欄間は建築の一部であり、強烈な個性は建築家が考える空間の調和を崩すことになると考えた堀口は、この予定を白紙に戻し、工芸的な手法によって自ら襖をデザインする道を選ぶのであった。堀口は、床の間こそ建築空間における絵画的な要素を納める鑑賞のための場であると考えていた。さらにいうなら、床の間の存在によって日本の建築空間は、装飾的なるものを建築本体から排除することに成功したと堀口は解していた。御幸の間でも、座敷上段にはこの空間に見合った間口2間の大きさを有する床の間が配されている。

御幸の間では、敷地の高低差のためか高床が採用されている。この高床や月

図 3.16　八勝館・御幸の間、入側から月見台を見る[16]　　図 3.17　サンパウロ日本館（1955、ブラジル）[17]

見台（図 3.16）の存在は桂離宮の書院[*16]を、さらに座敷南側の障子上の丸窓は同じく桂離宮の笑意軒[*17]を想起させる。御幸の間に限らず、堀口の作品には、古典への典拠という意志が散見される。堀口は、各要素の存在理由に重きを置いた建築家であったが、その判断の根拠は、現代的な意義に加えて、古建築の前例という正統性にも向けられたのであった。それが、彼の古典建築研究の成果に裏打ちされたものであったことはいうまでもない。

3.3.6　サンパウロ日本館

　1954（昭和 29）年、サンパウロ市の 400 年記念祭と博覧会が 1 年にわたって開催された。サンパウロ日本館（図 3.17）は、ブラジルの日本人入植者が組織した日本人協力会の発案によって、博覧会パヴィリオンとして建設された。

　庭園から見た本館の眺めは、見る者の目を引き付けたに違いない。水面に佇立する柱の垂直線と、人工池に張り出した縁や軒の水平線による構成は、彼の作品に一貫して見られる堀口好みとも呼ぶべき抽象的な構図を示している。堀口は、古典の探求を通じて見出した造形要素や原理を自らの作品へと翻案するとともに、その反芻によってより高き洗練の高みへと至るのであった。ただしそれは、日本建築という美の規範にとどまるものではない。日本の古典へと遡行可能であると同時に、そこには、近代的な建築の美が重なって見える。

　1950 年代に高まりを見せていた「伝統論争」の文脈において池辺 陽[*18]は、この建物に痛烈な批判を浴びせている。池辺は、障子の使い方などを一例としつつ、この作品が創造性を欠く古典建築の形の継承に過ぎず、そこに「時代の苦しみ」が反映されていないと断ずるのであった。それに対し堀口は、そのような要素の使用が問題なのではなく、「必要な面や線や量の組み立ての中に作り出される比例の世界、その比例のまとまりある空間」に創造の本義があると反駁している。この発言は、池辺の批判にある建築の社会性の欠如に対する回答とはなりえてはいないが、堀口の到達点を端的に示しているといえるであろう。

様式の否定、そして「様式なき様式」へ

＊1　ジョサイア・コンドル　Josiah Conder：1852-1920。イギリス人建築家。日本政府に招かれ、1877(明治10)年来日。工部大学校造家学科教授となり、建築の教育制度を整備し、日本人建築家を育成することに尽力した。辰野金吾、片山東熊、曾禰達蔵といった日本近代建築の礎を築いた建築家は、彼が送り出した最初の卒業生である。作品に、鹿鳴館(1883)、ニコライ堂(1891)などがある。

＊2　芸術雑誌『ARS』：1915(大正4)年に北原白秋(1885-1942)によって創刊された文芸雑誌。通巻7冊。森鷗外と上田敏が顧問となり、高村光太郎や木下杢太郎、堀口大学、谷崎潤一郎、室生犀星、萩原朔太郎といった錚々たる文人が寄稿していた。「ARS」はラテン語で「芸術」を意味する。

＊3　佐野利器：1880-1956。わが国の建築構造学の基礎を築いた構造家、建築家。1903(明治36)年、東京帝国大学工科大学建築学科卒業後、大学院に進学、その後講師となる。1915(大正4)年、耐震構造理論の体系化を図った論文「家屋耐震構造論」によって学位を授かる。1918(大正7)年から1929(昭和4)年まで教授を務め、その実利重視の思想は、日本建築界に多大なる影響を与えた。

＊4　構造派：工学、すなわち構造学こそが建築の中心になるべきであると考えた一派を分離派がこう呼んで敵視した。その中心人物が、佐野利器であり、その愛弟子・内田祥三(1885-1972)であった。

＊5　ゼツェッション：ラテン語の secedo (「分離する」の意)を語源とし、「分離派」と訳される。19世紀末以降、ドイツやオーストリアの各地では「ゼツェッション」と名付けられた芸術家集団の結成が相次いだ。彼らは、既成の権威や過去の美術様式からの「分離」を目指し、自ら展覧会を企画、組織した。ミュンヘン分離派(1892年創設)、ウィーン分離派(1897年創設)などが有名。第9章参照。

＊6　帝冠様式：昭和初期、ナショナリズムの高揚を背景として登場した鉄筋コンクリート造または鉄骨造の躯体に日本の伝統的寺院風の瓦屋根を載せた建物様式。大礼記念京都美術館(現京都市美術館、1933)、東京帝室博物館(現東京国立博物館、1937)などがその例。

＊7　『利休の茶室』：1949(昭和24)年、岩波書店より刊行。堀口が1932(昭和7)年頃より取り組んできた茶室研究の成果の一つに数えられる。この著作は、利休の茶室に関する研究を通じた、日本住宅史再編の試みとも評される。

＊8　如庵：「利休七哲」の一人、織田有楽斎(1547-1622)の作と伝えられる茶室。国宝。京都建仁寺山内正伝院に、1617(元和3)年頃に建てられたとされる。東京、神奈川県大磯を経て、1972(昭和47)年、現在地である愛知県犬山市に移築された。移築のためにつくられた和風庭園「有楽苑」(1972)もまた、堀口の作品の一つに数えられる。如庵と共に、同じく正伝院にあった書院(重要文化財)が移築され、さらには有楽斎大坂天満屋敷の茶室が「元庵」の名の下に復元された。

＊9　秀吉の「黄金の茶室」：1586(天正14)年頃、豊臣秀吉が大坂城内につくった茶室。平三畳の組み立て式の茶室で、天井、壁、柱には金箔が押されていた。大坂の陣で焼失。

＊10　大内秀一郎：1892-1937。1923(大正12)年に分離派建築会の会員となる。その年の第3回分離派建築会展覧会は、堀口と大内の渡欧壮行会を兼ねて開かれたといわれる。

＊11　『現代オランダ建築』：1924(大正13)年、岩波書店より刊行。堀口の渡欧土産ともいうべき著作で、アムステルダム派を中心として、オランダの新しい建築動向を多くの図版によって紹介している。

＊12　小出邸：1925(大正14)年、東京都文京区西片に建設された木造2階建、延床面積45坪の住宅。堀口にとっては、実施された最初の住宅作品であり、その後の彼の作品に見られる造形上の特徴の萌芽が確認できる点でも重要な作品といえる。現在は、江戸東京たてもの園に移築されている。

＊13　吉川邸：1930(昭和5)年、東京都品川区大崎の高台に建設された延床面積約400坪の大邸宅。日本で建設された鉄筋コンクリート造住宅の最も早い例の一つ。外観が線と面による抽象的な構成を示す一方、平面構成は当時の日本の上流階級の生活様式を反映したものであり、また内部仕上げには聚落土壁や揉み紙といった和風の素材が使われた。

＊14　俵屋宗達の秋草の屏風：宗達(?-1640頃)は、絵屋「俵屋」を主宰し、琳派の祖となった画家。その斬新な作風は京の公家や町衆の間で好評を博した。堀口は、作品名を明かしてはいないが、薄や萩、撫子といった秋草をモティーフとした宗達の屏風に見られる線と点の組合せの美に魅せられたと書き残している。

＊15　横山大観：1868-1958。日本画家。1893(明治26)年、東京美術学校日本画科卒業。岡倉天心・橋本雅邦らと共に日本美術院の創立に参加する。1937(昭和12)年、第1回文化勲章を受章。近代日本画史上に確固たる地位を築く。作品に、「生々流転」(1923)、「夜桜」(1929)など。

＊16　桂離宮の書院：平安時代、藤原氏の桂別業のあった京都下桂の地に八条宮智仁・智忠親王が営んだ別荘。桂離宮には、古書院、中書院、楽器の間、新御殿の四つの書院があり、中書院と新御殿は高床構造を採用している。また古書院の広縁には、竹簀子の月見台が設けられている。

＊17　笑意軒：桂離宮境域のほぼ南端に位置する茶室。茅葺寄棟造の母屋、柿葺の土廂、一の間・納戸・東司の作出からなる。口の間小壁にうがたれた六つの円形下地窓は、俗に「四季の窓」と呼ばれ、それぞれに下地の組合せが異なるなど、趣向を凝らした造りとなっている。

＊18　池辺陽：1920-79。建築家。元東京大学生産技術研究所教授。建築の工業生産技術に関する研究と並行して、精力的に設計活動を行った。1950年代前半の伝統論争においては、池辺は最初から論争に積極的な関与を見せた。当時池辺にとって「伝統」とは、形式的に継承されるべきものではなく、その背景としての社会や技術と結びつけて総体的に捉えるべき存在であった。

4
白井晟一
普遍的伝統の創出、白井好みへ

田中禎彦

「日本の手本があろうと、ヨオロッパの手本があろうと、他力本願で「創造」はできない。この土の上で、自主の生活と思想の中から世界言語を発見するよりほかはない。それには……一歩進んで世界史的な鍛錬の中で「伝統拡大」という目標をもつことだ。」(「伝統の新しい危険」『朝日新聞』1958年11月12日より)

図 4.1　斉藤助教授の家（清家清、1952、東京）[1]

4.1　伝統をめぐって

4.1.1　縄文的なるもの

　「私は長い間、日本文化伝統の断面を縄文と弥生の葛藤において捉えようとしてきた……日本の建築伝統の見本とされている遺構は多く都会遺構の書院建築であるか、農商人の民家である。江川氏の旧韮山(にらやま)館はこれらとは勝手の違う建物である。茅山が動いてきたような茫漠たる屋根と大地から生えた大木の柱群、ことに洪水になだれうつごとき荒々しい架構との格闘と、これにおおわれた大洞窟にも似る空間は豪宕(ごうとう)なものである」[*1]。

　白井晟一が「縄文的なるもの」を発表した 1956（昭和 31）年、わが国の建築界の中心的な課題の一つは伝統問題であった。現代建築に、いかに日本建築の伝統を反映させるかという課題である。

　この時期、丹下健三[*2]らによって寝殿造等を例に「空間の無限定性」が日本の伝統として抽出され、鉄筋コンクリート造に伝統的な木造のプロポーションを重ねた「香川県庁舎」(1954、第 8 章参照)等の作品が生まれていた。また、清家清[*3]の「斉藤助教授の家」(1952、図 4.1)等、すべての室が流れるように続く寝殿造にも似た住空間がつくられていた。いずれも、モダニズムの文法に依拠しつつ、伝統建築に見られる空間の無限定性や透明性を讃えた瀟洒(しょうしゃ)な表現を持ち、当時、そんな日本的モダンの表現は「新日本調」とも呼ばれていた。

　このような流れに楔を打ち込んだのが白井晟一である。彼は、日本の伝統建築に「縄文／弥生」なる対概念を持ち出した[*4]。丹下をはじめとしたモダニストが支持した寝殿造の住宅等に見られる表現が、簡明で洗練された「弥生的」表現であるのに対し、日本の土着的な伝統の中には、民家に見られるような骨太で荒々しい表現、すなわち「縄文的なもの」があると主張したのである。

　冒頭に掲げたのは、白井が縄文的なものの一例として挙げた江川邸[*5]（図 4.2、

図 4.2　江川邸（江戸前期、静岡）[2)]　　　　図 4.3　同、内部[3)]

3)について述べたものである。白井は、この江川邸が持つような「縄文的なポテンシャル」を現在に継承していくことが「日本的創造」の契機だとした。

　誰もがモダニズムに通じる簡明な弥生的デザインに注目するなかで、「縄文」に言及する慧眼をいうまでもなく、モダニズム全盛の時代に歴史様式の混入を平気で行う白井の作風はそれだけで異質であった。彼が独学で建築を修めたことや、哲学から建築の道に入ったこと、書を嗜んで総合的な美術家を標榜したこと等も手伝って、わが国の戦後建築史の中でも、白井晟一は孤高の存在といわれてきたのである[*6]。

　しかし、ひとたび彼の建築を訪ねてみれば、そこには、古今東西を通じて人々が獲得してきた普遍的ともいうべき空間の一端が、個人の作品の中に体現した場面に出くわすはずだ。彼が目指した、伝統に依拠しつつ、しかしどこまでも個人的で、かつ普遍性がもくろまれた創造とは一体何であったか。

4.1.2　白井晟一の生涯

　白井晟一は 1905（明治 38）年、京都に生まれた。白井家は銅を扱う豪商であったが、祖父の代には没落していた。12 歳で父と死に別れた彼は、7 歳年上の姉の嫁ぎ先である画家の近藤浩一郎[*7]邸に身を寄せる。近藤邸には岸田劉生、藤田嗣治、菊池寛、芥川龍之介といった画家や作家がしばしば出入りしていた。この義兄の家に出入りする画家、作家らの自由主義、国際主義、理想主義的な態度が、青年期の白井の人格形成に大きく影響を及ぼしたことは疑いない。それは、個人に立脚しながら、伝統や近代からも距離をはかりつつ、近代小説、近代絵画を日本で成立させようとした菊池や、岸田の手法に通じるものがある。

　1924（大正 13）年、白井は京都高等工芸学校（現京都工芸繊維大学）図案科に入学する。作図には長けたが、もっぱら奈良の寺院や仏像に親しむ毎日であったという。1928（昭和 3）年、工芸学校を卒業後、母の死を契機に渡欧。ドイツのハイデルベルグ大学に入学し、実存主義者のカール・ヤスパース[*8]に哲学を学ぶ。

伝統をめぐって　　59

(左)図4.4 秋の宮村役場(1949、秋田)[4]
(右)図4.5 ノアビル(1974、東京)[5]

1930(昭和5)年にはベルリン大学に移り、32(昭和7)年にはモスクワに1年滞在して帰国した。この留学時代に、建築への傾倒が始まった。帰国後は、東京山谷の労働者街で孤児を集めて世話をしながら暮らす。千葉の山中に山小屋を建て、弟と共に共同生活を始める。そこにはドイツ、ソ連でヒトラーとレーニンの台頭を目の当たりにし、改めて日本で原初的なコミュニティの実践を試みるという、いかにも青年期の知識人にありがちな気負いが見られた。

　転機は、先の義兄・近藤浩一郎の東京転居に現れる。関東大震災後、一時京都に滞在していた義兄の東京の新居建設にあたって、施主側の代表として設計に口を出しているうちに、自ら設計にのめりこんでしまった。この後も、義兄の紹介もあって文人たちと交流を深め、その中から住宅設計の施主を獲得していく。建築家・白井晟一の誕生である。

　戦後は、秋田県秋の宮の稲住（いなずみ）温泉のオーナーとの地縁もあって秋田での仕事が続き、公共建築を中心とした白井の初期作品に一時代を築く。秋の宮村役場(1949、図4.4)、雄勝町役場(1955)、松井田町役場(1955、図4.10)等がそれにあたる。戦後モダニズム建築が華開いていく時代にあって、歴史様式のディテールをも駆使した妖艶な作品をつくる白井は、既に独特の存在感を放っていた。

　しかし、なんといっても白井の名を世に知らしめたのは、その象徴的な空間の扱いと、濃密な鉛筆ドローイングで人々を震撼させた「原爆堂計画」(1955、図4.12、13)や、先に見たエッセイ「縄文的なるもの」である。白井神話とでもいうべき熱狂的な白井論が語られ始めたのもこの頃からである。

　この後、原爆堂計画の実現を試みたといわれる親和銀行第1期(1967、図4.14)によって日本建築学会賞を受賞し、一躍わが国を代表する建築家の一人となる。代表作となった親和銀行第3期(1975、図4.16)を完成させた後も旺盛な建築活動を続け、大作ノアビル(1974、図4.5)、松濤（しょうとう）美術館(1980、図4.9)等を生んだ。1983年、京都嵯峨野の雲伴居（うんぱんきょ）の現場で倒れ入院、逝去した。78歳であった。

図 4.6　虚白庵(自邸)、エントランス(1970、東京)[6]　　図 4.7　同、庭 [7]

4.2　象徴／素材／不連続

4.2.1　普遍的な伝統＝象徴的な空間の創造へ

　白井作品を貫く重要な理念の一つは、普遍的な伝統の創造を通じ、建築を象徴的な存在にまで高める、というべきものである。そんな思想の契機が、「縄文的なるもの」には認められる。

　しかし、ここで注意すべきは、彼が「縄文」という過去の形態に拘泥したわけでないことである。彼は冒頭の江川邸の説明に続けて次のように言う。

　「縄文の原型……や、その強靭な精神の表現を完結した典型として発見しようと言う試みは往々附会に堕ちたことを知っている。われわれ創るものにとって、伝統を創造のモメントとすることは結終した現象としての Type あるいは Model から表徴の被を裁りとって、その断面からそれぞれの歴史や人間の内包するアプリオリとしてのポテンシャルをわれわれの現実において感得し、同時にその中に創造の主体となる自己を投入することだ」。

　すなわち、江川邸が持つような「縄文のポテンシャル」に注目しつつも、それを過去の様式として形式的に捉えるのではなく、むしろ、それを現代に生きる我々の問題として引き受けながら、そこから潜在的な力、本質的なものを掴みとる行為を、「創造」としたのである。

　最終的に、彼のこのような認識は、国家や歴史の枠を超え、「伝統拡大」という理念に到達する。つまり、日本やアジアやヨーロッパといった既存の伝統から、形態を直接的に参照するのでなく、自らの創作上の課題に引きつけながら、本質的なものを自由に発見していくこと。それこそが「世界史的な鍛錬」の中から獲得される「伝統拡大」なのだとした[*9]。

　こうして選び出された空間の断片やディテールは、実作の中では、例えば洞窟のような暗闇に、コリント式の柱頭飾りだけが突然置かれるといった具合で

図 4.8　親和銀行第 3 期、ディテール（1975、佐世保）[8]　　図 4.9　松濤美術館（1980、東京）[9]

（図 4.6, 7）、すべての空間やディテールに象徴性や、何かしら暗示された隠喩が想起されてくる。この「伝統拡大」を通じて導かれた象徴的な空間に隠喩をちりばめていくこと、そのことが白井作品をより印象深いものとしている[*10]。

4.2.2　不連続の空間と素材の追求

　もう一つ、白井作品の特質は、そのようにして獲得された象徴的な空間を、全体として統合させることなく併置させる個人的な感性の中にある。

　三度の増築を重ねた「親和銀行本店」の外観は、この 3 期のまったく異なる素材と形態によって特徴づけられ、内部も、幾重にも重ねられた象徴的な空間が不連続に併置されている。また、煉瓦、石、メタルといった素材や、古今東西の家具、あらゆる様式の断片が、時代や空間を超えておびただしく選択され、白井の個人的な美学に基づき再構成されているのである。

　そんな断片の積み重ねによって構成された白井作品の中でも、その大胆な素材の扱いは、彼の建築を最も雄弁に語る。わけても親和銀行第 3 期のファサードを特徴づける野面の諫早石は（図 4.8）、もともと舗石用に切り出されていたものを白井が目をつけ外壁に貼ったもので、その荒々しくも妖艶な素材の塊は、圧倒的な迫力を伴って眼前に迫る。

　石への並々ならぬ関心は、他の建物でも同様に見られる。既に初期の松井田町役場の多胡石がそうであった。また、晩年の松濤美術館は、自ら韓国でその価値を見出し、命名までした「紅雲石」を貼りめぐらした外観が強烈な存在感を放っている（図 4.9）。

　このような素材の扱いは、鉄やガラスやコンクリート等の工業製品を好む近代建築史の中で異質であった。というよりむしろ、荒々しくはつられて、手仕事の痕跡を露にした素材のテクスチャーは人の心を逆なでするようなところがある。白井は、大胆な素材の選択を通じて、人々の中に原初的な身体感覚を呼び起こし、モダニズムが捨象してきた身体性の回復を図っているように見える。

図4.10　松井田町役場(1955、秋田)[10]　　図4.11　善照寺(1958、東京)[11]

4.3　白井好みへ

4.3.1　松井田町役場と善照寺：象徴性の模索

　初期作品である松井田町役場は、鉄筋コンクリート造2階建の庁舎である（図4.10）。ゆるやかな切妻の大屋根はギリシア神殿風の円柱で支えられ、正面には湾曲した庇を迫り出す。庇を支持する両サイドの壁柱は、多胡石を野面積みとして荒々しく仕上げる。しかし、この強い記念性が与えられた特異なファサードの構成も、全体としてはやや変調で、平面プラン上の解決からいっても、必ずしも成功しているとはいいがたい。ここには、象徴性の獲得と機能を重視した近代的な手法との間の乖離があるように見える。

　同時期の善照寺は、鉄筋コンクリート壁式構造平屋建の寺院本堂である（図4.11）。やはり全体には軒の深い大屋根が架かり、その下に回廊が回る。向拝の、わずかにくぼんだ妻壁の中央部にスリット状の入口がうがたれ、そこから内部へと導かれる。

　内部は一室の空間である。天井は切妻の屋根面をそのまま化粧に表わし、桁位置まで切り上げられたガラス障子からやわらかな光が内部に充満する。つややかに光を放つ黒柱が空間に緊張感を与え、奥にはこの角柱に支えられた天蓋がある。たしかに、ここには単純なプランから導かれた明快な空間構成があり、それが微妙な曲線の多用と相まって緊張感のある空間を生んでいる。

　この時期、白井は施主の要求する機能に応えてプランをまとめながら、同時に象徴性の高い、モニュメンタルなファサードや室内空間を生み出そうと苦慮していたように思える。いいかえれば、東西の伝統から出発しようとしながら、方法論的には、いまだ近代の呪縛の中にいた。

4.3.2　原爆堂計画：象徴的、記念的空間

　そんな呪縛は、「原爆堂計画」を発表することによって解き放たれた、と考

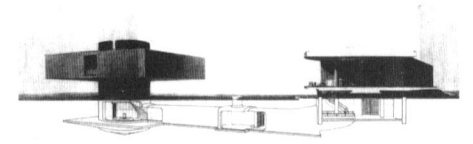

図 4.12　原爆堂計画、パース（1955）[12]

図 4.13　同左 [13]

えるべきである。すなわち、白井が標榜した「伝統拡大」という理念、そこから導かれる普遍的で象徴性を持つ造形は、原爆堂計画のような特定の機能を持たない純粋な形態の追求の中で、初めて獲得されたのではないか。

　原爆堂計画は、広島の悲劇を絵画によって書いた丸木夫妻の「原爆の図」[*11]に触発され、独自な発想による美術館として計画された作品である。白井は、建つことを前提としない架空のプロジェクトを発表するにあたり、ドローイングを中心とした10頁あまりの小冊子をつくった。頁を繰るたびに現れる濃密な鉛筆ドローイングを前に、人々は白井の過剰なまでの情念を感じ、戦慄したのである（図 4.12、13）。

　原爆堂は、美術館とエントランス棟からなり、両者は池底の地下道によって結ばれる。美術館の主室は白い直方体によって囲われた展覧室で、これを水面から立ち上がる黒い円筒が貫く。

　平滑な白石が貼られ、量感をたたえた展覧室は、対比的に黒御影石が貼られた円筒に支えられて水面すれすれに浮かぶ。力強さと上昇感が一体となって表現された外観に比べ、エントランス棟から美術館へと至る内部は、暗い胎内のような空間の連続である。展覧室に行き着こうとする者は、柱身が林立するエントランスから地下に下り、長く暗い地下道を渡って、円筒の下端に行き着き、そこから再び光の注がれる螺旋状の階段を上昇していかなければならない。

　この計画は、同じく原爆を契機に計画された丹下健三の広島ピースセンター（1952、第8章参照）と対比的に捉えると興味深い。

　丹下健三はピースセンターの設計で、全体のデザインを軒や梁といった水平の要素と、柱や手摺子といった垂直の要素に細かく分節し、その均衡を持った構成の中に内外が相互貫入していくような透明な空間をつくった。透明なモダニズムの造形の中に、平和への祈念を込めたのである。

　ところが白井は、そんな障壁一つない透明な空間では、原爆の悲惨さを十分

図4.14　親和銀行第1期(手前)、第2期(1967-70)[14]

浄化できないと考えたのではないか。というよりむしろ、〈地下迷宮に迷い込み、そこから天上の歓喜へと導かれる〉といった宗教的ともいえる空間体験を経て、初めて人は戦争の悲惨さや救済のイメージを身体に刻み込ませることができると考えたのではないか。

　思えば、人々は中世のカテドラルや浄土寺院に、天界や浄土の世界を隠喩的に表現してきた。白井は、こうした宗教建築が持ち、モダニズム建築が捨象してきた象徴的で記念的な空間を再び回復することで、彼のイメージする「救済」を提示して見せたのではないか。それは、人類が原爆という黙示録的な破壊をもたらす究極の兵器を手にしてしまった時代に、建築がいかなる意味を持つかという問いかけに対する回答であり、世界史的観点に立った個人による創造、「伝統拡大」という設問への答えでもあった。

4.3.3　親和銀行：不連続の空間、構成の美学へ

　原爆堂計画で提示された衝撃的な空間体験は、10年という年月を経て、長崎佐世保の親和銀行に結実した。先述したように、三度の増築を重ねたこの親和銀行の外観は、3期のまったく異なる素材と形態を持つ造形によって特徴づけられ、内部も、幾重にも重ねられた象徴的な空間が不連続に併置されている。

　まずは第1-2期から見てみよう。第1期の外観は、地上4階建の白いトラバーチンを貼った半八角形のボリューム（塊）を黒御影貼りの円筒が貫き、堅い壁面の向こうに縦長の開口部が見える(図4.14)。いうまでもなく黒御影の円筒が原爆堂計画の円筒、壁面に白石を貼り、中央に亀裂が走る八角形の塊が、展示室を暗示している。内部では、螺旋階段に沿って、下端から上階へと螺旋状に上昇していく動線も踏襲されている。

　むろん、銀行という世俗的な建物であるから、設計条件や敷地上の制約もあって、オリジナルの原爆堂計画が持った純粋な形態は保持していない。ここでは、背後により大きなボリュームを持った事務棟を控えさせる必要があった

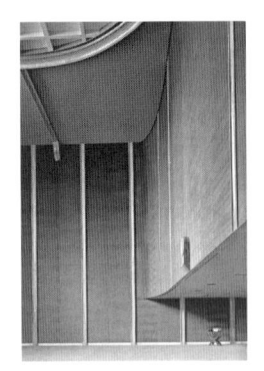

(左)図 4.15　親和銀行第 1 − 2 期、営業室 [15]
(右)図 4.16　同、第 3 期(1975) [16]

ため、正面側だけに原型が保持された。というよりむしろ、与えられた本来の機能を背後に控えさせながら、ある象徴性を持った空間さえ確保すれば、作品は高い完成度を持つのだと白井は意図したのかもしれない。

　あえて全体の統合性を捨て、一瞬の記念性の獲得、空間の昇華に賭ける。ここには合理主義的な計画思想など、微塵も気にかけないかのような白井の態度がある。そして、そのあらかじめ統合するのをあきらめたかのような場面の連続が、やがて空間の迷路性を生み、それがかえって全体の豊潤さをもたらしていく。白井はこの時、近代と折り合いをつけるのをやめた。

　玄関から入れば、黒御影の円筒の内側は真っ白な壁面で覆われた空洞で、空中を飛ぶ梁と、壁付きの螺旋階段だけが視線をとらえる。逆方向にきびすを返すと、そこは第 2 期の第 1 営業室で、3 層を吹き抜けとした大空間は一面暗色のクロスで覆われ、天井から漏れ落ちる光の他は数脚の椅子が置かれるだけ(図 4.15)。まるで洞窟のような暗い空間に立ちつくし、その部屋の具体的な機能を想像することすらできない*12。

　このような象徴的な空間が追求された正面側に比べ、背面側は第 1 期の一部を壊して必要な室を建設し、また次に移るといった複雑な増築の手続きを経たため、室が展開していくごとにまったく異なる場面が開いていくことになる。トラバーチンの螺旋階段、突然現れる楕円の光庭、露地に向かって開く座敷…。諸室が複雑に入り込み、さながら巨大迷路の様相を呈する。

　そんな象徴性と迷路性は、第 3 期で最高潮に達してしまう。コンピューター棟と名付けられたこの建物は、本店から独立してそびえ立つ 11 階建の円筒によって決定的な強度を与えられる (図 4.16)。荒々しくはつられた諫早石が貼りめぐらされた巨大な円筒には垂直の亀裂が入り、亀裂の下にはエントランスが開けられる。エントランスを縁取るのは磨き込まれた一枚ものの赤御影で、頂部には楕円形の窓が載る。巨大な垂直の亀裂の下にうがたれた開口は暗示的で、

(左)図 4.17　親和銀行第 3 期、玄関の御影石[17]
(右)図 4.18　同、ホール[18]

　堅い石の塊にエロチシズムが漂う。この、いつ、どこのものと知れぬファサードを前にして、もはや何様式と呼ぶことはできない。まさに「伝統拡大」からもたらされた白井個人の造形というほかない。

　3 層を吹き抜けたエントランスの正面は、はめ殺しのガラスで行く手を阻まれる。向かって右に貴賓用の玄関があり、一枚ガラスの自動ドアをくぐると内部は真っ暗で、目を凝らせば、ここにも磨き込まれた赤御影が貼りめぐらされている。無垢の赤御影を刳り抜いたというアーチのゲート(図 4.17)をくぐるとようやくホールで、ここは一転して明るい光に満ちる。

　ホールは 3 階にも及ぶ吹き抜けで(図 4.18)、床、壁には白大理石が貼りめぐらされる。2 階、3 階を巡るバルコニーは、それぞれ異なる角度、異なる形状を持ち、空間に重奏性が与えられる。バルコニーの手摺りは美しい流紋を持った緑色の大理石が回り、上下に白大理石が挟まれる。振り返れば 3 層に及ぶ一枚ものの大ガラスがそびえ、足元には大理石の水盤が設えられる。壁際には慎重に選択された机、椅子が置かれ、空間にアクセントを添える。

　ここには、あらゆる様式的なディテールの断片に、花崗岩、大理石といった素材、時空を超えて選択された家具の数々、そして明と暗を巧みに使い分けた光のコントロールがあり、これらを構成することで重層的かつ感動的な空間が生まれている。

　このように、白井の建築の本質は、あらゆる異質なエレメントを一つの空間の中に織りなす構成の妙にある。日本には個人が選び出したものの組合せの妙によって、新たに個人的な様式美を生み出す「好み」の美学があるが、彼の建築では、「白井好み」というべき彼の趣味、判断が重要な役割を果たしているように思える[*13]。したがって、白井の作品では、抽象化という近代建築の基本的な空間操作は無縁であり、むしろ素材やディテールを幾重にも重ね合わせることで、豊潤な空間が出現しているのである。

＊1　白井晟一「縄文的なるもの―江川氏旧韮山館について」『新建築』1956年8月号。
＊2　丹下健三：第8章参照。
＊3　清家清：1918-2005。京都市生まれ。東京美術学校、東京工業大建築学科卒業後、海軍技術大尉として兵役についた。50年代以降、森博士の家(1951)、斉藤助教授の家(1952)等、モダニズムの合理主義・機能主義を踏まえながら、障子や畳といった日本的な要素を生かした住宅を次々と発表し、内外から高く評価された。『家相の科学』『やすらぎの住居学』等、一般向きの著作でも知られる。東京工業大学教授、東京芸術大学教授や日本建築学会長などを歴任。林昌二や篠原一男といった日本を代表する建築家を育てた。日本建築学会賞、芸術選奨文部大臣賞等受賞多数。
＊4　縄文的なもの／弥生的なもの：本文で示した通り、縄文／弥生という対比は、単に縄文土器／弥生土器といった具体的な形態に現れる特徴をそのまま述べたのものではなく、日本文化の起源に遡って導かれる対比的な文化概念をも総称するものである。したがって縄文／弥生という対比は、そのまま民衆／貴族、素朴／洗練、竪穴／高床、彫塑的／線的、混沌／簡明といった図式に適用可能となる。

ただし、1950年代にこうした概念が提出され、すぐさま建築界で受容された背景には、ロンシャンの教会以降にル・コルビュジエが採用し始めた彫塑的な造形や、素材感や地域性を強調したブルータリズムといった海外の新潮流からの影響もあろう。
＊5　江川邸：江川家は中世以来の武家の家柄で、江戸時代には世襲代官を務め当地方を広く支配した。江川邸主屋の土間を含む北側部分は江戸前期の建築で、その後改造を重ねて現状の姿になっている。広大な土間空間を形づくる梁組と幾重にも連なる小屋組は壮観で、1958(昭和33)年には白井独自の視点に指定されている。
＊6　孤高の存在：白井が「孤高の存在」といわれるのは、同時代の建築家が共通して担った課題を、自らの主題としてこなかったからのようにも思える。例えば、同時代の建築家が追求した職能の問題や、新しい技術の問題等について、白井は正面切って取り上げていない。また、西洋や日本、アジアへのスタンスにしても、彼は独自の視点から平面的をもって把握してきた。それゆえ白井は、近代建築を史的に描く時に必要な、いくつかの基本的な軸からすり抜けてしまう。

よって、時代背景が要求する建築家像からいつも逸脱してしまい、歴史記述のストーリーに収まりきらない。本書で扱う村野藤吾（第1章参照）もそのような存在であったと思う。
＊7　近藤浩一郎：1884-1962。日本画家。山梨県生まれ。東京美術学校西洋画科に学び、後に日本画に転じて1921(大正10)年に日本美術院同人となる。翌年フランスに留学し、以後水墨画に光線を取り入れた独自の画風を展開した。代表作に「鵜飼六題」(1923)。
＊8　カール・ヤスパース　Karl Jaspers：1883-1969。ドイツの哲学者。元は精神病理学者。科学の限界を感じ実存哲学を構想した。19世紀中頃に起こった実存哲学は、合理主義・実証主義による客観的ないし観念的人間把握、近代の科学技術による人間の自己喪失などを批判し、人間の実存を中心的関心とする。
＊9　白井晟一「伝統の新しい危険」『朝日新聞』1958年11月12日。なお、白井は同様の文脈で、中国の天壇や石仏を称揚したが、白井がこのような視点を獲得できたのも、彼がヨーロッパ、インド、中国、朝鮮の文化に通じ、白井本人が言う「ユーラシア大陸的な視点」をもって日本文化の伝統に対峙したからのように思える。また、世界史的観点に立った伝統創造という論の立ち方は白井独自のものではない。むしろ、1930年代から敗戦までにかけて盛んに議論された、戦前の近代の超克思想と通じるものがある。当時、建築家たちは、西洋やアジアを包含するような世界史的な視点に立って独自の建築を構築する理論を用意しようとしていた。白井の場合、その時代に鍛錬を受けた概念が後になって再び浮上してきたというべきか。
＊10　隠喩と象徴：アレゴリー（隠喩、寓意）とは、例えば自由や平和や不安といった抽象的な概念を、擬人化したり、具体的な形象で指示することを示す。そこでは、文字通りの意味と、そう解釈してほしいという願いが込められた潜在的な意味の二通りの解釈が可能で、後者の隠された意味を明らかにするのがアレゴリーの解釈というわれる。

建築は、まずそれが建物であることは誰にでも理解可能で、その上で様々な意味を読み取ることが可能なので、アレゴリー的な解釈に向いた対象である。しかし、近代は、こうした形態や空間と、意味とを一対一にあてる透明な建築を強いたから（例えば機能主義は、行為や機能と、必要な室の一対一対応を原則とした）、こうした隠喩的な表現は忌避されてきた。

一方、象徴（シンボル）とは、あるものと関わる別のものを指示することをいう。ここでは、意味するものと意味されるものとが有機的に結合するから、両者の関係が必ずしも一致しないアレゴリー（隠喩）とはやや概念が異なるとされる。しかし本文で、象徴的な空間等という場合は、単に世俗的な空間と区別された意味での、聖なる空間、宗教的、神話的な空間という意味で用いる。

さて白井の建築は、例えば、ギリシア神殿風の柱頭飾りが和風庭園の中に突然置かれたり、洞窟のような暗い大空間に一条の光が射し込んだりといった具合で、すべてのディテール、空間の断片に、象徴性や、何かしら暗示された意味があるような錯覚を起こさせる（たとえ本来の意味は剥奪されていても）。この象徴的な空間に隠喩をちりばめていくこと、それが白井作品をより印象深いものとしているのである。
＊11　丸木夫妻の「原爆の図」：日本画家・丸木位里(1901-95)と洋画家・丸木俊(1912-2000)の共同制作。丸木夫妻が原爆投下直後の広島を訪ねて目のあたりにした惨状を、平和への祈りを込めて描いたもの。第1部の「幽霊」から「火」「水」「虹」と続き、「長崎」まで全15部からなる大連作。
＊12　親和銀行第1営業室：当時は客ロビーとして想定されたこの場所も、今では事務室と窓口が張り出している。
＊13　白井好み：この、相互に無関係な様々なディテールとシーン（場面）を取り出すことによって構成される白井独自の空間の特質を「晟一好み」と呼んで最初に指摘したのは磯崎新である（磯崎新「凍結した時間のさなかに裸形の観念とむかい合いながら一瞬の選択に全存在を賭けることによって組み立てられた《晟一好み》の成立と現代建築のなかでのマニエリスト的発想の意味」『新建築』1968年2月号）。

II

欧米建築家の作法の受容と昇華

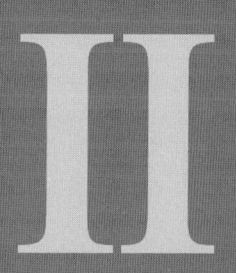

*1　フランク・ロイド・ライト：第5章参照。
*2　帝国ホテル：第5章参照。
*3　歴史主義：序章参照。
*4　前衛モダニズム：第Ⅰ部参照。

1.　F. L. ライトの空間理念の二重の受容

　F. L. ライト[*1]の帝国ホテル[*2](1923)は、関東大震災(1923)に耐えたことだけでなく、その規模と完成度で注目された。特に建築家は、内部空間が拡大・縮小しながら流動的に分節し、装飾と相乗して劇的な効果を上げる空間に、これまでの歴史主義[*3]建築が一度も主題にしなかった内部空間の新しい構成方法を感じ取った。その後、ライト式と呼ばれる建築が流行したが、外観は似ていても、ライトの空間構成の方法を実践している建築家は少数だった。

　ライトの流動的な空間についての理念は、日本の伝統的建築に着想を得ていた。木造住宅の柱・梁構造が持つ連続的に分節した空間と、水平垂直の線と面が織りなす構成美を自己の表現に取り入れた。その際、深い軒の水平線と組積造の持つ重層性を組み合わせて、水平性を強調した。このことが、日本人の建築家に、ライトの空間のモデルが日本の伝統建築の何によるものなのかを読み取りにくくした。同時期、日本人建築家は新たにヨーロッパのモダニズムに、柱・梁構造による空間表現の可能性を見ていた。それらは、1910年にヨーロッパで出版されたライトの作品集からの影響を受けて生まれたものだった。モダニズムに関心が高まるなか、ライトの空間理念を自分なりに理解していた遠藤新は、煉瓦という組積造文化の地・満州に渡る。

2.　ヨーロッパ前衛モダニズムの国際性と建築家像

　ヨーロッパ前衛モダニズム[*4]は、大正デモクラシーの最中、理念と方法についても日本人建築家を惹きつけた。それらが、社会における生きた建築家像を示していたからである。

　前衛モダニズムは、目的や機能のみに従って居住空間をつくるために、住宅の大量生産が可能となる。品質を一定に保ち、世界中どこへでも供給・組み立てができるこの方法には国際性がある。しかも近代以降の都市環境の悪化と住宅不足に、良質の住宅で応えるという建築家の社会的役割を明解にした。同じ

＊5　インターナショナル・スタイル　International Style：1920年代から50年代くらいまでの建築が共有した造形的特徴。1932年にニューヨーク近代美術館で開かれた「近代建築展」で、H. R. ヒッチコックとPh. ジョンソンが『インターナショナル・スタイル—1922年以降の建築』というタイトルの本を出版。造形原理として、⑴ヴォリューム（面に包まれた空間）、⑵（柱・梁構造の）規則性、⑶装飾付加の忌避の3点を挙げる。
＊6　デ・ステイル：序章参照。
＊7　バウハウス：序章参照。
＊8　ル・コルビュジエ：第7章参照。
＊9　ドムーイノ：第7章参照。
＊10　ピュリスム　Purisme：純粋主義。フランスの画家A. オザンファンとル・コルビュジエによって提唱された芸術運動。二人はその著作『キュビスム以降』（1918）において、装飾性に堕落したキュビスムを批判し、感情的・装飾的要素を排し、簡潔平明、合理的・機能的な造形表現を目指した。デ・ステイルなど、建築・デザイン運動に大きな影響を与えた。

大量生産が、産業革命以降の都市問題を引き起こした他ならぬ要因なら、それを住宅の供給システムに変換するという考えには、ユートピア的夢があった。

さらに、そのような居住空間に芸術性を持たせるために、抽象芸術を用いる。形態の基本要素だけで構成するという方法は、個人の好みや趣味を超えて共有できるので普遍性と国際性がある。そして抽象芸術は、芸術家をはじめ様々な分野の人々が参加する運動体から生まれるもので、建築家もその一員であった。

理念や方法と深く関わるこれらの建築家像は、1932年にその視覚的特徴からインターナショナル・スタイル＊5と名付けられた前衛モダニズムの背景にある。山口文象の活動は、そのような建築家像を、自身の空間表現の対象と方法と、さらに彼が共同する組織において実践した軌跡である。

3.　ル・コルビュジエの二面性

第一次大戦後、デ・ステイル＊6やバウハウス＊7が着手し、1920年代に行き着いた結論に、フランスではル・コルビュジエ＊8が独自の探究から類似の成果を得ていた。この時期の彼の作品は、視覚イメージと問題意識の両方に、ドイツをめぐる前衛モダニズムとの共通性が高い。彼もまた、都市問題や住宅不足に建築家として応えるために、機械生産を積極的に肯定し、早くも1914年の「ドム—イノ」＊9発表以降、生活重視の平面やそれと結びついた立面についての考えを進めた。また、自らピュリスム＊10と名付けた幾何学形態による抽象芸術の理念と方法を空間表現に活用した。前川國男は、彼のこのような理念と方法を日本に根づかせ、自らも日本人としての空間表現に取り込むために試行を重ねた。

コルビュジエの独創性はそこにとどまらず、1930年代以降、都市計画の考えと組み合わせながら、近代建築の記念碑性を模索する。巨大スケールで新しい構造力学の方法を用いて国家の強大なエネルギーや後に有機的な形態をとる生命感を鮮烈に表現した。丹下健三は、コルビュジエのこのような側面に深く影響を受け、戦中・戦後の自己の空間表現の拠り所とした。

Ⅱ部の作家について理解を深めるための参考図書

■ 5 章　遠藤新
- 遠藤新生誕百年記念事業委員会編『建築家遠藤新作品集』中央公論美術出版、1991
- 遠藤陶『帝国ホテル　ライト館の幻影―孤高の建築家　遠藤新の生涯』廣済堂出版、1997
- 遠藤陶「遠藤新物語」『福島建設工業新聞』連載、1993年5月17日‒1994年12月19日

■ 6 章　山口文象
- 村松貞次郎『日本建築家山脈』鹿島出版会、1965
- 布野修司「戦後、建築家の足跡　山口文象」『建築文化』1989年1月号
- 伊達美徳『新編山口文象　人と作品』アール・アイ・エー、2003
- RIA建築綜合研究所編『建築家山口文象―人と作品』相模書房、1982
- 栗田勇監修『現代日本建築家全集 11　坂倉準三・山口文象とRIA』三一書房、1971

■ 7 章　前川國男
- 松隈洋『近代建築を記憶する』建築資料研究社、2005
- 宮内嘉久『前川國男―賊軍の将』晶文社、2005
- 前川國男文集編集委員会編『建築の前夜―前川國男文集』而立書房、1996
- 前川國男著／宮内嘉久編『一建築家の信条』晶文社、1981
- 宮内嘉久編『前川國男作品集―建築の方法ⅠⅡ』美術出版社、1990

■ 8 章　丹下健三
- 丹下健三『人間と建築―デザインおぼえがき』彰国社、1970
- 丹下健三『建築と都市―デザインおぼえがき』彰国社、1970
- 丹下健三・藤森照信『丹下健三』新建築社、2002

[p.70‒71　解説文執筆：黒田智子、p.72　図書選出：各章執筆者]

5
遠藤新
日本人建築家としての
F. L. ライトの思想の実践

黒田智子

「畢　竟日本の建築には思想がない。思想していると思うていて実は思想に生活してるのでない。思想を恋慕しているのだ。」(「帝国ホテルの増築に就いて」『建築知識』1936 年 8 月号より)

(左)図5.1　満州中央銀行倶楽部(1934、新京)[1]
(右)図5.2　晩年の恩師・土井晩翠(左)と遠藤(右)[2]

5.1　建築家としての正義の追求

5.1.1　建築家の普遍的使命

　日本の大陸進出から大平洋戦争までの間、建築界では支配地における建築様式を議論する場[*1]が度々持たれた。特に日中戦争以降、建築家や建築史家は「国威発揚」や「国粋」を謳う内政と、「八紘一宇」[*2]や「大東亜共栄圏」[*3]を謳うアジアにおける外交が国策として建築に要求する内容を、自らの建築観に照合せねばならなかった。そして自らの根ざす社会と職能の許容範囲を測りながら、意見を提示したのである。その中でただ一人、建築家である以前に日本人であり人間であるという立場で、「国家」という枠とは別に「民族」の文化の深さを直視して、大陸における建築を論じる建築家がいた。フランク・ロイド・ライト[*4]の右腕を務め、帝国ホテル(1923)[*5]の設計と現場管理に携わった遠藤新である。帝国ホテルは日露戦争の勝利を契機に帝都の顔として計画された。その竣工から10年、遠藤は「新京の帝国ホテル」と呼ばれた満州中央銀行倶楽部(1934、図5.1)を持論の実践として手がけていた。

5.1.2　多彩な友人と師を得て東京帝国大学建築学科へ

　遠藤新は、1889(明治22)年6月1日、福島県相馬郡福田村（現在の新地町）に5人兄弟の次男として生まれた。子供の頃は病弱だった母が喜ぶ顔を見るのが嬉しくて勉学に励む、はにかみやでおとなしい少年だった。貧しい家計の農家にあって常に成績優秀で、仙台の第二高等学校（現東北大学）には一番の成績で進学した。ここで遠藤は、土井晩翠[*6]と出会い、トーマス・カーライル[*7]に強い影響を受ける。恩師・晩翠との交流は晩年まで続いた(図5.2)。得意科目に偏りがなく文章も絵も得意だった遠藤は、自分の持てるすべてを生かそうと建築を志す。総合的な見識と判断によって理想を実現すると同時に、芸術にまでそれを高める決意をしたのだった。東京帝国大学の建築学科には、再び一番

図 5.3　自由学園南沢キャンパス(東京)³⁾―①初等部、②女子部、③男子部、④最高学部

図 5.4　帝国ホテル(1923、東京)前のライト(左端)、遠藤(その後ろ)⁴⁾

で入学を果たす。また、同級生には遠藤の人柄に惹かれ、住宅設計の依頼をはじめ、政治家、弁護士、医師、造園家[*8]として人生に関わった者が数多い。

5.1.3　社会運動に学ぶ学生時代とライトに学ぶ修業時代

期待して入学した大学は、遠藤にとって西洋偏重主義の知識の切り売りの場でしかなかった。深く失望した遠藤が、日本の社会はどうあるべきかについて精神的拠り所を見出したのはYMCA[*9]の社会活動においてであった。上京2ヶ月後、既に遠藤は教会で洗礼を受けて集会で多くの人々と交流し、大正デモクラシーの息吹を吸い込んだ。羽仁もと子・吉一夫妻[*10]は、後に遠藤がしばしば寄稿する『婦人の友』を既に発刊していた。夫妻の自由学園のキャンパス計画と設計(図5.3)は、後に遠藤のライフワークとなった。YMCAでの友人とは、卒業後も病院・福祉施設の設計を通じて関わる。一方、日本の建築はどうあるべきかについて教えを請うべき師を得ぬままいた遠藤は、雑誌を通じてライトの作品とその考え方に触れる。大学教育への不信は、卒業直後、新聞紙上において辰野金吾[*11]設計の東京停車場の感想[*12]としてまず現実のものとなった。最初の評論は重鎮の設計の本質的な問題点を突いたため、その後の彼の批判同様、上下関係の厳しい建築界では、かえって議論を喚起できなかった。

ライトとの実際の出会いは、明治神宮造営局勤務と兵役を経た1917(大正6)年、遠藤が28歳の時である。帝国ホテル支配人・林愛作[*13]は、列強ロシアに勝利した近代国家にふさわしいホテルとしてその運営を任されていた。その林から、新館の設計依頼を受けたライトに日本人スタッフとして推薦されたのである。すぐに遠藤はライトに伴われ渡米し、1年8ヶ月の間タリアセンのアトリエで新ホテルの設計に携わる。それはライトの空間の構想力と図面の表現力を目の当たりにする修業期間であり、同時にアメリカという異文化の国を体験し日本文化を考える機会となった。帰国後はライトと共に実施設計と現場管理(図5.4)にあたり、困難の中で建築家としての心構え[*14]のすべてを学ぶことになった。

建築家としての正義の追求　　75

(左)図 5.5　独立後の遠藤(1922以降)5)
(右)図 5.6　目白ヶ丘教会(1950)6)

5.1.4　建築家としての批判と実践

　ライトが帰国し、帝国ホテルの現場の全責任を引き受けることになった 1922 (大正 11)年、遠藤は 33 歳で独立する。設計は事務ではないという信念から、「遠藤新建築創作所」と命名した。以後、タリアセン以来の髭に加え、現場に生きる建築家としてノーネクタイ、現場で動きやすい上着と靴という当時の建築家としてはかなり特異なスタイル(図 5.5)で通す。関東大震災後、次々に建設されるバラック建築について、時間・資金の不足を言い訳に工夫がないことを批判する一方で、独自の工法[*15]を提案し、設計料を度外視して店舗、教会等を設計した。特に賛育会病院[*16]は機能性に優れ、震災後も本建築に関わる。2 年後には早くも住宅を中心に作品展を開催するなど、精力的に仕事に励んだ。

　以後、建築家としての仕事を実践する一方、感情や気分に基づく表現、個々の部分を簡単に足してつなぐだけをよしとする事務的な姿勢、調査研究結果からの一面的な提案を批判し続けた。あめりか屋住宅[*17]、中廊下式住宅[*18]、生活改善調査[*19]は代表的な批判対象であったが、精神性をも含む総体として住宅を論議する契機には至らなかった。一方、多忙な日常ながら、貧しい学生時代に世話になった恩返しの気持ちから、周囲への面倒見はよかった。

　満州事変が終息した 1933(昭和 8)年、遠藤も旧満州に渡り、日本との間を行き来しながらホテルや銀行の社宅、社交場などを手がけた。この間、やっと竣工した帝国議会議事堂[*20]を、建築家として唯一人、誌上で批判した。敗戦は旧満州で迎えたが、心臓病で入院し、翌年帰国する。アメリカの民主主義が導入されるなか、明治以来の官僚教育からの脱却を使命と信じ、新制中学校舎[*21]については進駐軍上層部を説得し、教育環境の重要性を社会に訴えた。同時に官僚教育は知識階級において、人として生きる姿勢と価値観を損ない続けていると警告した。病いを押しての活動の後、1951(昭和 26)年、62 歳の生涯を閉じた。葬儀は、前年に竣工した目白ヶ丘教会[*22](図 5.6)で行われた。

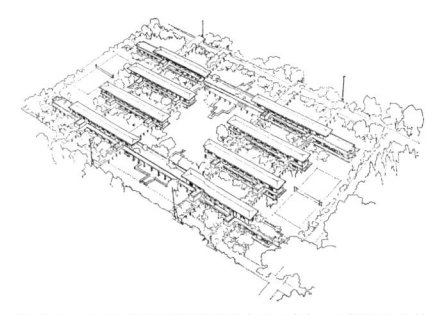

図 5.7　共同生活の建築的表現(1925)[7]—1 棟から全体へと発生学的に構想した集合住宅案

図 5.8　自由学園南沢校舎、女子部体操館(1924)[8]—半円を円と感じさせ、空間の流れを誘う

5.2　ライトの理念と方法の継承:新しい建築の規範を目指して

　遠藤はライトとの出会いを通じて、人が生活し人生を送る場である建築は、自然界の生命体のように有機的に統一されていなければならないと考えた。また建築はいったん建てられると、環境の一部として長く人の生活を束縛する。遠藤は、建築のこの束縛性に積極的な意味、すなわち人が建築を通じて自らの人生のあり方を考えることを導き助ける性格を与えねばならないと信じた。これこそ彼が主張した、自然を範として神のごとくつくるべき「正しい建築」である。ライトのような天才のみがこれを貫けるとしつつ、建築の道を行脚托鉢する行者として、可能な限り建築を論じ実践することを自らの立場とした。

5.2.1　用のプロポーション:必要事項の有機的体系化

　まず、遠藤は「用」を設計の出発点と考えた。「用」とは、人の生活において事実として現れるすべての要求である。それは個人、社会、経済、文化、宗教などの人的要素と、風土、気候などの地理的自然要素とからなる。しかし、すべての要求を漏れなく集めて平等に満たそうとすると、事務的便宜や間に合わせに落ち、結局どの「用」も十分に満たせない。必要なのは、まず各々の「用」に重要件のヒエラルキーをつけ、それらに相互補完的関係を与えることである。遠藤はこれを「用のプロポーション」と名付け、建築の有機的構成を決定する上で欠かせないものと考えた。それは、生活要求の中から最も重要な一つを選択してそれを主題に空間を構想し、次に可能な限りの知見と照合することで反省と指示を見出す、「発生学的に考える」姿勢(図 5.7)である。

5.2.2　立体としての建築:人の動きを導き心と交流する空間

　遠藤は、図面における絵画的効果の検討のみにとどめられた建築を再び立体として構想しなければならないというライトの考え[*23]に基づき、独自の解釈と展開に努めた。立体としての建築とは、歩を進める時に目にする光景と歩む人

(左)図5.9 自由学園南沢校舎、初等部(1931)[9]―武蔵野の風景に溶け込む
(右)図5.10 甲子園ホテル、南側外観(1930、西宮)[10]―現在は大学の施設として運用されている

の心との間に深い交流があるような、例えば武蔵野を歩く時の喜びに似た特質である。武蔵野は天橋立のように特定の視点からの絵画向きの風景があるわけではないが、木立の心地よい変化と全体としてのまとまりを併せ持つ。建築も一方向から見せ場をつくるだけではなく、人が動き佇むところすべてに各々の空間の味わいを持たせなければならない。具体的には、一方向から見た時の空間がそこだけで完結するのではなく、隣接する空間に対して何らかの用意や暗示があるように形づくることである(図5.8)。また、単体として建築を考える前に、建築と建築、敷地と建築の関係を考えることから始めなければならない。特に立地条件については、所有権を越え、山の眺め、空を飛ぶ鳥、流れる雲など風景のすべてを含めて建築を構想することを重視した(図5.9)。

5.2.3　建築の表現性：規範としての形の法則

　遠藤は、「用」に形を与えることこそが建築家の仕事であると考えた。それは、「用」そのものを表現することであって、建築家の趣味や感情の表現ではない。「用のプロポーション」を持ち、かつ「立体としての建築」を形づくるために最も適した強さ・重さ・厚さを、基本形としての線・面・体(量塊)とその組合せのみによって与えることである(図5.10)。そのためには線・面・体に、それぞれが生き生きとし、しかも全体としての調和を持つような明確な量を、建築家が最適値として選び取らねばならない。この判断に際して遠藤は、形においてはプロポーションに先立ってスケールが重要であるとするライトの理念を拠り所とした。つまり、建築の部分と部分または全体との関係は、形のみにおける関係でなく、人の寸法と視覚の特質を基準とするべきであるという考え方である。規模が大きくなるほど、人が建築の大きさを実感できるようにスケールに注意を払わねばならない所以でもある。遠藤は以上の手法の実践によって、形が人を導き、人と形がお互いに調子を整えあう、茶の湯における道具と手さばきのような関係が、建築と人の関係に与えられることを理想とした。

(左)図5.11　自由学園、講堂内部(1922、東京)[11]
(右)図5.12　同、南沢校舎、女子部食堂(1934)[12]

5.3　人間の生き方を啓発する建築

5.3.1　自由学園：教育を支え、教育の一部である建築

　羽仁夫妻の自由学園は、生活における実践を通じて自主独立と思いやりの心を育て、愛、自由、協力の社会を目指すものだった。夫妻に共感していた遠藤は、校舎の相談を受けた時、迷わず帝国ホテルのために来日していたライトを紹介した。学園の開校は設計の話があった約3ヶ月後というスケジュールだったため、校舎は授業と並行して建設された。ライトと遠藤の共同設計による最初の校舎(1922)は、後に明日館（みょうにちかん）と名付けられた。ライトの帰国後は、遠藤が設計を一手に引き受ける。特に椅子とテーブル(図5.11)は、通常の方法では予算の2倍かかってしまうところを、加工の手順を省略し、それが形の特徴にもなるように設計することで予算内に納めようとした。明日館の南側の講堂は、段差や間仕切りで様々な人数に対応するしくみが、空間にも変化を与えている。設計の際、トイレはつくらないと主張して、羽仁吉一と議論になったこともあった。この講堂の竣工によって西池袋のキャンパスが完成した。

　南沢の新キャンパス計画(1934)では、まず初等部(図5.9)、女子寮、羽仁邸が設計された。この時遠藤は、室を安易に廊下でつなぐ事務的な方法に頼らずに生き生きとした空間を工夫することは、結果として面積と予算の面でも合理的であることを配置計画において示す。次の女子部校舎(図5.12)は、1ヶ月間、毎日羽仁と教育方法について話しあったことを踏まえて設計された。共同生活の核として南の最前面に体育館、奥に中庭と教室群、その奥に食堂、はずれて西に講堂が緩やかな南斜面に配置された。明日館とまったく同じ照明と装飾が校舎の入口に組み入れられ、遠藤の思い入れを伝えている。地方出身の生徒たちのための寮、男子部校舎群の竣工を経て、教育家と建築家の共同作品としての自由学園は、彼らの死後も次世代に引き継がれ今に生き続けている。

図 5.13　遠藤自邸(1924、東京)、平面図 [13]——北に引き南に広がる

図 5.14　荻原庫吉邸(1924、東京) [14]

5.3.2　独立住宅：生活に密接した単純性を原点に

　遠藤の実施作品のうち住宅が最多である点は、ライトと同様である。さらに空間の考え方そのものもライトを範とした。まず、生活を壁の内側に閉じ込めるのではなく、家族の生活がのびのびと展開するように敷地の特徴を生かし、大地の上で矩形の平面構成を変化、発展させた。さらに、スケール感と空間の流れをつくる効果を求めて大壁に長押を回すなど、水平性を強調し、暖炉の火と池の水が住空間の核となるように配した。遠藤はこれらを、日本人の和室の生活様式と調和させ、その生活がテラスを経て庭へと展開するように苦心した。

　遠藤もまた自らが批判したはずの思いつきや技巧にとらわれ、重複、不自然、不便、浪費に悩んだ。しかし常に与条件の複雑さを乗り越えて、すべての要求を満たし生活に密接する単純な解決に辿り着こうとした。建築家は、「簡単」とは異なるこの「単純性」を前に、驚き引き締まる心を決して失ってはならないと考えていた。これらの点から、精神においてもライトの愛弟子といえる。

　独立後まもなく完成した自邸(1924、図 5.13)では、家族の生活が生き生きと展開した。木立の中に立つ小さな出入口を抜けて玄関に入ると、19畳の広い居間と暖炉のついた9畳の書斎につながる。全体に凝った造りは避けられ、部屋を飾るものも特に置かれなかった。居間の南側は、パーゴラのかかったテラスと、魚の泳ぐ小さな池を介して、広々とした緑の芝生が広がる。さらに南には大木が並んで木陰をつくり、その向こうに玉川上水が流れていた。居間の西には寝室（和室）、東には茶の間が配され、人が座った時居間に腰掛けた人との視線が合うように、両室とも床を居間より30cm高くしていた。西隣には同じく遠藤が設計した弁護士一家の住宅があり、間に垣根を設けなかったため、庭の芝生は隣家につながり自由に行き来できた。この庭で、大人も子供も屋外の生活を満喫した。また、庭の花壇には四季を通じて様々な花が咲いていた。遠藤邸の魅力に惹かれ、同じ住宅に住みたいという依頼を受けて実現した荻原邸

(左)図 5.15 近藤賢二別邸、居間 (1925、藤沢)[15]
(右)図 5.16 矢田部勁吉邸 (1928、東京)[16]

(1924、図 5.14)は、増改築を経た今も家族に住まわれている。

近藤邸(1925、図 5.15)は、10 人の子供に恵まれた富裕な一家の海辺の別荘として設計された。L 字型の平面構成で池を角に持つ中庭をパーゴラが囲む。2 階には縁台があり、周囲の風景や海からの風を楽しむことができる。夏だけでなく週末ごとに一家はここで過ごし、人を招き、冬は居間の暖炉のまわりで時を過ごした。自治体による移築と管理が決まり、取り壊されずに済んだのは、近隣に住む主婦たちの反対運動が原動力であったことも、生活を愛おしむ心に応える、時代を超えた空間の魅力が遠藤によって与えられていたからであろう。

矢田部邸(1928、図 5.16)は、武蔵野に建つ声楽家のための住宅で、外観はドイツの田舎風にという施主の希望が反映している。音楽が生活の中心にあることに対応して、グランドピアノが適度な余裕をもって置かれた居間兼音楽室を核とする。やはり暖炉がある居間は、アルコーブとして連続する書斎を持ち、上方にはしっかりとした梁が 2 本架け渡され、その上に 2 階の吹き抜けが広がり、さらに軽やかに屋根が覆う。このような平面と断面の凹凸が、空間としての心地よさと同時に音響効果をもたらし、チェロ奏者が録音したこともあった。

遠藤は、動作と視線に調和した空間を目指し、茶道における人と道具の矛盾なく密接した関係を生活と建築の理想とした。子供室、書斎、台所等の開口部と家具配置について、実際の生活に沿った単純な解決に真剣に取り組んだ。一方、地縁・血縁関係の同居人が多かった自邸では、3 畳の台所はあまりに狭く、増改築が必要であったにもかかわらず、実現することはなかった。住み手を教え導く建築を神のごとくつくるという使命感が先行すると、住宅においても施主の意向がしばしば無視された。犬養邸(1922)では、犬養毅[*24]と遠藤が代わる代わる現場変更を行い、互いに譲らなかった。加地邸[*25](1927)では、予算が 2 倍に膨らみ、工事が始まると施主に無断で平面図を東西逆にして建設を指示したが、その結果に施主家族は満足し、次の家も遠藤に依頼した。

図 5.17　甲子園ホテル、内部の打出の小槌の装飾例 [17]　　図 5.18　同、外観 [18]

5.3.3　甲子園ホテル：旅館の長所を持つ西の帝国ホテル

　甲子園ホテル（1930）では、既に帝国ホテルを辞していた林愛作と遠藤の綿密な意見交換をもとに、お互いの経験を最大限に生かした設計が目指された。林の理想とするホテルとは、日本の旅館のサービスの細やかさと、欧米のホテルと同等のプライバシーの確保を併せることであった。客室は、バス・トイレを備えた洋間とそれに連続する和室[*26]を持ち、ホールを中心に三つ葉のように配され、両側に部屋が並ぶ味気ない長い廊下はどこにもない。さらに遠藤は、なだらかに変化する床と天井の高低と、壁の雁行によって訪れる人をレセプションルームからテラスへ、さらに階段を下り庭園へと自然に導くように設計した。

　当時、大阪・神戸間の風景を特徴づけていた白砂青松の海岸沿いは、鉄道会社がリゾート開発を進めており、甲子園ホテルもその需要に応える高級ホテルとして計画された。屋根には松と一体となる青緑色の瓦[*27]、壁には日華石[*28]と型押しタイル[*29]が用いられ、大陸的な色彩と織物のような質感を見せる。阪神間に残る伝承に因み、ホテルの紋章として「打出の小槌」が選ばれ、矩形と円形の組合せをもとにデザインされ、屋根に始まり外壁と内部空間にいたるまで、多様に変化する装飾モチーフ（図 5.17）として用いられた。

　また遠藤は、国家権力の表現として流行した中央玄関の頭上に1本高い塔を配する形を嫌悪していた。甲子園ホテルでは2本の塔を左右対称に建てることで中央を低く抑え、さらに両側に瓦屋根を載せた3層の宿泊棟を置いて安定感を与えた（図 5.18）。一方、人間の寸法から建築の寸法へ、さらに敷地全体へと精緻に装飾され構成された日華石は二重軒瓦や深い庇とともに水平線として重なりあう。遠藤会心の作であり、竣工後は親類や友人と何度も記念写真を撮り、ライトには図面と竣工写真を送った。ライトは返事の手紙の中で、完成を労い、遠藤の成長を祝福すると同時に、帝国ホテルでの装飾過多を自らやりすぎたと述べ、それが甲子園ホテルにも現れていることを指摘している。

(左)図5.19 満州中央銀行集合住居の中廊下のない平面図(1934、新京)[19]
(右)図5.20 同、倶楽部のパーゴラ[20]

5.3.4 満州中央銀行の社宅と倶楽部：100年の評価を待つ

　学生時代に満州を見学[*30]した遠藤は、日本人の建築が器用に西洋建築を真似ただけで、ロシアや中国のものにも見劣りすると感じた。その後、タリアセンで、祖父の世代に信仰のためにやってきたインディアンの土地にライトの親族が根を張って暮らす様を見た。そのライトの帝国ホテルは、じかに日本の伝統建築の質に連なるものとして構想され、困難に耐えて実現した。遠藤もまた、大陸に建つ建築として満州中央銀行の一連の仕事(1934)を手がけるにあたり、大陸に受け入れられ、100年後に文明史の前で批判を受けるに足るものを目指した。

　まず遠藤は、大陸における住宅は、国家の立場でなく日本民族の一人として、民族がいかに生きるべきかを示す空間を持たねばならないと考えた。世界の伝統的家屋はすべて1室から始まり、集まる場所と寝る場所に分化した。遠藤はこれこそが民族が住むべき住宅の本質的特徴で、日本では農家の伝統的空間に端的に現れていると考えた。そしてブルーノ・タウトの桂離宮礼賛[*31]に振り回される建築界や、中廊下式住宅を文化的だと考える世間一般を批判する。そして、総裁邸から課長宿舎、さらには集合住宅に至るまで、住み手の地位に関係なく、暗い中廊下を通らずに居間に入れる住宅(図5.19)を実現した。

　倶楽部(図5.1)は、満州における本格的な娯楽と社交の場として計画された。遠藤は、まず煉瓦という大陸の伝統的素材を最大限に生かそうとした。万里の長城に端的に表れているように、土からつくられる煉瓦は積めば山になると同時に、壁として線形に延びてゆく性質がある。そこに着目して、万里の長城を30間(約54m)切り取った形を建築として丘陵地に据え、大地から生え出て無限に伸展するイメージを目指した。そこに倶楽部らしい楽しさを盛り込むため、緩やかな南斜面に中庭と池を挟んで40間(約73m)のパーゴラを建築と平行に配置した(図5.20)。これは巡り歩く楽しみを与え、丘の上から大同公園[*32]を一望にする。戦後、この建築は、増改築を経て、中国の人々に活用されている。

＊1 　建築様式を議論する場：『建築知識』『建築雑誌』等の専門誌では、日本、満州、東南アジア等における新しい建築のあり方に対しての意見が提示された。
＊2 　八紘一宇：序章参照。
＊3 　大東亜共栄圏：序章参照。
＊4 　フランク・ロイド・ライト　Frank Lloyd Wright：1867‐1959。近代を代表する巨匠。生涯フリーアーキテクトとして活動。帝国ホテルの外観や装飾の特徴は日本人建築家の間で流行し、ライト式と呼ばれ、遠藤もその一人に目された。ライトの作品集(1910)はヨーロッパの若い建築家の注目を集め、以後のモダニズムに大きな影響を与えた。したがってモダニズム建築をもてはやす日本人を遠藤は「ライトの孫引き」と呼んだ。
＊5 　帝国ホテル：1883(明治16)年に西欧化推進のため鹿鳴館が竣工した時、適当なホテルがないことが問題となり、宮内省と財界人を株主として帝国ホテル建設事業が起こる。欧米から雇用された支配人が相次いで交代するなか、1909年、林愛作＊13に白羽の矢が立つ。
＊6 　土井晩翠：1871‐1952。詩人・英文学者。第二高等学校教授。「荒城の月」の作詞者。「イーリアス」「オデュセーア」をギリシア語から翻訳する。遠藤とは晩年まで交流があった。
＊7 　トーマス・カーライル　Thomas Carlyle：1795‐1881。19世紀イギリスの思想家。物質主義に対し、人間の生命と精神を重んじる理想主義的な社会改革を唱える。功利主義を鋭く批判し、キリスト教信仰に満足されない人たちの精神的要求に応えた。教育界に大きな影響を及ぼし、その著作は旧制高校のテキストとなった。ライトも愛読し、遠藤との共通点の一つとなる。
＊8 　造園家：阿部貞著は東京帝国大学の同期。遠藤の設計した建築の庭園を手がけた。造園家の地位が低い時代に、帝大農学部の教職を辞し作庭家として活躍。
＊9 　YMCA：Young Men's Christian Associationの略。キリスト教に基づく、人間教育と社会奉仕の団体。日本には諸大学に学生YMCAがあった。1917年、吉野作造が理事長就任後、医療、法律などの社会事業に進出。
＊10 　羽仁もと子・吉一夫妻：1903(明治36)年、羽仁もと子(1873‐1957)は、夫・吉一と共に生活雑誌『家庭の友』(後の『婦人の友』)を創刊。1921(大正10)年、自由学園創設。キリスト教の自由主義精神に基づいて文部省令によらない生活中心の教育を行った。
＊11 　辰野金吾：1854‐1919。工部大学校(現東京大学工学部)第1回生として卒業。J.コンドルに学び、英国に留学。東京帝国大学工科大学教授。代表作に日本銀行本店(1896)、東京駅(1914)など。
＊12 　東京停車場の感想：1915(大正4)年、ライトに会う2年前の遠藤26歳の新聞連載による評論である。まず、敷地の特質と建築との関係を吟味し、平面と立面に分けず立体として建築を捉える視点からその問題点を挙げており、既にライトと共通の姿勢が明確である。
＊13 　林愛作：1873‐1951。19歳で渡米。マウントハーモン校に学び、古美術商・中山商会のニューヨーク支店に勤務した。アメリカの社交界に知己を得たことで、浮世絵収集家でもあったライトとの縁となる。世界を周り、欧米の一流ホテルに精通していた。
＊14 　建築家としての心構え：ライトによる現場での度々の設計変更のため、インフレも重なって予算が膨れ上がった。遠藤は、作品の完成度へのライトの執念と、クライアントや初めての素材を扱う職人との間

に独り立つことになった。また、軟弱地盤への対策と、竣工直後の関東大震災を通じて、建築の社会性が、構造、施工とも一体であることを実感した。
＊15 　独自の工法：バラックのトタン屋根の軽さと面積を生かし、一見陸屋根に見える片流れして様々な構造に採用し、内部空間と合わせてデザインした。
＊16 　賛育会病院：1924年竣工のバラック組み立て用資材による仮設病院は、素人目にも工夫して考えられた建築の趣が一目瞭然だった。1930年の本建築は60年以上の使用に耐えた。遠藤の手がけた病院は、機能的で簡素ながら、ホテルのような豊かさを備える。
＊17 　あめりか屋住宅：山本拙郎が遠藤の住宅を建築家の考えに住み手を縛り自由がないと批判したのに対し、遠藤は人生と建築の生きた関係に住み手の目を開くことの中に自由があると反論した。第11章参照。
＊18 　中廊下式住宅：遠藤は、中廊下に必要諸室を張りつける平面計画は、各部屋の空間的広がりを殺し、生活を割りつけているだけと批判した。第11章参照。
＊19 　生活改善調査：第11章参照。
＊20 　帝国議会議事堂：設計案の決定から竣工までの17年の間、建築家の関心をつなぐことができなかった議事堂建築に、この時も遠藤は、『建築知識』上で真っ向から設計内容を批判した。同時に、図面を仕上げたら設計が終了していると考え、設計図通りに施工するのが現場監督であるとする建築界を死んだ建築をつくっていると批判した。序章参照。
＊21 　新制中学の校舎：戦後小康を得て里帰りした遠藤が、偶然隣村の中学校校舎の図面を見て、その事務的設計ぶりに危機感を持ち、仙台の進駐軍に掛けあった。これが縁で既存モデル案に対する改良案をつくり、文部省の建築手引きを書き替える結果になった。
＊22 　目白ヶ丘教会：遺作。何度も案を練り直し、病身で屋根に上がり現場で塔の高さを決めた。
＊23 　ライトの考え：ライトは、立体としての建築を二次元の面に解体し、人間のスケールを奪ったのは、ルネサンスの巨匠ミケランジェロだと考えていた。
＊24 　犬養毅：1855‐1932。尾崎行雄と護憲運動を展開。満州事変中に首相となるが、5.15事件で殺害。
＊25 　加地邸：志賀直哉の従弟一家の住居。120坪の豪邸で、葉山の海と山景色を楽しめる。住宅の力作。
＊26 　洋間と連続する和室：甲子園ホテル以降、遠藤は各地のホテルを手がける。笹屋ホテルでは、限られた客室面積の中で洋間と連続する和室を、椅子とテーブルを置く板の間付きの和室へと単純化した。このスタイルは現在も観光ホテルの客室で広く用いられる。
＊27 　瓦：美術工芸タイルで有名な京都・泰山製陶製。
＊28 　日華石：吸水・耐火性に優れた凝灰岩。
＊29 　型押しタイル：装飾用。4枚一組で用いる。
＊30 　満州を見学：設計実習の一環。遠藤には、大地から生え出たようなロシア人や中国人の建築に対し、日本人のそれは技巧に頼る浅はかさが感じられた。
＊31 　ブルーノ・タウトの桂離宮礼賛：桂離宮が、見識ある日本人に価値ある存在であるにもかかわらず、ヨーロッパの建築家の意見として話題にしすぎていることを、遠藤は苦々しく思っていた。むしろ日本人の生活から生まれた農家の住宅こそ、タウトがその真価を日本人に啓蒙すべきだとも考えていた。
＊32 　大同公園：倶楽部の南側に広がり、2.6haの競技場を有し、その東側には野球場がある。

6
山口文象
時代・社会・建築の関係性を探究し続けた表現者

加嶋章博

「建築にプランと構造がなくて、どうして、外観ができるのか。プランと構造が基本であって、その次に外観ができるのではないか。」(1978年1月14日、同時代建築研究会主催連続シンポジウム「われわれにとって同時代の建築とは何か」『建築文化』1978年8月号より)

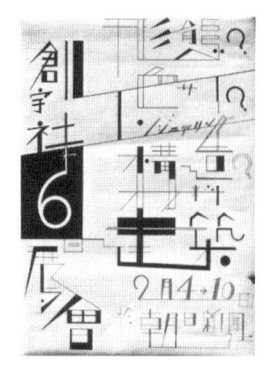

(右)図 6.1　分離派建築会第 4 回展覧会に出品された「丘上の記念塔」[1]
(左)図 6.2　創宇社建築会の建築制作展ポスター[2]

6.1　大正育ちの異色建築家

6.1.1　大工の子として

　山口文象[*1]は 1902(明治 35)年 1 月 10 日、浅草の下町長屋にあった大工の家に 7 人兄弟の次男として生まれた。祖父は宮大工、父も清水組(現清水建設)の棟梁で、長男も家業を継いでいる。子供の頃から大工仕事を仕込まれた少年・文象も当然大工になると思われた。府立東京高等工業学校（現東京工業大学）附属職工徒弟学校の木工科大工分科に入学し、3 年間ノミやカンナに触れながら職人の腕を磨いており、卒業後は清水組の現場に就職した。16 歳から安い日給で現場に出た彼のスタートは、後に肩を並べて日本の近代建築を導くエリート建築家たちとは一線を画す下積みの経験であった。3 年後、家柄にとらわれることなく芸術家を志していた山口は、親に勘当されるも清水組を退職する。

6.1.2　製図工から建築家へ：創宇社建築会の旗揚げ

　彼は幸い中條精一郎[*2]の紹介により製図工として逓信省に入った。営繕課で山田守[*3]、岩元禄[*4]、吉田鉄郎[*5]ら東大エリート建築家たちに出会い、西陣電話局(1922)や青山電話局(1922)[*6]などの名作に携わる。彼ら技師と山口ら製図工とは食堂や便所が区別されるほどの身分差があったが、彼の貪欲なまでの向上心と雇員として見過ごせない才に周囲からは一目置かれ、山口は製図工で唯一人デザインに携われたという。山田は日本の近代建築運動の先駆となった分離派建築会[*7]を結成(1920)後、間もなく山口を引き込んだ。弱冠 20 歳の山口は会員として迎えられ、建築界の革新的な作品や思想発信の場へと一気に駆け上がる(図 6.1)。分離派の活動は、欧米の近代建築をどう受容するか、日本人建築家としての造形理念を考え直す契機となり、山口はこれを踏み台に日本の近代建築運動に第二の波を起こす。分離派を半ば外部から見つめていた山口は、1923(大正 12)年の秋、創宇社建築会[*8](図 6.2)を旗揚げし、プロレタリアートの

図 6.3　清洲橋(1928、隅田川)³⁾　　　　図 6.4　番町集合住宅(1936、東京)⁴⁾

側から建築運動を始める。分離派に影響を受けつつもそのロマンチシズムと一線を画し、民衆のための美しい建築を求めて、アカデミーとは関係ない下級技術者同士が集まり、1930(昭和5)年まで精力的に制作展覧会を開催している。

　関東大震災後、山田と共に内務省復興局*⁹ に移った山口は、清洲橋(図6.3)をはじめ多くの橋梁意匠を担当した。1926(大正15)年には分離派の石本喜久治*¹⁰ に竹中工務店へ誘われ、東京朝日新聞社屋の設計に参画した。翌年、石本は老舗百貨店・白木屋*¹¹ の設計の受注をとって独立し、チーフデザイナーに山口を呼んだ。一方で山口は、創宇社展、雑誌、分離派展、単位三科*¹² の展覧会等で、想像を絶するエネルギーで多くの案を発表し、造形運動を推し進めていった。

6.1.3　グロピウスの下へ：インターナショナル・スタイルの受容

　石本との確執から片岡石本建築事務所を辞めた山口は、1930(昭和5)年、ドイツに向かった。経済的に恵まれた建築家に限られた留学の機会が学閥も門閥もない彼に巡ってきたのである。山口は日本電力の嘱託技師として、黒部川第二発電所・ダム設計の調査研究のため、カールスルーエ大学に水力学の権威者を訪ねている。だが渡欧の最大の成果は、ヴァルター・グロピウス*¹³ のアトリエに入ったことである。グロピウスの直弟子として帰国した山口は独立建築家として作品を発表し、近代建築の模索期にあった日本の建築界にヨーロッパ近代合理主義の息吹を体現していった。日本歯科医専附属病院(1934)で彼はバウハウス派として認知され、黒部川第二発電所(1936)、番町集合住宅(1936、図6.4)など、グロピウスに学んだインターナショナル・スタイルでもって、留学の成果を発揮していった。山口のモダンデザインは山田邸(1935)や小林邸(1936)など、住宅作品にも見られる。特にフレキシビリティを追求したプランニングは、ドイツで学んだジードルンク*¹⁴ 計画の彼独自の翻案といえる。

6.1.4　和風への回帰、そして戦時中の沈黙から共同設計組織の結成へ

　インターナショナル・スタイルの受容が山口の作品をすべて西欧化したわけ

(右)図6.5 林芙美子邸(現林芙美子記念館、1940、東京)5)
(左)図6.6 大日本精糖堺工場(1954)6)

ではない。あまり公言はしなかったが、彼は関口邸茶室(1934)、自邸(1940)、林芙美子邸(1940、図6.5)をはじめ和風作品も多く残している。戦時の建築統制の影響か、あるいは西欧一辺倒の潮流への客観的眼差しなのか、これらの作品は大工育ちの山口の和魂を物語る。

反戦左翼を標榜する彼は軍需工場の設計を断り、戦後も進駐軍や防衛庁の仕事を拒んだ。工員の宿舎など若干の取り組みはあるが、思想を貫こうとする山口の設計活動は沈黙の傾向を強くしていった。事務所は解散に至るが、もちろん彼自身の活動は止まない。この頃、画家・猪熊弦一郎と共に新制作派協会[*15]に建築部を設立(1949)し、美術家集団と建築家集団の協同を推進している。

個人事務所の限界を悟った山口は、1952年、三輪正弘、植田一豊らと共同設計組織RIAグループ[*16]を設立し、新しい設計体制をスタートさせた。社会に対する建築家の姿勢として共同体を選んだRIAは住宅政策として「ローコストハウス」[*17](1952)に取り組んだ。そこで追求された合理的民主的なプランニングの方策は、大久保邸(1953)など完成度の高い作品に結実し、さらにはラムダーハウス(1960)や川合邸(1961)などRIAの代表的な住宅作品に引き継がれる。大衆住宅の設計手法が社会に与えた影響は大きい。住宅のほか、RIAは、関東学院グレセット記念講堂(1952)、大日本精糖堺工場(1954、図6.6)、神奈川大学(1954-67)、新制作座文化センター(1964)等の秀作を残している。

60年代以降のRIAは都市計画も含めて活動の幅を広げるが、山口の個としての作家性は次第に霞を帯びていく。当初よりRIAの共同設計体制の原則とした集団指導型・無記名性は、徐々に集合体が生む調和平均に満ちた作品性に転化していった。むろん、これが建築家・山口の後退を示すわけではない。1978年5月19日心筋梗塞で突然倒れるまで、時代と社会を的確に捉える思想家であらねばならないとする建築家としての姿勢を自ら世に問い続けたのであった。

(左)図6.7　単位三科主催の三科新興形成芸術展覧会出品作品「1950年計画中央航空機停車場」(1927)[7]
(右)図6.8　グロピウスのアトリエにて。真ん中の眼鏡が山口[8]

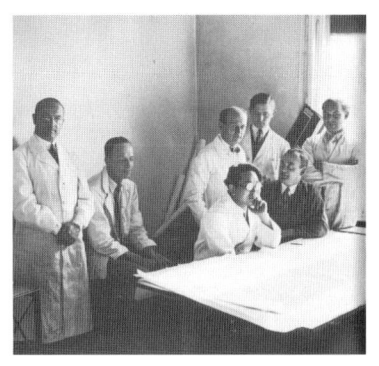

6.2　建築家のあり方と表現の手法

6.2.1　建築理念の表現形態

　山口の目指した近代合理主義は形式的なそれではなく、社会の科学的精神的要求に応じた総合的表現であるという考えに達し、常に社会との連関を意識した建築の実践を強く唱えた。建築家には美的側面や機能的側面だけでなく人間や社会との関わりを考えた上での建築表現が必要であり、そこに建築の社会性を見出している。山口が関わった多くの建築運動や展覧会活動も、彼の建築表現の一環であった(図6.7)。創宇社の活動もプロレタリアートの側に立った山口の毅然とした表明であり、展覧会であれ講演会であれ、建築をもって階級闘争に立ち向かう姿勢は、彼らの理念を強力な実践に高めるプロセスであった[*18]。

　建築は社会を構成する民衆に奉仕するものであることをグロピウスのアトリエでも吸収し(図6.8)、集団設計体制にも建築家の社会的役割を感じえた山口は、より社会的な課題への取り組みを前提に、組織的な設計体制を選ぶ。戦後の共同設計組織RIAの結成もまさしく山口の新たな建築運動であり、彼の戦後最大の作品でもある。「優秀なタレントといっしょに仕事ができれば、自分も育つし、その人も育つ」という晩年の山口の言葉は、明らかに自身を育ててくれた逓信省時代、建築家たちの下で製図工として参画した建築実践の共同作業を振り返ってのことであろう。建築家のあり方も発展的な共同社会の構築が基本にあるという見方が集団指導型の設計組織の結成につながった。個の作家性と集団指導型の相容れない体制を、彼自身忍耐でもあったと後に振り返るが、共同体制は建築家の職能に対する山口自身の信条表明であった。この姿勢はRIAの実践を住宅政策に向かわせ、そこから設計手法の探求へと連鎖していった。

6.2.2　プランニングの思想：合理主義のプリンシプル

　山口の建築はプランが特徴ともいえる。外観と完成度に高い評価がある作品

(左)図 6.9　ラムダーハウス(1960、奈良)[9]
(右)図 6.10　同、平面図 [10]

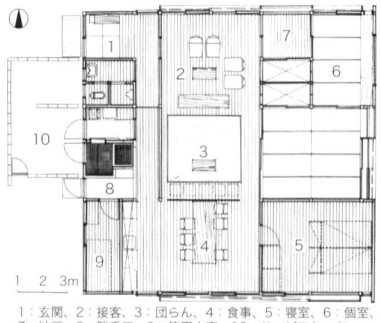

1：玄関、2：接客、3：団らん、4：食事、5：寝室、6：個室、7：納戸、8：勝手口、9：使用人室、10：サービスヤード

　でも、和風の作品も含め、プランニングが非常によく整理されている。彼はプランニングというものが建築にとってまず最も重要であるとし、それが彫刻との違いでもあると認識する。プランニングは建築内部に展開される生活行為を綿密に分析した結果であるべきだと山口は言う。それは彫刻のように外部からイメージされるものではなく、内部からイメージされるべきものであり、ドイツに学んだ合理主義建築の根本として解釈していた。外部のイメージを強化する手段としてのプランニングを山口は建築家の遊戯として否定する。
　プランニングの重要性は、人間関係を社会的にどう捉えるかに関係する。プランとは人間を基本に置くことで、家族や社会における人と人との関係世界に密着した空間を提示すべきだという。山口から見れば、柱や壁といった構造条件も人間の社会的な関係構築に関わる制約であり支援でもあった。その意味で、構造もプランニングと切り離せないものであり、外観もまたプランニングと同時にバランスをとりながら生み出されるものだという。山口はシンプルな平面構成を意外なほど豊かな断面構成へ転化させる手練を持つ建築家であるが、これも両者がプランニングという行為を通して初めから連動していることを意味する。プランニングは構造や外観を束ねているものであり、それこそが建築家の造形意図を表徴するという考えは、既にグロピウスの下で体得したものと思われる。山田智三郎邸(1935)や小林邸(1936)、日本歯科医学専門学校附属病院(1934)のインターナショナル・スタイルの作品にもそうしたプランニングに対する思想がうかがえる。さらに RIA でのローコストハウスのデザインメソッドにおいて、プランニングの持つフィジカルな要素に加え、心理的な要素をも複合した「Capacity of feeling」(1952) [19] なる空間の評価軸を提示するに至る。プランニングに対する彼の信条は、ローコストハウスにおけるフレキシブルな平面構成を生んだだけでなく、RIA の作品ラムダーハウス(1960、図 6.9、10)等、明快な平面構成と豊かな断面構成を併せ持つ結晶体のような作品にも通じる。

図6.11　現在の豊海橋（日本橋川）[11]　　　　図6.12　外濠に架かっていた数寄屋橋と街灯（1929）[12]

6.3 山口文象の実践

6.3.1 景観への眼差し：土木デザイナーとしての出発

　山口文象は建築家としては意外なスタートを切っている。土木のデザインである。そしてこの経歴こそが彼の人生を決定的な方向に導いたのであった。

　関東大震災の翌年、帝都復興局に移った山口は東京、横浜で破壊された多くの橋梁の架け替えプロジェクトを担当した。帝都復興には橋の構造から照明にいたるまで風格のあるトータルデザインが重視され、建築家の協力が求められた。山口にも数寄屋橋、清洲橋、浜離宮南門橋をはじめ多くの橋が任された。

　現存する清洲橋（1928、図6.3）は、カテナリー曲線部をワイヤーではなく鉄骨で組んだ吊り構造であるが、当時の他の橋梁に比しても、その彫刻的な造形ならびに明快でバランスのとれた構成、山口作品の特徴ともいえるこの両方をシビックデザイン[*20]に取り込んでいる。橋を渡ると両側の橋塔を結ぶ大きなアーチとその上に連続した小アーチが載る風景が印象的である。橋桁を薄く見せるディテールや微妙な凹凸の処理に注意が払われていることがうかがえる。当時ケルンのサスペンションブリッジを参照したといわれる清洲橋は山口が特に力を入れた橋という。橋という特異な空間スケールとモダンな都市感覚を往時の人々に与えたに違いなく、その趣は今なお生きている。浜離宮南門橋はロマネスク風であり、様式主義的ななかにもモダンなデザイン処理に徹している。

　日本橋川と隅田川の合流地点に架けられた豊海橋（1927、図6.11）では、梯子を倒したようなフィーレンデール形式の構造を採用し、東京のグランドデザインに新風を送り込んだ。部分と全体のバランスのとれたスケール感とやわらかみのあるフォルムは民衆のための建築家を志した山口の造形感覚を示す。かつての数寄屋橋（1929、図6.12）もそうだが、行き交う人々を照らす街灯にも驚くほどモダンなデザインを施した。都市風景に対する眼差しを山口は多くの鳥瞰

図 6.13　山口が描いた黒部川小屋平ダムのパース [13]

図 6.14　黒部川第二発電所とアプローチの鉄橋（フィーレンデール形式、1936) [14]

図にも残している。

6.3.2　黒部川第二発電所・小屋平ダム

　いわば景観デザインをこなす数少ない建築家となっていた山口に黒部川第二発電所、小屋平ダム、沈砂池水門等 (1936、図 6.13、14) の設計依頼がきた。国立公園の黒部峡谷に実現したこれらのシビックデザインは彼の代表作品である。

　ダムには自然の理と必要機能に応じてダイナミックな形態が与えられ、コンクリートによる力強い造形を生み出している。彼のドイツ留学の目的はダム設計の技術研究にあったが、放流による水叩き部の洗掘をいかに調整するかという問題がその造形美に隠されている。発電所は、バウハウス派といわれる山口のインターナショナル・スタイルの作品として現存する稀少なものである。高所からの送水管がつながる発電タービン 3 機、変電設備、諸機能室を収めたもので、そのゾーニング計画は非対称に分節されたボリューム構成にうかがえる。明快なグリッド構成とカーテンウォールによる外観は、繊細な割付処理が生み出す抽象的なファサードデザインの手本を示す。官庁からは茅葺き屋根がふさわしいとすら忠告されたこの地に白いインターナショナル・スタイルを選んだ理由は、自然との調和というよりも、ボリューム（諸機能）とプロポーション（造形美）の均衡によって自然と対話しうるポテンシャルの高い建築を求めたのであろう。それは、この施設へのアプローチに架けられたシンプルで重厚な鉄橋の造形にも見て取れる。復興局時代に考えた豊海橋の架かる日本橋川の風景を髣髴とさせる。生活に結びついた都市空間とは異質な場においてもその有効性を認めうるモダンデザインへの賛美が、ここに隠されているようである。

6.3.3　日本歯科医学専門学校附属病院

　ダム施設の調査として出発した留学を、山口はグロピウスの下での近代建築の修行にもあてた。帰国後間もなく、体得したインターナショナル・スタイルを形にしたのが日本歯科医学専門学校附属病院（現日本歯科大学、1934、図 6.15）

図6.15 日本歯科医学専門学校附属病院(1934、東京)[15]　図6.16 同、階段講義室の曲面デザインの机椅子[16]

であり、山口の出世作となる。無装飾の幾何学ボリューム、横長の開口部、水平線の強調、ピロティといったル・コルビュジエやグロピウス、G.テラーニらの作品に見た近代建築のボキャブラリーが惜しみなく取り込まれ、日本の建築界にモダニズムの風を送り国際的な評価も得た。この作品には、外来患者のアプローチと学生の動線とを分離する斜路や彫刻的なキャノピーを設けたエントランス部分等にもその造形的特長を見出せるが、平面のシンプルさこそが許容する自由な断面展開に山口の創意がうかがえる。この時考案された上部から見学できる手術室の断面構成やその動線処理、階段講義室に施された曲線デザインの机椅子の集合美など(図6.16)、偏りのない山口の造形感覚を示すとともに、整った平面を豊かな断面に昇華させる建築家の手腕を見せている。

6.3.4 インターナショナル・スタイルの住宅作品

　土木デザインから出発し、日本歯科医専のインターナショナル・スタイルでデビューした山口は、一方で数多くの住宅作品を手がけている。

　美術評論家の山田智三郎邸(1935、図6.17)は、帰国後事務所を開設してすぐのインターナショナル・スタイルの住宅作品である。木造モルタル造でありながら鉄筋コンクリート造のようにも見えるのは、白い外壁や巧緻なディテール処理によるものであるが、内部と外部の線と面の繊細な用い方にもよる。1階テラスに連続する細い鉄骨柱は一部2階の軒まで伸び、緊張感のある垂直性を与えつつ、水平性の強調されたバルコニー壁や軒と一体化して、ファサードに一つの層を形成している。さらに陰影が映る奥の白壁と格子のガラス面が内部空間を包み込むもう一つの層として潜む。内部と外部のファジーな分節を生活空間に取り込んだ建築といえる。軽快で均整のとれた外観を獲得しており、プランニングも非常に明快である。玄関、ホール、居間、書斎の軸線配置に直交して、食堂やサニタリー部分等がサイコロの展開図のように配列されている。居間および食堂はそれぞれ可動式の間仕切壁でホールと分節し、それを壁内に

図6.17　山田智三郎邸(1935、神奈川)[17]

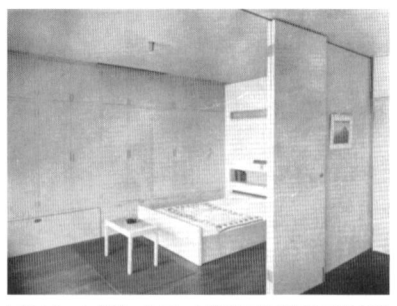

図6.18　小林邸、サロンと寝室の間仕切り扉(1936、東京)[18]

　格納すると奥行きのあるサロンができあがる。山口の建築は明快で合理的に整理された平面構成が一つの特徴であるが、その源流が山田邸には見られる。
　小林邸(1936)は山田邸の延長にあるもので、シンプルな外形でありながら一層フレキシブルな平面構成へと向かう。簡素な美しさを放つ杉下見板張りの外観もそうだが、矩形の平面構成も実に簡潔であり、三つの領域が縞状にゾーニングされている。書斎・サロン・寝室を直列に並べたゾーン、和室、台所、サニタリー部門その他の諸室からなるゾーン、そして両ゾーンの間に収納や各室をつなぐ廊下の役割をなすゾーンが緩衝帯としてあり、これを芯として諸室を一巡できる。実に機能的な動線計画が単純な矩形プランに凝縮されたゾーニングの明快さは、後のRIAでのローコストハウスのプランニングシステムを予感させる。限られた空間のフレキシビリティはさらに追求される。寝室ではダブルベッドがスライド可動式で、隣の和室の床下に滑り込ませ、化粧台も出窓下に格納すると、空間の凹凸がなくなる。寝室とサロンとを分節する折畳み間仕切り扉も開放すると、ここでも広がりのあるサロンが用意される(図6.18)。
　同年完成した番町集合住宅(1936、図6.4)も、簡潔であるが工夫を凝らした平面構成を連続させた高級賃貸テラスハウスであり、近代建築史の名作となった。彼のモダニズムの造形は住宅作品でも説得力のある世界水準の表現に到達した。平面計画の手法や空間の物理的かつ心理的キャパシティの追求は、RIAのローコストハウス(1952)に結実し、彼のプランニング思想を形成していった。

6.3.5　新制作座文化センター

　山口は若い頃から村山正義らマヴォ[*21]との交流をはじめ演劇との関わりは深かった。創宇社時代から劇場計画案「音楽と屋外劇場のために」(第1回展覧会、1923)や戯曲「ドイチェ・ヒンケルマン」(第3回展、1925)の舞台装置模型を発表し、前衛美術家と結成した単位三科では前衛抽象劇「ファリフォトーン」(劇場の三科展、1927)を仲田定之助と共同演出している。山口は劇

(左)図 6.19　新制作座文化センター（1963、東京）、フライタワーの後ろ側に屋外舞台と広場がある [19]
(右)図 6.20　同、傾斜地に建つ宿舎群 [20]

場建築について多くを語ってきた建築家の一人であった。

　新制作座文化センター（RIA 設計、1963）は「民衆の中で　民衆と共に　演劇を創る」ことを信条とする劇団新制作座[*22]の拠点である。自然に恵まれた広大な敷地に分散配置された劇場機能、本部棟、宿舎等は、素朴で美しいコンクリートの群造形を成している。従来の舞台、客席、ホワイエに正しく面積配分された劇場一般の平面計画ではなく、あえてホワイエ部分の面積を抑える代わりに、その空間を外部に開放している。劇場棟の外にも広い屋外舞台と石の広場を設け、民衆同士の共同から演劇が誕生するというこの劇団が育んできた演劇意識を空間構成に転換し、建築と周囲の自然を風景の要素として等価に扱っている。全体的には低層に抑えられた計画の中で最も際立っているのが屋外舞台にある台形の巨大なコンクリートの量塊である。これは劇場棟のフライタワーにあたる部分であり、本来内部空間に求められる機能とボリュームが外部に対して見事に空間化されている。野外の演劇衆や観客を「図」とするならば、これは屋外劇場全体のホリゾント（舞台の壁）として「地」の役割を果たしており、本施設の象徴的、記念碑的な存在である。対する劇場の客席部分は折版構造の屋根に覆われ、コンクリートながら素材と構造の力強さを凝縮した軽快な表現に仕立てている（図 6.19）。これとは異質なリズムを見せるのが芸術家たちの宿舎群（図 6.20）である。自然傾斜地を有効利用した雁行配置、規則的なテラスやバルコニーの凹凸や RIA の作品に多い窓を覆うような角錐型の庇がリズミカルな陰影を生んでいる。内部と外部の立体的なつながりを見せるこの建築は演劇集団のあり方にも関わる個と共同の問題に慎重に配慮したものであろう。

　敷地全体が場面の変わる劇場空間のように計画され、個々の建築群は、自然と建築のそれぞれの存在と見え方の変化を効果的に強調するボリュームで構成されている。自然との融合というより、自然との対比を探る造形表現は、黒部発電所で見られた自然を背景とした景観構築に対する山口の思索を想起させる。

＊1　山口文象：山口は、諸事により、山口瀧蔵、岡村瀧蔵、岡村蚊象、山口蚊象等と名乗る時期があったが、ここでは山口文象に統一する。

＊2　中條精一郎：1868-1936。当時、曾禰達蔵と共に曾禰中條建築事務所を主宰し、第一線で活躍した建築家。1914(大正3)年、辰野金吾らと共に「全国建築士会」(現日本建築家協会の前身)を結成した。

＊3　山田守：1894-1966。堀口捨己らと共に分離派建築会の中心人物。同メンバーの吉田鉄郎らと逓信省営繕課の全盛期を築いた建築家。分離派建築の代表とされる東京中央電信局(1925)のほか、東京逓信病院(1937)、日本武道館(1964)等で知られる。

＊4　岩元禄：1893-1922。大正期の逓信省建築の中心的存在であったが、29歳で夭折。山口が逓信時代に兄事した建築家。

＊5　吉田鉄郎：1894-1956。山田守とともに大正期の逓信省建築を代表する建築家。代表作品に京都中央電話局新上分局(1924)、東京中央郵便局(1931)、大阪中央郵便局(1935)や、日本建築や庭園を欧米に紹介した著作『日本の建築』『日本の住宅』等で知られる。

＊6　京都中央電話局西陣分局、東京中央電話局青山分局：ともに岩元禄の代表作品。

＊7　分離派建築会：1920(大正9)年の東京帝国大学建築学科の卒業を直前にして同科学学生6名(石本喜久治、山田守、堀口捨己、森田慶一、瀧澤真弓、矢田茂)が、古典的な様式からの脱皮を目指し、衝撃的な宣言をもって結成した近代建築運動の先駆け(1920-28頃)。第3章参照。

＊8　創宇社建築会：分離派建築会に次ぐ日本の近代建築運動の先駆け。分離派メンバーの下で働く山口ら製図工の階層が中心となり、展覧会や思潮講演会を活動の主とした(1923-30)。

＊9　内務省復興局：関東大震災後に帝都復興院が組織され、後に内務省復興局となる。帝都復興事業(-1930)を担った。1924(大正13)年に山田守が逓信省から移った復興局土木部橋梁課は、震災の被害を受けた東京、横浜の150余の橋梁復興を目指した。帝都にふさわしい建築家による橋のデザインが求められ、山田の引きだしで山口は嘱託技師となった。

＊10　石本喜久治：1894-1963。堀口捨己、山田守らと共に分離派建築会を設立する。竹中工務店の技師を経て独立。東京朝日新聞社(1925)でデビューし、スター建築家となる。

＊11　白木屋：1928(昭和3)年に第1期が完成するが、32(昭和7)年の火事で改装、57(昭和32)年に坂倉準三による大改装が行われる。後に東急百貨店となり1999(平成11)年に閉店。

＊12　単位三科：美術家の中原実、美術評論家の仲田定之助、日本画の玉村善之助らと共に結成。芸術至上主義を強く掲げた大正末期の前衛美術運動の一つ。前衛美術グループ「マヴォ」の村山知義＊21をはじめ新興美術諸グループが団結した三科造型芸術協会が分裂解散した後、個人を単位とした活動表現を念頭におき、その再興を目指した新興美術運動。

＊13　ヴァルター・グロピウス　Walter Gropius：1883-1969。ドイツの建築家で近代建築の巨匠の一人。ミュンヘン、ベルリンの工科大で建築を学んだ後、P.ベーレンスの助手を務める。A.マイヤーと共同で建築事務所を開設し独立。1919年ヴァイマールのバウハウスの指導者となり、デッサウのバウハウス校舎(1926)でインターナショナル・スタイルの典型を実現。34年にはイギリスへ、37年にはハーバード大学教授としてアメリカへ渡る。他の作品にファグス靴工場(1911)、ハーバード大学大学院センター(1950)など。

＊14　ジードルンク：ドイツ語で集合住宅の意。1920年代のドイツでは、都市計画の問題でもあるジードルンクの計画が数多く行われ、これにはモダニズムを代表する多くの建築家が関係している。なかでも1927年、ドイツ工作連盟主催の実験住宅展として計画されたヴァイセンホフ・ジードルンクでは、ミース・ファン・デル・ローエが全体計画を担当し、P.ベーレンスやル・コルビュジエ、グロピウス、J.J.P.アウトらが参画し、新しい住み方を提示した。こうしたジードルンク建設の経緯は、近代建築成立の象徴でもあり、ちょうどこの時期に山口はドイツに留学している。

＊15　新制作派協会：1936(昭和11)年、社会状況が戦時体制に傾斜しつつあるなか、芸術の自由と純粋さを求めた猪熊弦一郎や小磯良平らの画家たちが結成。後に、彫刻部や建築部が設けられていった。現新制作協会。第10章参照。

＊16　RIAグループ：Research Institute of Architectureの略。通称リア。1953(昭和28)年のRIA建築綜合研究所(Research Institute of Architecture)設立につながる。現株式会社アール・アイ・エー。

＊17　ローコストハウス：1952(昭和27)年に、東京都美術館で開催された第16回新制作派協会展に12坪平屋の木造原寸大のモデルハウスを出展した後、応用実作品も発表している。

＊18　建築家のあるべき姿勢について：山口は「新建築に於ける唯物史観」「合理主義反省の要望」「新興建築家の実践」等の建築論を残している。

＊19　Capacity of feeling：平面の広さや断面の高さなどフィジカルな要素と同等に、色彩や質感、空間の凹凸といった様々な空間要素の組合せが心理的な影響を及ぼす条件をも拾い上げ、空間が人間に快感を与える条件を複合的に捉えようとする考え方(RIA建築綜合研究所「我々の問題としてのローコスト住宅」『新建築』1952年10月号)。

＊20　シビックデザイン：公共施設の建築物のデザインと区別して、土木構造物のデザインをいう。耐久性だけでなく構造から景観までを考慮した計画設計の総称。

＊21　村山知義とマヴォ：ベルリンで前衛芸術を吸収し帰国した若き美術家・村山知義らが中心となり1923(大正12)年に結成した大正期を代表する前衛美術グループ・マヴォは、グラフィックアートからバラック建築、舞台装置、ハプニング・パフォーマンスなど、ジャンルを超えた前衛表現を展開した。同名の機関誌を発行し、関東大震災の頃にもかかわらず、そのラディカルな表現傾向は社会に大きなインパクトを与えた。村山は後にプロレタリア芸術運動へと傾倒し、グループは分裂する。

＊22　劇団新制作座：演劇「泥かぶら」等で知られる劇作家の真山美保が1950(昭和25)年に創立した劇団。

7
前川國男
日本の近代建築に生命を与える

松隈洋

「近代建築がその草創の時期にえせ古典建築を否定して、裸になれといったことは正しかったと思います。しかし裸になっただけで建築が誕生すると思うことも早合点にすぎました。」(「福島教育会館の思い出」『建築学大系 39』彰国社、1970 より)

図7.1 パリ・セーヴル街35番地のル・コルビュジエのアトリエで。中央が前川[1]

7.1 モダニズムの理念を信じて

7.1.1 大学卒業まで

　前川國男は、1905（明治38）年、新潟市に生まれている。父・貫一は、内務省の土木の役人だった。父の転勤に伴って、4歳の頃に東京の本郷へ転居し、以後、1986（昭和61）年に81歳で没するまで、長く東京で過ごしている。前川の生涯は、第二次世界大戦が終結した1945（昭和20）年を挟んでちょうど二分されている。生まれた1905年は、奇しくも日本が日露戦争に勝利して欧米列国に脅威を与え、大国意識に目覚めた節目の年であり、前川は、以後40年にわたって、満州事変、日中戦争、太平洋戦争へと突き進む時代の中を生きていく。また、その後半生は、日本が戦争による焦土の中から復興し、高度経済成長、オイルショックを経て、バブル経済の始まる直前の時代までと重なる。その間、前川は、1923（大正12）年の関東大震災と戦争による二度にわたる東京の廃墟を経験し、復興の中で建築の意味を問い続けた。文字通り、明治、大正、昭和をまたぐ、近代日本の激動とともにあった建築家の一人だといえよう。

　1925（大正14）年に東京帝国大学へ入学、同級生には、後に東京工業大学教授となる建築家の谷口吉郎[*1]、戦後に前川と協働する構造設計家となる横山不学[*2]らがいた。当時の建築学科では、内田祥三[*3]、伊東忠太[*4]、佐野利器[*5]らが教鞭をとっており、折衷様式のデザインと建築構造が重視されていた。そうしたなか、最新の建築思潮だったゼツェッション[*6]を紹介するなど、進取の精神溢れる若い助教授・岸田日出刀[*7]がヨーロッパ視察旅行から持ち帰った出版されたばかりのル・コルビュジエ[*8]の数冊の本[*9]との出会いが前川の生涯を決定する。

7.1.2 ル・コルビュジエのアトリエへ

　1928（昭和3）年3月、前川は卒業式の夜にパリへ向けて旅立つ。以後、1930年までの丸2年間をル・コルビュジエのアトリエに学んでいる（図7.1）。当時の

図 7.2 「ドム―イノ」の構造体システム(1914)[2]

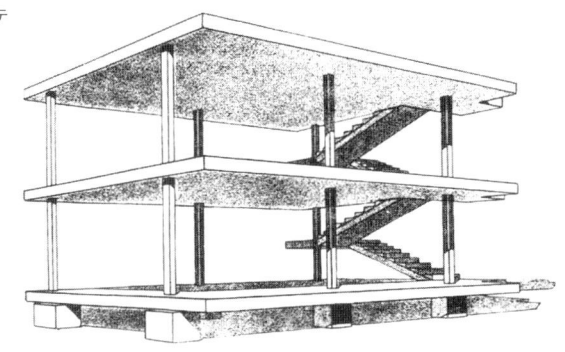

コルビュジエは、前年に行われた「国際連盟本部コンペ」に上位入選を果たしたものの、折衷様式を信奉するアカデミズム派の審査員の妨害によって阻止され、その顛末を書き留めた著作『住宅と宮殿』を出版したばかりだった。「サヴォア邸」[*10](1931)も設計中であり、むしろその建築思想が世界的に知られつつあった時代にあたる。

前川がコルビュジエの下で長く担当したのは、切迫する住宅問題を解決するための「最小限住宅」をテーマにドイツのフランクフルトで開催されたCIAM[*11]第2回大会に提出された計画案である。それは、わずか7m×7m角の平面形を持つ2戸の住戸が石造の壁を挟んでペアになり、ピロティで持ち上げられた鉄骨造の住宅である。その室内は、可動間仕切りや引き戸、壁に収納できるベッドなどによって、昼夜を巧みに使い分けるアイデアに満ちたものだった。その発想の大本は、1914年に、第一次世界大戦後の住宅難に対応するべくコルビュジエが考案した建築概念「ドム―イノ」(図7.2)にあった。

それは、当時最先端の技術だった鉄筋コンクリート構造を用いることによって、建物は柱だけで支えられるようになり、石や煉瓦を積み上げていた組積造では実現できなかった、自由に窓のとれる立面と、自由に間仕切りが設定できる平面が可能となる画期的なアイデアだった。これが、コルビュジエの言う、「フリー・ファサード」「フリー・プラン」である。さらに、この「ドム―イノ」は、積み木のように自由に組み合わせることによって、小さな住宅から大きな建物までつくることのできるシステムとしても考えられていた。そこには、工業化を推進力に生活空間を機能的で快適なものへと転換できる、という強い思いが込められていた。前川は、こうした思想にじかに触れたのである。

7.1.3 日本へ戻って

1930(昭和5)年、帰国した若き前川が設定した目標は、コルビュジエに学んだモダニズムの方法を日本の現実の中で試み、その定着を図ることだった。し

(左)図7.3　東京帝室博物館コンペ応募案(1931)[3]
(右)図7.4　明治製菓銀座売店コンペ応募案(1931)[4]

かし、そこには、越えていかなければならない二つの大きなハードルがあった。
　一つは、日本の建築設計をめぐる状況である。当時の建築界では、日本の木造文化の伝統と西欧から移入されたモダニズムの考え方をどのように調和させればよいのか、その方法について明確なものは共有されていなかった。そして、コンクリートの屋根に瓦を載せた「帝冠様式」と呼ばれる不思議な折衷様式の建築が主流を占めていた。また、主要な建物のコンペにおいても、あらかじめ参考となる平面図が決められており、外観のデザインのみが競われる不自由な状態だった。こうしたなか、前川は、帰国直後の1931(昭和6)年に行われた「東京帝室博物館コンペ」[*12]において、与えられた平面図と「日本趣味を基調とする」という応募要項をまったく無視してプランを一から練り直し、コルビュジエばりの新しいデザインの案(図7.3)を提出する。そこには、コルビュジエの「国際連盟コンペ」の闘いに連なろうとする気持ちが込められていた。この案はもちろん落選する。しかし、その挑戦は建築雑誌を通して伝わり、前川は、一躍モダニズム建築の唱道者として知られるようになる。以後、戦前だけでも、前川は、20近くのコンペに応募し[*13]、自らの考え方を広めていく(図7.4)。
　もう一つは、建設技術の近代化という課題である。コルビュジエから工業化こそ建築の近代化にとって重要だと教えられた前川が直面したのは、日本における工業化の未熟な現実であり、様式建築の模倣と習熟という明治以来の趨勢によって育まれてこなかった、建築を総体として捉えようとする思考の不在だった。そこには、さらに、日本の近代が抱えていた地震との対決というテーマが横たわっていた。耐震性を確保するために、日本の建築構造の基本方針は耐震壁を建物の中に多く配置することだった。このために、欧米に比べて建物は過剰に重たく平面は不自由であり、建設コストも大きかった。コルビュジエの求めた「フリー・プラン」「フリー・ファサード」の実現にはほど遠かったのである。前川は、こうした課題にも取り組んでいく。

図7.5 夏の家(A.レーモンド、1933、軽井沢)[5]—開口部に見られる開放性と外部との連続性は日本建築の伝統的な開口部の特徴を捉えたもの

7.2　日本の近代建築を実現させること

　前川がその建築思想を形成した戦前の時代は、同時に、戦争の遂行とともに、日本が西欧とは異なる独自の文化的アイデンティティを強烈に構築しようとした時代でもあった。建築も例外ではない。明治以来の西欧様式建築の習得と模倣こそが近代化だと信じられた時代は過ぎ、むしろ、西欧とは違う日本の近代建築とは何かが厳しく問われるようになっていく。そこには、東南アジアや満州への侵略と表裏一体となった、国家主義的な文化戦略が影を落としていた。おそらく、文学界における「近代の超克」[*14]の動きの影響もあったに違いない。

　こうしたなか、前川自身も、日本の近代建築とは何かという問いに挑んでいく。そこには、1930(昭和5)年から35年の独立まで事務所に在籍したA.レーモンド[*15]から学んだ視点も含まれていた。レーモンドは、1919(大正8)年、帝国ホテルの建設助手として、F.L.ライト[*16]と共に来日し、ライトから独立後も、日本で長く設計活動を続けた。彼は、日本の民家や伊勢神宮などから近代建築のエッセンス[*17]を抽出し(図7.5)、独自の近代建築を築き上げ、前川國男や吉村順三[*18]、ジョージ・ナカシマ[*19]らを育て、日本の近代建築に大きな影響を与えた。前川は、レーモンドから日本の伝統の中から近代建築の原理を導き出す視点や、職人の技術に学んで建築を組み立てるディテールの方法などを学ぶ。このレーモンドからの影響が、前川に、近代建築に対する独自の理解をもたらす。

　前川國男の建築家としての生涯は、コルビュジエに学んだモダニズムの理念とレーモンドから得た伝統や建築の設計方法を元に、日本の近代建築を模索する、というテーマを追い続けたものとして理解することができる。いわば、日本の伝統と近代というテーマを引き受け、その中で考え抜こうとしたのである。

　こうして、前川は、モダニズムの理念を日本の現実の中で試みていく。その中心軸となったのは、先述した「ドム—イノ」と「フリー・プラン」「フリー・

(左、中)図 7.6　森永キャンデーストア銀座売店の改造前のファサード(左)と改造後(中)[6]
(右)図 7.7　京都会館の打込みタイル[7]

ファサード」という考え方だった。すなわち、重たい構造壁を撤廃して建物の軽量化と経済化を図り、最小限の構造体から建築を組み立てること、そこに生まれた空間を仕切る間仕切りや外壁を埋める信頼できる工業化された素材や構法を開発すること、そして、自由なプランに建築的な秩序を与える平面計画の方法論を確立すること、をテーマとして設定したのである(図7.6)。

　しかし、こうした作業を具体的に進めるなかで、前川は、1950年代の後半以降、モダニズムの理念そのものへの疑念を抱き始める。すなわち、軽量化を図り、建物を工業化された素材でつくることが、結果的に、建築が本来持っていた存在意味をやせ細らせて、時間の流れに耐えられないものにしてしまうこと、そして、木造文化の伝統を持ち、雨の多い気候風土の日本においては、そのままでは定着した確かな存在にはなりえないことを理解していく。

　そして、モダニズムの理念にはなかった、大きな庇を用いて建築に象徴性を取り戻すことを試みたり、適正な単位空間を連結させて流動的で淀みのある内外の空間をつくり出したり、自ら考案した構法である「打込みタイル」[*20](図7.7)によって日本の焼物の伝統を活かした深みのある外壁の表情を生み出すなど、モダニズムの拡張と日本への着地のための様々な試行錯誤を続けた。同時に、前川は、一つの建築の中に、都市へと手を差し出すような広場的な空間を内包させることによって、人々が楽しく集い、静かに佇むことのできる場所をつくり出す平面計画の方法を求めようとしたのである。そこには、自らが信じたモダニズムの理念を手放すことなく、長い時間をかけて育むことによって、誰もが共有できる方法として確立させたい、とする前川の初心が込められていた。

　前川の遺した多くの建築が、今もなお、風格を持って環境の中に溶け込んでいるのも、こうした彼の問いかけがその根本にあるからに違いない。そして、ますます消費の速度を早め、巨大化する現代を理解する上で、前川が求めたものは、一つの大きな手がかりを与えてくれる存在であり続けることだろう。

図7.8　前川國男自邸、南側外観(1942、東京)[8]　　図7.9　同、居間[9]

7.3　確かな近代建築を求めて

7.3.1　前川國男自邸

　　戦時下に竣工した前川の自邸は、竣工当時(1942)は建築雑誌にも発表されず、長くその存在は知られていなかった。戦争遂行のための資材統制によって、延床面積が30坪、木造という制約の中でつくられた。木造でフラットルーフ(平らな屋根)を架ける当時の風潮に対して、前川は、日本の伝統的な民家にならって、素直に切妻の瓦屋根を架けている(図7.8)。しかし、内部は、30坪制限を逆手にとり、真ん中に吹抜けの居間を設けることによって、大らかな空間を生み出すことに成功する(図7.9)。ここには、ル・コルビュジエに学んだ近代建築の明るい空間性と、A. レーモンドから影響を受け、戦時下に前川が理解を深めた日本の伝統への思考が凝縮されて表現されている。その意味で、前川の建築思想を代表する建築の一つだといえよう。1973(昭和48)年、鉄筋コンクリート造へ改築されるにあたり、部材に解体されて保存されていたこの住宅は、前川没後の1998(平成10)年、江戸東京たてもの園に移築復元され、現在は一般公開されている。

7.3.2　プレモス

　　戦争が終わり、焦土と化した日本では、420万戸といわれた膨大な数の住宅が不足していた。こうしたなかで、前川は、戦時中に軍用の木製グライダーを製造していた鳥取県の工場に残された資材と行き場を失った職工たちをどうしたらよいか、との相談を受ける。そこで、前川は、木造という制約がありながらも、緊急の課題である住宅供給をすべきと提言し、木造組み立て住宅「プレモス」の試作をスタートさせる。敗戦直後のことだった。ちなみに、その名称は、プレファブの「PRE」、前川の「M」、構造に協力した東京大学教授の小野薫[*21]の「O」、そして、このグライダーを製造していた山陰工業の「S」の組合

図 7.10　プレモス 7 型(1951、鳥取)[10]　　図 7.11　日本相互銀行本店(1952、東京)[11]

せに由来する。こうして、半年後の 1946(昭和 21)年 4 月には、試作第 1 号の「プレモス 7 型」が完成する(図 7.10)。

　それは、大人二人で簡単に持ち運ぶことのできる木製の規格パネルからなり、素人の手で 1 週間ほどで組み立て可能な先駆的な工業化住宅だった。プレモスは、その後も改良を重ね、数種類のタイプが生み出されていったが、戦争で疲弊した経済や流通の未整備に阻まれて、主に炭坑労働者用の住宅として北海道や九州などに延べ 1000 棟が建設されたものの、わずか 5 年ほどで挫折してしまう。しかし、ここで試みられた建築の工業化というテーマは、その後の前川の原点となるものだった。

7.3.3　日本相互銀行本店

　1950(昭和 25)年、戦後の復興によって、すべての建築制限が撤廃され、ようやく鉄筋コンクリートや鉄骨などを用いた本格的な近代建築をつくることが可能となる。こうしたなか、前川は、戦前より温めてきた、建築の構造体を、「ドム―イノ」のような経済的で最小限の自由な形へ還元し、そこに生まれた「フリー・ファサード」と「フリー・プラン」を埋める工業化製品の開発を試みる作業を本格的にスタートさせていく。その大きな節目となったのが、この日本相互銀行本店(1952、図 7.11)だった。構造設計家の横山不学との協働によって、初めて建物から耐震壁をすべて撤廃し、純ラーメン構造を実現させる。また、建物の前面には当時最先端の新しい材料だったアルミ製のサッシュ、外壁にはプレキャストコンクリートパネルが取り付けられた。しかし、この純粋なまでに理念的に考え尽くされて完成した建物は、前川にとって、近代建築の持つジレンマに直面させることにもなった。外壁の目地からの漏水に悩まされ、アルミの持つ脆弱な質感にも失望せざるをえなかったからだ。おそらく、前川は、この時点において、近代建築を成熟させることの困難と、日本へ定着させることの大変さを理解したに違いない。そして、その克服を生涯のテーマと定めた

図 7.12 神奈川県立図書館・音楽堂(1954)[12]　　図 7.13 京都会館、ピロティごしに見る中庭と大ホール(1960)[13]

のである。

7.3.4 神奈川県立図書館・音楽堂

　戦争で疲弊した人々の心の拠り所をつくろうと、当時の神奈川県知事・内山岩太郎(いわたろう)の発案で、同じく空襲で廃墟と化したロンドンに建設されたロイヤルフェステバルホール(1951)を範として計画された音楽堂と図書館の複合文化施設(1954、図7.12)である。前川は、先の日本相互銀行本店での反省から、アルミに代わってスチールサッシュを用い、外壁は二重構造とし、図書館の外壁には穴あきの煉瓦を積んで、より堅実な工業化を目指している。さらに、戦前の「在盤谷(バンコク)日本文化会館」(1943)[*22]でつかんだプランニングの方法（平面計画）を発展させて、音楽堂と図書館のブロックを雁行して配置することによって、建物の内外に流れるようにつながる空間を生み出すことに成功する。その後の前川建築の特徴となる「一筆書き」と呼ばれた空間の構成原理が初めて形になった戦後の代表作である。1992（平成4）年、再開発構想によって取り壊し保存問題が起きたが、多くの市民や音楽家、建築家の保存運動が展開され、取り壊しを免れた。音楽堂は、今もなお高い評価を受ける木のホールとして知られる。

7.3.5 京都会館

　平安神宮に隣接する岡崎公園に建設されたコンサートホールと劇場、会議場などからなる複合文化施設(1960、図7.13)である。隣接する公会堂（現京都市美術館別館）を取り込みながら、中庭を囲むように建物をL字型に配置し、道路側をピロティで持ち上げることによって、街と緩やかに連続する都市的な広場をつくり出している。また、長さ100mを超える大きな庇が建物全体を統合し、周辺環境になじみながらも、象徴的な力強い存在感を生み出した。さらに、外壁には、後に前川建築の代名詞となる「打込みタイル」の先駆けである特注の磁器質タイルが積まれた。このような近代建築の原理にはなかった方法が京都会館に用いられた背景には、戦災を免れ、ほぼ無傷のまま木造の伝統的な街並み

図7.14　東京文化会館（1961）[14]

図7.15　国立西洋美術館（ル・コルビュジエ、1959、東京）[15]

が残された京都への前川の思いがあったに違いない。こうして、この建物では、それまでの即物的な工業化の推進ではなく、むしろ伝統に根ざし、時間の流れとともに豊かに風格を増すことのできる、堅実な方法が試みられたのである。それはまた、前川の後期の始まりともなっていく大きな転換点でもあった。

7.3.6　東京文化会館

　東京開都500年記念事業として建設された、オペラも上演可能な劇場と小ホール、音楽資料室や会議室、リハーサル室などからなる、大規模複合文化施設(1961、図7.14)である。偶然にも、先の1959(昭和34)年に完成した、師ル・コルビュジエの「国立西洋美術館」[*23]（図7.15）と向き合うようにして計画された。このため、前川は、大庇の高さを西洋美術館の軒高と揃え、ロビーまわりのスチールサッシの方立て位置を、西洋美術館の前庭に引かれた床目地に合わせ、外壁には同じような石を埋め込んだプレキャストコンクリートパネルを採用するなど、二つの建物が呼応しながら、その間に都市的な広場が生まれるように工夫を凝らしたのである。コルビュジエ風の反りのあるコンクリート打放しのお盆のような屋根の上に音楽資料室や会議室などを載せ、地下に楽屋やリハーサル室を埋めることによって、大小ホールに挟まれたダイナミックなロビー空間をつくり上げている。現在も、海外の音楽家から絶賛されるクラシック音楽の殿堂として上野公園に独特な存在感を持って建ち、前川の代表作の一つといわれる。

7.3.7　埼玉県立博物館

　武蔵野の豊かな緑に囲まれた静かな環境に溶け込むようにして建つ、郷土資料を展示する歴史博物館と美術館の機能を併せ持つ総合博物館(1971、図7.16)である。建物は、既存の樹木を避けるように分散して配置されており、来館者は、木々の間をジグザグに蛇行しながら、長いアプローチを辿ってエントランスへと自然と導かれる。中に入ると、エントランスホールは、打放しコンク

図 7.16　埼玉県立博物館(1971)[16]

図 7.17　熊本県立美術館、食堂から見たエントランス(1977)[17]

リートの大架構によって柱だけで支えられ、大きなスチールサッシの窓から内と外が見通せる透明感のある空間が広がる。それに対して、エントランスホールを起点に卍型に伸びる展示室は、打込みタイルのL字の壁で囲まれて流れるように連続する閉じた空間になっている。こうして、ごく普通の素材であるタイルとコンクリートとスチールを用いながら、襞のように陰影と変化に富む内外の空間をつくり出し、人が静かに佇むことのできる落ち着いた場所が実現されている。さらにここには、東京文化会館や京都会館にあったような象徴的な外観も見られない。おそらく前川は、この建物を通して、長く追求してきた近代建築をめぐる彼自身の方法への確信を得たのだろう。

7.3.8　熊本県立美術館

　熊本城の天守閣を望む二の丸公園に建てられた美術館(1977、図 7.17)である。先の埼玉県立博物館で求められたのと同じように、既存の樹木や土塁などの遺構を残しながら、周辺の環境にもなじむ落ち着いた佇まいを実現することがテーマとされた。そこで、建物をいくつかのブロックに分け、あえて距離をおいて配置し、その間に生まれた空間をロビーとするアイデアが試みられている。その配置はあたかも日本庭園の庭石のようであり、間の空間は、どこか渓谷のような広がりを持っている。訪れた人々は、公園から建物の間を自然に玄関ロビーへと誘導され、気がつくと、正面には熊本城の天守閣が見えてくる。さらに、打込みタイルの壁が視界を次々と展開させていき、掘割のような吹き抜けのホールと外部のテラス、サンクンガーデンが、内と外をダイナミックにつないでいる風景が目に飛び込む。そして、吹き抜けホールの上部には、12mの柱間の丸柱に支えられた800m²を超える打放しコンクリートの格子梁の天井が架け渡され、大らかに空間を包み込んでいる。ここには、確かな素材と考え抜かれたプランニングによって、人々が心を休めることのできる静かで明晰な空間が生み出されており、前川國男の到達した近代建築の姿がある。

＊1　谷口吉郎：1904-79。東京帝国大学卒業。東京工業大学教授。日本の伝統を近代建築の造形に生かした作風で知られる。代表作に「藤村記念堂」(1948)、「東宮御所」(1960)、「帝国劇場」(1966)など。

＊2　横山不学：1902-89。東京帝国大学卒業。構造設計監理の第一人者。前川國男の建物の構造設計を数多く担当し、木村俊彦ら多くの構造技術者を育てた。

＊3　内田祥三：1885-1972。東京帝国大学卒業、同学教授。安田講堂(1925)など震災後の東京大学復興計画を担当。鉄筋コンクリートなどの建築構造学から都市計画学まで建築学諸分野の基礎を築く。

＊4　伊東忠太：1867-1954。東京帝国大学卒業、同学教授。「法隆寺建築論」(1893)など、明治期の建築思潮に大きな影響を与えた。代表作に「平安神宮」(1893)、「明治神宮」(1920)、「築地本願寺」(1934)など。

＊5　佐野利器：1880-1956。東京帝国大学卒業。鉄骨・鉄筋コンクリート構造学を研究、耐震構造学の基礎を築く。代表作に「日本橋丸善書店」(1909)など。

＊6　ゼツェッション：第9章参照。

＊7　岸田日出刀：1899-1965。東京帝国大学卒業、同学教授。内田祥三の下で震災後の東京大学復興計画を担当。『欧米建築界の趨勢』(1927)など、建築評論の分野でも活躍。前川國男、丹下健三らを育てた。

＊8　ル・コルビュジエ　Le Corbusier：1887-1965。本名 Charles-Edouard Jeanneret。スイス生まれのフランスの建築家。パリのA.ペレ、ベルリンのP.ベーレンスの事務所を経て、1922年に従弟のP.ジャンヌレと共同で事務所を開設。住宅建築から都市計画まで、機能的合理主義の理論と実践により近代建築運動を主導した。アトリエでは、前川のほかに、坂倉準三、吉阪隆正らが学ぶ。代表作に「サヴォア邸」(1931)、「ロンシャンの教会」(1954)など。

＊9　ル・コルビュジエの数冊の本：1923-26年に相次いで出版された『建築をめざして』『今日の装飾芸術』『ユルバニスム』『近代絵画』『近代建築名鑑』と思われる。前川が最も感銘を受けた『今日の装飾芸術』は、彼自身が訳出している(構成社書房、1930)。

＊10　サヴォア邸：パリ郊外ポワッシーに建つ。1928年着工、31年竣工。ル・コルビュジエの唱えた「近代建築の5原則」を明解に実現した作品。

＊11　CIAM　Congrès Internationaux d'Architecture Moderne：近代建築国際会議。建築を社会的・経済的局面において捉えることを目的に、1928年、W.グロピウス、ル・コルビュジエらにより第1回会議がスイスで開催される。第4回会議(1933)で決議された「アテネ憲章」は有名。59年解散。

＊12　東京帝室博物館コンペ：現在の国立東京博物館本館。「帝室」とは「皇室」の意。273案の中から渡辺仁の案が1等に選ばれる。1937(昭和12)年竣工。

＊13　20近くのコンペに応募：前川は、1929(昭和4)年、コルビュジエの事務所時代に「名古屋市庁舎」のコンペに参加したのを皮切りに「明治製菓銀座売店」(1931、1等入選)、「第一生命保険相互会社」(1934、3等入選)、「在盤谷日本文化会館」(1934)など、1945年までの16年間に19回ものコンペに参加する。この時代は、満州事変に始まる15年戦争の期間に重なり、六つの当選案のうち、他の設計者によって実施設計されて実現した「明治製菓銀座売店」を除き、一つも実現されなかった。

＊14　近代の超克：1942(昭和17)年に雑誌『文学界』に収録された同名の座談会の中心テーマ。日本の近代化に伴う思想的問題が論客たちにより提示された。

＊15　アントニン・レーモンド　Antonin Raymond：1888-1976。チェコ生まれ。大学卒業後、1910年に渡米、16年からF.L.ライトに師事。19年にライトと共に来日し、帝国ホテルの仕事に従事。21年事務所を設立。38年にアメリカに帰国するが、48年再来日。戦前戦後の44年間を日本に滞在し、前川國男、吉村順三らを育てる。代表作に「リーダーズダイジェスト東京支社」(1951)、「群馬音楽センター」(1961)など。

＊16　フランク・ロイド・ライト　Frank Lloyd Wright：1867-1959。アメリカの建築家。大学中退後、シカゴのL.H.サリヴァンの事務所等で働き、1893年に事務所開設。独自の有機的建築を提唱し、1905年に帝国ホテルの設計のために初来日。代表作に「落水荘」(1935)、「グッゲンハイム美術館」(1959)など。

＊17　レーモンドが日本建築に見た近代建築のエッセンス：「日本の農家や神社も、それをつくりあげている各部分の構造部材が、全部そのまま積極的に外部にあらわされ、構造そのものが立派な仕上げになっているわけなんです」(A.レーモンド×丹下健三対談「日本建築の美しさ」『建築夜話』日刊建設通信社、1962)。

＊18　吉村順三：1908-97。東京美術学校卒業後、レーモンド建築設計事務所に入所。1941年事務所開設。前川とは、坂倉準三と共に、「国際文化会館」(1955)の共同設計を行う。代表作に「奈良国立博物館」(1973)、「八ヶ岳高原音楽堂」(1988)など。

＊19　ジョージ・ナカシマ：1905-90。アメリカで日本人の両親のもとに生まれる。ワシントン大学卒業、マサチューセッツ工科大学大学院修了。1934年来日、レーモンド建築設計事務所に入所。太平洋戦争開戦後、アメリカへ帰国し、ニューホープの工房で家具を制作する。代表作に「コノイド・チェア」(1960)など。

＊20　打込みタイル：型枠に先がけて足の長い特注のタイルを、打ち込まれたコンクリートと一体化することによって、剥落の心配もなく目地の深い陰影に富んだ時間に耐える外壁面を形づくる独自の構法。

＊21　小野薫：1903-57。東京帝国大学卒業。満州国大陸科学院主任研究員等を経て、42年東大に「第二工学部」(現生産技術研究所)が設置されると教授に迎えられる。架構力学を専門とする建築構造学者。

＊22　在盤谷日本文化会館：1943(昭和18)年に行われたコンペで、前川は初めて「日本的なもの」への積極的な取り組みを行い、書院造に範を得た案を提出する。書院造の接客空間に見られる庭と一体に展開するニュートラルでくつろいだ雰囲気の内外空間の構成という手法が、権威的でモニュメンタルな構えを否定しつつ、そこで行われる人々の活動を豊かに支える近代建築の精神に合致することを発見した。

＊23　国立西洋美術館：1959(昭和34)年、フランス政府より松方幸次郎(川崎造船社長)のヨーロッパ美術のコレクションが返還されたことをきっかけに、東京上野公園に設立された。前川、坂倉、吉阪らの推薦を受けて、政府はル・コルビュジエに設計を委託した。基本設計はコルビュジエが、実施設計を前川、坂倉が行い、吉阪を加えた3人で現場監理にあたった。コルビュジエは、この敷地調査のため、55年に一度だけ来日。79年に設立された新館は前川國男の手による。

8
丹下健三
日本のモダニズムの確立

黒田智子

「コルビュジエの使う建築の言葉は、人間の奥底から発している。それは言葉であるが、また詩なのである。人は彼の言葉を言葉として利用する。するとそれは魂の抜けた言葉でしかなくなってしまう。」(『人間と建築—デザインおぼえがき』彰国社、1970より)

(左)図8.1　広島平和記念公園での平和記念式典(1960)[1]
(右)図8.2　大阪万国博覧会、お祭り広場(1970)[2]

8.1　日本を代表する国際的建築家として

8.1.1　戦災復興と平和への祈り

　1955(昭和30)年8月、広島平和記念資料館の開館を祝うオープニング・セレモニーは、世界が注目するなかで開催された。原爆投下によって唯一の被爆国となって敗戦を迎えた日本が、その10年後に戦災復興に一通りの区切りをつけ、平和国家日本としての新たな歩みを記念するものであった。同時にこの資料館とこれが建つ広島平和記念公園は、近代化を推進する独立国としてアジアの中で特異な存在であり続けた日本が、結果として避けられなかった不幸と哀しみを乗り越える歴史的な一歩を記念するものでもあった(図8.1)。この重い役割を担った空間を計画・設計したのが丹下健三である。

　1949(昭和24)年、資料館と公園のために広島市主催の設計競技が開催され、132件の応募の中から丹下は1等を勝ち取った。彼はこの計画と設計によって世界的な知名度を得ることになる。欧米発のモダニズムの造形手法と日本文化を調和させ、作家個人の独自性にまで引き寄せた完成度の高い作品であったからである。一方、設計競技における選考をきっかけに、国内の建築界では、日本建築の新たな造形美をめぐってどこにその基盤を置くべきかについての「伝統論争」[*1]がしばらく続く。この中心には、常に丹下がいた。

　以後、高度経済成長の出発点に「東京計画1960」(1961)、東京オリンピックでは国立屋内競技場(1964)、大阪万国博覧会では海上・基幹施設計画(1970、図8.2)、日本の経済発展の頂点では新東京都庁舎(1991)を発表し、常に世界の建築界の注目を浴びる。理由は、広島平和記念公園・資料館と同様である。世界に影響力を持つようになった日本において、時代の節目を表現する役割を建築自体が担っていただけではない。その表現自体が、世界的に見ても新しい空間についての考え方と、きわめて高い完成度を常に示していたからである。

図 8.3 ソヴィエト・パレス(ル・コルビュジエ、1931)[3]

図 8.4 大東亜建設忠霊神域計画(1942)[4]

8.1.2 生い立ち

丹下健三は、1913(大正2)年9月4日、大阪・堺市に生まれた。銀行勤務の父の転勤により、生後まもなく中国に移り、上海で成長する。一家は、イギリス租界のロンドンのような赤煉瓦の街並みの一角に住んでいたが、父が家業を継ぐことになり、1920(大正9)年、愛媛県今治市に帰郷する。丹下は、小・中学校を通じて成績優秀だった。数学の中でも特に幾何学が得意で、望遠鏡で天体を見るのに夢中な少年は、周囲から科学者になると思われていた。

1930(昭和5)年、丹下は広島高校理科甲類に入学し寮生活を始める。やがて文学や芸術に心惹かれ文科へ移ることを考え始めた頃、外国の芸術雑誌の中にル・コルビュジエのソヴィエト・パレス[*2](図8.3)を見つけ、建築を志す。東京帝国大学建築学科を受験したが不合格となり、初めて挫折を味わう。兵役免除と受験勉強のため日本大学芸術学部に席を置くものの、東京での生活は映画、小説、哲学・美学書などに興味が傾く日々であった。母のたしなめで実家に戻り3ヶ月ほど勉学に集中した末、2浪の後東大に入学を果たす。

8.1.3 太平洋戦争を経て世界の丹下へ

議論好きとなっていた丹下にとって、建築を学ぶ場としての大学は心地よい刺激があった。大学時代の仲間は立原道造[*3]、大江宏[*4]、浜口隆一[*5]など多彩な顔ぶれであった。教授の一人である岸田日出刀[*6]の建築芸術についての論考は高校時代に既に読んでいた。1938(昭和13)年、東大を卒業し、コルビュジエに師事した前川國男[*7]の事務所に入所した。入学以来の丹下の関心はコルビュジエの魅力を自分なりに解き明かすことにあり、「MICHELANGELO 頌 — Le Corbusier 論の序章として」[*8]を雑誌『現代建築』に投稿するのはこの時期である。しかし、1941(昭和16)年、太平洋戦争が勃発すると、前川事務所を辞し、軍の設計をすることも選ばず、大学院生として東大に戻る。前川の下で満州の都市建設に触れたこともあって、丹下の興味は、建築を都市の中に位置づけて

(右)図 8.5　MIT の学生による 25000 人のコミュニティ計画模型(1960)[5]
(左)図 8.6　ナポリ市新都心計画(1995)[6]

両者を総合的に設計することに向かい、それを追求する場は大学院以外になかった。建築群によって秩序ある大空間を構成するという構想は、設計競技案で具体化され、「大東亜建設記念造営計画」(図 8.4)、「在盤谷(バンコク)日本文化会館」(1943)[*9]で連続 1 等を取っている。またこの時期既に丹下は、人口の動向を数式化して都市設計の骨組みにすることにも関心を寄せ、自分なりに都市の巨大スケールを扱う方法について考えていた。

敗戦の年、空襲で実家の両親を一度になくし、翌 1946(昭和 21)年、東大に助教授として就任する。終戦直後は戦災復興院の委嘱を受け、広島市の調査と復興計画を率先した。この研究室から広島平和記念資料館をはじめ初期の名作が生まれる。広島の設計競技で 1 等を得たことをきっかけに、丹下は 1951(昭和 26)年、CIAM[*10]に招待され、以後継続的に活動に関わるとともに MIT の客員教授として教鞭をとる(図 8.5)など、国際的にも活躍の場を広げていった。

1950 年代は、香川県庁舎(1958)に代表される柱と梁の架構を主題とした一連の作品とともに、倉敷市庁舎(1960)など壁を主題とする作品を発表する。1960 年代は、東京カテドラル(1964)などのシェル構造、次いで吊り構造の国立屋内総合競技場(1964)を設計する。同時に都市と建築についての調査・研究を続け、1961(昭和 36)年には、「東京計画 1960」を発表した。海上に成長・発展する都市という大胆な構想は、自国の経済力と技術力への信頼に基づいており、巨大尺度をも精緻かつ美的に扱う設計能力の確かさを海外の建築界に見せつけた。また、前年の世界デザイン会議[*11]でメタボリズム・グループ[*12]が発表した「メタボリズム―都市への提案」とともに、日本経済の急速な成長とそれに鋭敏に反応する日本建築界の水準の高さを印象づけた。「東京計画 1960」の考え方はスコピエ再開発計画(1966)[*13]、大阪万博会場に生かされた。1970 年代以降は、諸外国で建築のみならず都市設計(図 8.6)を多数こなす。数々の受賞歴はもとより、丹下ほど海外作品を提案・実施した日本人建築家はいない。

図 8.7 ル・コルビュジエの現代都市計画の景観 (1922)[7]――大空の下、無限に伸びる軸線上には、シティ・ゲイト以外遮るものがない

図 8.8 法隆寺境内、東大門を見る[8]

8.2 日本建築の国際性と記念碑性を求めて

8.2.1 都市と建築を貫く空間の秩序

　丹下が対象とする建築は一般庶民の住宅を含まず、また社会は個々の生活者の多様な価値を含まない。この明確な割り切りを前提に、丹下の建築家としての信念や手法の構築がある。丹下にとって建築とは、人間が社会・文化的に共有するイメージの表現であり、社会とはそのイメージを潜在的に共有する人間の集合体である。建築家の役割とは、この共有イメージを時代の精神として建築に表現すること、つまり記念碑性の追求である。そして表現とは、社会の中に探すのではなく、建築家が自らの内面に求め、建築を通じて社会に働きかけるものなのである。丹下はそのために、国内外や時代を問わず記念碑的建築を横断的に観察し、都市と建築の両方の尺度において分析することから始めた。

　丹下が建築家を目指した頃は、ナショナリズムの台頭期で、日本文化の優位性と独自性を国内外に強調する、まさに記念碑的建築が求められていた。しかし、日本の優れた伝統文化を表わす社寺建築は木造ゆえに小規模で、堂々たる記念碑の設計のために参照する対象として適当には見えなかった。ヨーロッパのモダニズムはそれが立脚する工業技術への期待と賛美という点から、国力と先進性の表現を期待できた。しかし、それが同時に特質とした装飾を除去して普遍性を表現する幾何学形態は、文化の独自性を国内外に強調するには無性格すぎた。そして国家的建築の表現として帝冠様式[*14]の安直さを受け入れるには、自負ある建築家はあまりに真摯に建築の芸術性と向きあっていたのだった。

　丹下は、構造からくる寸法と独自性の矛盾を、都市設計の一環として建築を位置づけることで乗り越えた。彼は、コルビュジエの現代都市計画(1922-30、図 8.7)やソヴィエト・パレスにおいて、平面を貫く軸線と秩序を共有しながら設計された建築群は、単体で建つ以上に記念碑性を獲得することを読み取った。

(左)図8.9 ロンシャンの教会を連想させる倉敷市庁舎議会ホール(1960)[9]
(右)図8.10 十字型平面をシェルで立ち上げた東京カテドラル・聖マリア聖堂(1964)[10]

次に視線を西洋建築史の図面集に転じると、この手法はギリシアやローマの古代都市に既に確立しており、特にバロックの都市において多様に展開したことを知った。この視点で日本の社寺建築を見ると、木造建築の宿命的な規模の小ささにもかかわらず、都市的空間秩序と建築の配置(図8.8)が呼応することで格調高い記念碑たりえている。かつての古都は低い家並みの続く大路を神体山や塔を目指して歩く時と、門をくぐり境内に配置された建築群を巡る時に得る2段階の秩序感があった。丹下はこのような実感を、グリッドの持つ拡張と分割の特質を駆使することで近代都市の巨大尺度へと変換した。都市景観や自然を取り込んだ日本の社寺建築の配置を空間構成の型として発見し、コルビュジエやヨーロッパの都市が示す空間構成の型と組み合わせ、軸線とグリッドで統一することで、新しい都市設計の手法をつくり出したのである。

8.2.2 モダニズムによる伝統美の進化

工業技術力と没個性の矛盾は、均質で無性格な幾何学形態と様式建築の形態上の特徴を重ね合わせることで乗り越えた。同時代の建築では、装飾がなくても建築そのものに強い記念碑性が漂うコルビュジエの作品を参照した(図8.9)。日本の伝統建築では、壁と高床を持ち生命感と格調を併せ持つ伊勢神宮、柱と梁による構成美の極みとしての桂離宮、古代寺院の屋根や斗栱(ときょう)等であるが、参照の対象は西洋、中東など必要に応じて文化を越えた。これらの建築が持つ形態の特徴を無理に変形することなく幾何学図形の構成に単純化し、点・線・面の量とバランスを徹底的に追及した(図8.10)。それは象徴と抽象の間に立って、常に最新技術を駆使しながら人間の生命感を取り逃がすまいとする緊張感を、時代の精神として自らの作品に語らせる結果となった。一方、設計現場では、丹下自身のアイデアを最初に提示することはなく、所員が最大限の努力ですべての可能性を尽くした成果にのみ照らし合わせた。平面計画、構造、設備を問わず最良の解を選択し構築するプロセスは、組織力の動員そのものといえる。

図 8.11　広島市平和記念公園および記念館競技設計、模型(1949)[11]

図 8.12　広島ピースセンター、西館より資料館(1955)と国際会議場(1985)を見る[12]

8.3　国家と自治体のモニュメント

8.3.1　広島ピースセンター

　敷地は、市内に北から流れ込む太田川が南の瀬戸内海に注ぐまでに何度も枝分かれを繰り返す中州の一つに位置する。慰霊碑を中心とする広場の南北に短辺を突き合わせた二つの台形による区画が敷地の全体構成を決めている(図8.11)。つまり、慰霊碑の位置を強調すると同時に、慰霊碑と川向こうの原爆ドームを結ぶ南北軸が無限に伸びるかのように、敷地内の建築や樹木を配することと呼応する。敷地南側中央に配した資料館は、ピロティで持ち上げられ公園のゲートの役割を果たし、ピロティの下に立つと慰霊碑と原爆ドームが望める計画である。台形を配置計画の基本とする手法はコルビュジエのソヴィエト・パレスの参照による。原爆ドームと市街地、さらに東西の丘陵地と南の瀬戸内海までを敷地の構成に取り込む手法は、社寺における自然の地形や景観を取り込む手法の援用である。設計競技においては、敷地内だけで完結し都市的視野を欠いた他案に対して丹下案は際立っていた。

　公園のゲートとしての役割を持つ資料館は軽やかに見えるようにプロポーションが検討され、丹下自身が100枚以上の図面を引いた。ピロティの柱の形状は、雑誌に発表されたばかりのユニテ・ダビタシオン[*15]の参照によるが、天井高を高くしたことは、独自の寸法感覚による。後に丹下は自分の感覚の正しさをユニテ・ダビタシオンの見学とローマ滞在を通じて確認し、集合体としての人間の社会的尺度[*16]と呼ぶに至る。両側の本館と公会堂は桂離宮・書院のプロポーションが参照され、柱梁を同じ細さに見せ重心を高くすることで軽やかさを演出した(図8.12)。欧米建築界のデザインへの高い関心とは別に、死者への慰霊か平和への祈りかの議論[*17]や予算の不足など数多くの困難を経て、設計競技から6年後(1955)に慰霊式典と平和大集会の日を迎えたのだった。

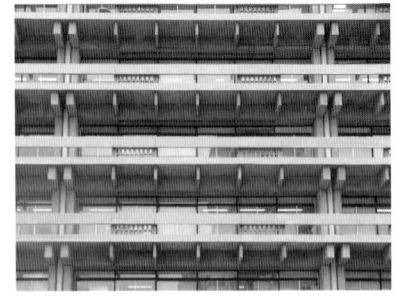

(右)図8.13　香川県庁舎、旧館の柱、梁、小梁、手摺り(1958)[13]
(左)図8.14　同、ピロティより前庭および旧館と新館(2000)を見る[14]

8.3.2　香川県庁舎

　鉄筋コンクリート構造による柱梁の架構を建築の美的表現として実現した作品(1958)である。世界の建築家の注目を集めたのは、柱の垂直性にスラブのみで水平性を表現するのではなく、梁の水平性を強調して対応させ、しかも高層建築において成功している点にあった。広島ピースセンター・本館では2階建の建築において既に高い完成度で柱梁の美を実現していた。しかし、高層建築に広島での手法を直接応用することはできず、その後、外務省、旧東京都庁、国立国会図書館などの設計競技で行った試行錯誤の到達点がこの香川県庁舎である。柱と梁を見せるだけでなく、各階にベランダを回し、その周りに勾欄のように手摺りをつけ、ベランダの下端に垂木のように小梁を出す(図8.13)。ベランダの手摺りとスラブの二重の水平線と、スラブがつくる深い軒の影に水平に浮かぶ小梁の小口の連続した点が共に水平性を強調する。行政棟には、これらを垂直に積み重ねることによって陰影と奥行きのある水平・垂直のリズム感が高層建築の表情にもたらされた。

　敷地が狭かったことから、議会棟を前面道路側に配し、広島以来の社会的尺度として2層分の高さをピロティで持ち上げた。その下に立つと、敷地南側の明るい庭とそれに面して柱梁の陰影を持つ行政棟の1階部分のガラス張りのホールが見える(図8.14)。さらにガラスの向こうに猪熊弦一郎[*18]の陶版の壁画が色鮮やかに見えて人を内部へと招く。行政棟内部は引き戸を多く用い、中央コア[*19]部分の階段室の色彩計画、剣持勇[*20]による家具など、パブリック・スペースのデザインにも力を入れている。

　1950年代は鉄筋コンクリートや鉄骨の施工についても未知の部分が多かった。型枠は職人の手作りにより、コンクリートは現場で入念につき固めることで施工精度を上げた。この点においても香川県庁舎では周到な仕事がなされ、丹下による2000年竣工の新館のアルミパネルの連続面と対比を見せている。

(左)図8.15　東京計画1960(1961)、東京湾上に伸びる都市軸[15]
(右)図8.16　同、オフィス地区の空間構成[16]

8.3.3　東京計画 1960

　考え方において新しかったのは、東京に人口と資本が集中した結果、将来1000万都市になることを不可避の現象として予測し、それを肯定し促進する立場をとったことである。都市機能の分散と抑制を目指す大正期以来の首都計画は常に最後まで遂行されることがなく、人口は予測を上回り、ますます都市機能の混乱と施設不足を招いてきた。この計画は、都市分散論に終止符を打ち、東京に都市機能を集中させる都市集中論に傾く大きなきっかけとなった。

　方法について新しかったのは、第一に、1000万都市にふさわしい都市形態を、脊椎動物の卵細胞分裂のように線形に成長する都市モデルとしたことである。線形都市は5年周期で軸線に沿って規模を拡張し、順次都市として機能する。従来のアメーバーのような放射状都市[*21]が制御できるのは100万を単位とする都市であると断定し、初期CIAMのマスタープラン理論[*22]を柔軟さの欠如ゆえに批判する。第二に、1000万都市としての都市機能を特徴づけるのは、生産ではなく情報であり、首都東京は国家の頭脳として情報の分析と決断を受け持つとする点である。情報機器の進歩を予見しつつ人間同士の直接の情報交換を重視し、大量の人口移動に必要な巨大スケールの高速道路とオフィス群の整備を最優先する。第三は、線形都市の骨格を東京湾上に浮かぶ巨大な鎖状の交通システムとして構想し、そこから分岐する人工の土地の上に都市施設を配置する点である(図8.15)。複雑な土地所有制度のない海上における都市の漸進的な成長という考えを、均質な海上の整然としたグリッドと混沌とした陸上の有機的な形態とで対比して見せた。土木と建築という戦前から分断されていた二つの分野を横断した首都構想は、この東京計画(1961)が初めてで、巨大な高速道路のシステムからオフィスビルの空間構成までを提案した(図8.16)。1960(昭和35)年時点の考えを基盤に丹下が「東京計画1986」(1986)を発表した時、これを上回る提案は建築家からも都市計画家からも提示されなかった。

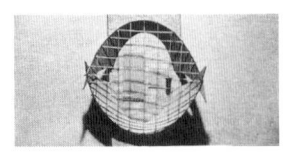

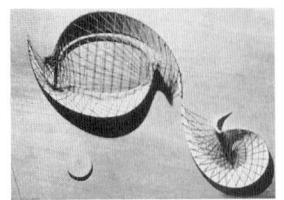

(左)図 8.17　国立屋内総合競技場、スタディ模型の初期案(上)と決定案[17]
(右)図 8.18　同、二つの競技場の屋根とプロムナード(1964、東京)[18]

8.3.4　国立屋内総合競技場(代々木体育館)

　ついに実現したオリンピックの開催[*23]に向かい、国家の顔としての競技場(1964)の設計に際して、丹下は二つのことを目指した。一つは、観客と競技参加者が感激を共有できるような一体感を持ち、しかも圧迫感のない解放性に満ちた大空間を持つことである。もう一つは、巨大建築の量塊性を強調した存在感と、技術力に裏付けられた独創性および芸術性である。

　吊り構造は世界的に見ても建築の分野では競技場に使われ始めたばかりで、当時において最新のものは一体感はあっても解放性には乏しかった。丹下は、左右同形の形態をその中心を通る対称軸においてずらす方法によって流動性を獲得する(図 8.17)。当時吊り構造は橋梁に使われ始めていたが、建築として用いるには構造的には未知数であった。丹下はセミ・リジッド構造[*24]を採用し、安全性と経済性を獲得する。吊り構造の魅力は、アーチが圧縮力を、そこから吊られたケーブルが引張力をそれぞれ分担して異なる二つの力を形として見せている点にある。その魅力との出会いは、やはりコルビュジエのソヴィエト・パレスにおいてであった。オリンピックプールでは、ずらした二つのアーチの先に各々柱を立て2種の構造体を組み合わせている。

　さらに構造による形態美を記念碑性にまで引き上げるために、日本の寺院建築の象徴性を重ねた。戦後の丹下は、日本の伝統的建築の造形を直接の引用先がわからないように抽象化することに重点を置いてきた。しかしここで彼は、大競技場に寺院の大屋根と鴟尾、小競技場に塔、人々が巡り歩くプロムナードに回廊を連想できるような表現に取り組む(図 8.18)。この間に竣工した東京カテドラル(1964)や香川県立体育館(1962)も十字架や和船を連想させ、戦時下に模索した手法を発展させながら壁や量塊の存在を強調している点が共通している。競技場の設計のために段階的試行を続けた丹下の苦心が読み取れる。丹下自身の最高傑作であるばかりでなく、日本近代建築の一つの到達点でもある。

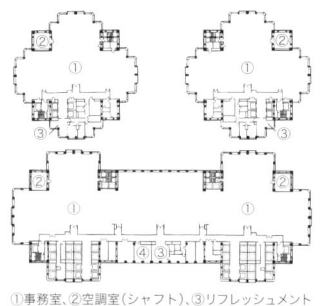

(左)図 8.19 東京都庁舎、第 1 庁舎および前面の市民広場と南側の第 2 庁舎(1991)[19]
(右)図 8.20 同、第 1 庁舎基準階(下)、同高層部基準階(上)の左右 4 本ずつのシャフト[20]

①事務室、②空調室(シャフト)、③リフレッシュメントルーム、④会議室

8.3.5 東京都庁舎

　超高層オフィスビル群の中に建ち、際立ったその美しさによって富める日本の首都のシンボルとしての役割を果たす。1952(昭和 27)年の旧都庁舎の設計競技で 1 等を獲得した丹下は、30 年以上の時を経た 1985(昭和 60)年、再び 1 等を獲得し新都庁舎の設計を手中にした。シンボル性を支えるものは三つある。

　第一に、第 1 庁舎をノートルダム寺院のような 2 塔形式とし、前面の都民広場をサンピエトロ寺院前の広場のような楕円として、両者を軸線でつなぐ構成である(図 8.19)。記念碑性の表現のための伝統的な手法の組合せを基本とする。南側の第 2 庁舎は第 1 庁舎に向かって低く脇を固めることで、都庁舎群は周囲のオフィスビル群と異なる景観をつくり出す。

　第二に、第 1 庁舎において基準階を雁行させ、その上に載せる高層部基準階の 2 塔はさらに細かく雁行させて、ハナエ・モリビル(1978)以来のモチーフ[*25]を繰り返す。また表面は正方形と長方形を組み合わせたリズミカルなパターンを用いて御影石で仕上げる。この仕上げパターンは日本の民家の天井伏図[*26]を元にしており、御影石は目地で割り付けるだけでなくレリーフのように高低をつける。壁面を雁行させディテールに至るまで凹凸させることで巨大ボリュームを線と面に解体し、建築群全体に軽やかで装飾的な表情をもたらした。

　第三に、基準階では左右に 4 本ずつ配されたシャフト(図 8.20)に、従来の中央コアが受け持った階段室やダクトを分散させ、同時に構造体[*27]としての役割を持たせる。結果として、基準階中央は明るくなり、平面計画は自由度を増す。そして地下から最上階まで、内部空間を垂直に貫く計 8 本のシャフトは、雁行する壁面となって外観を決定づける。この設計競技に取り組む間、丹下事務所は他の一切の仕事を中断して新都庁のみに集中した。締め切りまでの 108 日間の集中力は、建築家としての社会的役割に対する信念に支えられ、丹下が戦前から培ってきた手法によって自己の内面からほとばしり出たものである。

＊1　伝統論争：第Ⅰ部の解説参照。
＊2　ソヴィエト・パレス：モスクワをパリやローマのような都市にするためのモスクワ再建計画の一環として、1931年、スターリンは国家事業として設計競技を開催した。これに指名されたコルビュジエの案で、巨大アーチが大屋根を吊り、間に広場を持ちそれぞれ15000人と6500人を収容する二つのホールは軸線上に配される。新技術のダイナミックな力強さが記念碑性に高められている。実現しなかったが、コルビュジエはその後の都市計画に度々採用し、多くの建築家に影響を与えた。
＊3　立原道造：1914－39。東京帝国大学2年の時「小住宅」で辰野賞を獲得して以来、3年連続受賞の才能を示す。10代から既に詩作の才能を発揮し、堀辰雄に兄事。室生犀星、萩原朔太郎との交流もあり、建築設計を志しながら詩、物語等を発表。結核で夭折。
＊4　大江宏：1913－89。文部省技師を経て、1946（昭和21）年、父・新太郎の建築事務所を継ぐ。代表作は宇佐神宮宝物館・参集殿（1985）、国立能楽堂（1983）など。
＊5　浜口隆一：第11章参照。
＊6　岸田日出刀：1899－1966。1929－59年、東大教授。丹下健三をはじめ前川國男、谷口吉郎は教え子である。安田講堂（1925）設計。専門は近代建築史。第二次大戦下では、企画院と関わり「大東亜建設記念設計競技」等を組織した。戦後はオリンピック会場の計画などに関わる。
＊7　前川國男：第7章参照。
＊8　「MICHELANGELO頌──Le Corbusier論の序章として」：1939（昭和14）年、ルネサンスの知性と幾何学による秩序を超える造形を、想像力によって個人を超え神性に触れる境界線を目指すことで実現したミケランジェロを讃える。バウハウスの合理主義に対するコルビュジエへ与する意図であった。ハイデッガーなどドイツ・フランスの思想・哲学・美学の影響が強い。
＊9　「大東亜建設記念造営計画」「在盤谷日本文化会館」：「大東亜建設記念造営計画」は、大東亜共栄圏における日本の統治にふさわしい建築表現を求めるための、「在盤谷日本文化会館」は、前年軍事同盟条約を結んだタイの首都に建設する日本文化会館のための設計競技であった。これを契機に丹下は戦後数々の設計競技で実施設計を勝ち取った。
＊10　CIAM Congrès Internationaux d'Architecture Moderne：1928－59。近代建築国際会議の略称。コルビュジエ、グロピウス、ギーディオンなど近代建築の旗手によって構成され、人間の居住環境としての都市についての提案に、世界の建築界に影響を与えた。イギリスの若手建築家グループ Team X によって解散に追い込まれる様に丹下は立ち会うことになった。
＊11　世界デザイン会議：1960年、「今世紀の全体像──デザイナーは未来社会に何を寄与するか」をテーマに開催された。建築家、デザイナー、評論家237名が参加し、うち84名は海外26ヶ国からであった。
＊12　メタボリズム・グループ：世界デザイン会議で、当時若手の川添登、菊竹清訓、大高正人、槇文彦、黒川紀章らは「メタボリズム」と名付けた新たな都市イメージを提案した。成長する有機的都市という考え方を共有する彼らのデザインは、国内外の注目を集めた。
＊13　スコピエ再開発計画：国連主催による国際設計競技。1963年の大地震で壊滅状態にあった旧ユーゴスラビア連邦の首都マケドニアを復興するために開催され、丹下は欧米諸国以外から唯一指名された。
＊14　帝冠様式：日本や中国の伝統的な木造建築様式を、躯体に鉄筋コンクリートまたは鉄骨造を用いて模倣したデザイン。1920年代に現れ、1930年代まで国内や支配地に流行した。
＊15　ユニテ・ダビタシオン：ヨーロッパ各地に建設された集合住宅。マルセイユのユニテが最初で、1945年設計着手、52年竣工。人体寸法と黄金比を組み合わせたモデュロールの寸法体系が用いられている。
＊16　社会的尺度：人間個人としての尺度とは別に、群衆や高速道路のために丹下が採用した尺度。W. グロピウスが近代建築が基づくべき尺度を人間の尺度としていたことと対照的である。
＊17　死者への慰霊か平和への祈りか：設計競技は平和への祈りの場としての平和公園と死者を悼む慰霊碑建設を求める市民運動に端を発していた。実現はしなかったが、慰霊碑のデザインにイサム・ノグチを丹下が推薦した1951年頃には、今後の日米関係、日本人の感情と建築家の役割について模索しながら実施設計に携わった。
＊18　猪熊弦一郎：1902－93。東京美術学校西洋画科で学んだ後、渡仏。H. マティスに師事。1955年以降ニューヨークに拠点を移し抽象画を製作。I. ノグチ、J. ポロック、M. ロツコと交友。
＊19　中央コア：中央に階段室、エレベーター、水廻り、設備ダクトなどを集める方式。平面計画の自由度が高く50年代以降の高層建築に多用された。
＊20　剣持勇：第10章参照。
＊21　放射状都市：丹下は中世以来の放射状の都市モデルを、1000万都市にとっては血液を一気に心臓に流し込むような非合理性ゆえに不適とした。一方、1960年には L. コスタと O. ニーマイヤーによる新首都ブラジリアの建設が完了し、線形都市の考え方は既に紹介・実現されていた。
＊22　初期CIAMのマスタープラン理論：CIAMによる1930年代の都市計画。膨大な時間を経て実施が完了するまで都市として機能せず、完了した時点で既に時代遅れとなり、柔軟性を欠くという批判があった。
＊23　オリンピックの開催：1940（昭和15）年に日本で第12回オリンピックが開催予定であったが、日中戦争のため中止となった。丹下は、第12回大会の開催に尽力した日本体育協会会長・岸清一の記念体育館（1941）を前川事務所で担当していた。
＊24　セミ・リジッド構造：競技場のために東大生産研究所で開発された構造。ケーブルを吊ってから補強の鉄骨を入れるのではなく、最初から鉄骨で吊る方法。
＊25　ハナエ・モリビル以来のモチーフ：雁行する壁面はコルビュジエの現代都市計画案（図8.7）に遡る。壁面に凹凸をつけて立ち上げるアイデアを、丹下は、赤坂プリンスホテル（1982）、UOBプラザ（1993、シンガポール）で度々試みた。
＊26　民家の天井伏図：重要文化財・中井家住宅（奈良県八尾市）の天井伏図をスタッフがコピーして模型に張り付けたものを見て、丹下は最終的な立面のデザインを決めた。
＊27　構造体としての柱の役割：四隅に分散したコアのシャフトを柱として扱う方法は、超高層ビルのスーパーストラクチュアへの日本初の提案となった。

III

近代的生活の場のためのデザイン

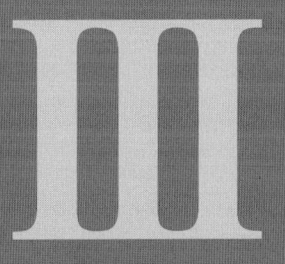

＊1　前衛モダニズム：第Ⅰ部参照。
＊2　インターナショナル・スタイル：第Ⅱ部参照。
＊3　アール・デコ　art déco：アール・デコラティーフ（arts décoratifs）の略称。フランス語で「装飾美術」の意。1925年にパリで開催された現代装飾芸術・産業芸術国際博覧会（アール・デコ博）に由来する。それ以前のアール・ヌーヴォーが曲線を主とするのに対し、直線的なデザインを特徴とする。日本では大正末期から昭和初期にかけて華開く。
＊4　帝国ホテル：第5章参照。
＊5　フランク・ロイド・ライト：第5章参照。
＊6　甲子園ホテル：第5章参照。
＊7　朝香宮邸：1933（昭和8）年竣工。宮内省内匠寮工務課が基本設計にあたり、アンリ・ラパンらフランス人芸術家、デザイナーの協力を得て完成したアール・デコ建築。立面は直線の幾何学的リズムと簡潔さを基調として、列柱やベランダのレリーフなどにアール・デコ的な装飾が見られる。現在は東京都庭園美術館として利用されている。
＊8　ウィーン工房：第9章参照。

1. アメリカとフランスから学ぶ日本の室内装飾

　第一次大戦後の室内装飾の需要は、第一にホテル、百貨店、レストラン、バーなど、人々の消費・娯楽の場に代表される。第二に、海外の諸都市と日本を結ぶ大型旅客船の内部空間である。この時期、建築ジャーナリズムでは、ドイツをめぐる前衛モダニズム＊1への注目が国際的に高まっていた。外観の特徴からインターナショナル・スタイル＊2と呼ばれ、1932年にはニューヨークで展覧会が開催された。またそれとは別に、ライト式建築やアール・デコ＊3様式の建築も流行していた。帝国ホテル＊4は、家具や食器類にいたるまでF. L. ライト＊5によってトータルデザインがなされ、弟子の遠藤新が手がけた甲子園ホテル＊6も同様だった。二人とも、建築資材や装飾などのすべてを国内で調達し、その室内装飾をデザイン通りにつくり上げるのは、日本の職人たちであった。この分野は量産化が進んでおらず、品質を均一にするために試行錯誤が繰り返され、それによって技術を開発していったのだった。

　一方、アール・デコ様式の代表である朝香宮邸＊7（1933）をはじめ、百貨店や旅客船でも企業のイメージを決めるような重要な仕事は、フランス人の美術工芸家たちに依頼された。当時、アール・デコは世界的に流行していたので、彼らは、日本から送った設計図を元にフランスでデザインから制作まで行い、それを貨物船で日本に送り、現場で組み立てた。この時期、室内装飾については、百貨店所属の日本人の工芸家や建築家が手がける場合も多かった。彼らは、フランスの室内意匠を手本とし、やはり国内の職人の手仕事に支えられた。

　つまり意匠と内装の両方を直輸入する場合は別として、日本の室内装飾では、作家、職人、企業の協働作業が求められ、タイル、ガラス、テキスタイル、陶器などその作品の種類は多岐にわたった。これはウィーン工房＊8が掲げていた理念と重なり、工房が経営難から解散した1932（昭和7）年における日本では、オーストリア人、リチ・上野＝リックスが仕事をする条件が整っていた。

*9 バウハウス：序章参照。
*10 ヴァルター・グロピウス：序章参照。
*11 ドイツ工作連盟　Deutscher Werkbund：1907年、ミュンヘンで、芸術と工業の統合を目的に、建築家、芸術家、企業家が参加して結成。H. ムテジウス、P. ベーレンス、W. グロピウス、B. タウト、ミース・ファン・デル・ローエらが関わる。ドイツ工作連盟の理念に共感したグロピウスは、1919年バウハウスを創設した。1933年、ナチスによって解散させられたが、第二次大戦後、再興される。
*12 ブルーノ・タウト：第9章、第10章参照。
*13 工芸指導所：第10章参照。

2. 日本から見たドイツ工作連盟の特殊性

　バウハウス[*9]の理念・方法については、独創性や個人の感性の尊重という点からは疑問視される。しかし、その確立のために、開校以来、校長W.グロピウス[*10]が何度も渦中に身を置いた批判や議論に加え、開校以前も、ドイツ工作連盟[*11]（1907）での、国情や諸団体の利害に密接した議論の過程を要したのである。

　ドイツ工作連盟には、建築家、工芸家、芸術家だけでなく商工業に関わる実業家が加盟していた。彼らは、生産量の増大と質の向上という産業革命以降のドイツ社会がいずれ行きつく問題を先取りして議論した。そして、製品の製造販売と展覧会の実施と並行し、第一次大戦前には、工芸と工業、規格・標準化と芸術の独創性という、バウハウスに通じる問題が既に議論された。また、大戦下では、資材不足の中で軍需用品の生産を行い、必然的に合理性や機能性を経験した。そしてこの活動に、建築家としてグロピウスもB.タウト[*12]も関わっていたのである。バウハウスにおける理念・方法の決定は、大戦の経験を挟んで、工作連盟結成から15年を経ていた。

　日本は、工芸の改革と高等教育という点では、教育機関の設立が欧米諸国に比べて甚だしく遅かったわけではない。しかし、工芸の改革は輸出振興が当初の目的とされ、近代化に関わる工業化・規格化の問題は後回しにされた。ドイツ工作連盟のように立場の異なる人々が議論し、造形の理念や方法を結晶化させていくような過程や、それが公立の教育機関に持ち込まれた例は日本には見当たらない。個人が海外で摂取した内容を社会に根づかせる努力に任された面が大きい。例えば第II部の前川國男は、自らの設計事務所を拠点として多くの優れた建築家を育てた。戦後初の女性建築家・浜口ミホもその一人である。また、軍需用品の生産を通じた規格・標準化を、日本は第二次大戦で経験した。戦前に工芸指導所[*13]でタウトから合理性と機能性を学んだ剣持勇は、戦時下にそれを極め、戦後日本を代表するデザイナーとして活躍する。

III部の作家について理解を深めるための参考図書

- **9章　リチ・上野＝リックス**
- 『リチ・上野＝リックス作品集』インターナショナル美術専門学校、1987
- 『ホフマンとウィーン工房』豊田市美術館、1996
- 『ウィーン世紀末』セゾン美術館、1989
- 『ウィーン 生活と美術 1873－1938』府中市美術館、2001
- 『絵画修復報告　壁紙の保存修復』No.5、山領絵画修復工房、1999

- **10章　剣持勇**
- 剣持勇『規格家具』相模書房、1943
- 《剣持勇の世界》編集委員会編『剣持勇の世界　第1－5分冊』河出書房新社、1975
- 森仁史編『ジャパニーズ・モダン―剣持勇とその世界』国書刊行会、2005

- **11章　浜口ミホ**
- 浜口ミホ『日本住宅の封建性』相模書房、1949
- 浜口ミホ「特集：浜口ハウジング設計事務所の住宅」『近代建築』1963年3月号
- 北川圭子『ダイニング・キッチンはこうして誕生した―女性建築家第一号浜口ミホが目指したもの』技報堂出版、2002

[p.122－123　解説文執筆：黒田智子、p.124　図書選出：各章執筆者]

9
リチ・上野＝リックス
装飾とモダニズム

奥佳弥

「美術工藝家は圖案を描くのをやめて、材料を直ちに取り扱いました。装飾が主題でなくして、目的に適した、よい形を作る事を主とし、壁紙や織物のみに模様を必要としました。」（論文「墺國の美術工藝」『インターナショナル建築』1930年9月号より）

(左)図9.1 ストックレー邸、内観(J.ホフマン、1905、オーストリア)¹⁾
(右)図9.2 テキスタイル「アゲハチョウ」(D.ペッヘ、1913-14)²⁾

9.1 独創と自由の美術工芸を求めて

9.1.1 ウィーン工房意匠部員、フェリス・リチ・リックス

　東西ヨーロッパの民族・文化圏が交錯するオーストリア＝ハンガリー二重帝国。その首都ウィーンにおいて、1897年春、画家 G. クリムト*¹ を会長とし、既存の保守的・閉鎖的な芸術家協会からの離脱を宣言、自らを「ゼツェッション（分離派）」と称する芸術家集団ウィーン分離派*² が結成される。彼らは過去の様式から訣別を図り、建築、美術、工芸にわたる新しい総合芸術の確立を目指した。その実践は特に建築・工芸の領域で展開され、O. ヴァーグナー*³ の弟子、J. ホフマン*⁴ は建築家・デザイナーとして中心的な役割を果たした。

　芸術と生活の統合を主張した W. モリス*⁵ の思想に強く共感したホフマンは、総合的手工芸の工房、ウィーン工房*⁶ を1903年に設立する。また、工房主宰と同時にウィーン国立美術工芸学校*⁷ で後進の指導にあたり、教え子の中から優れた学生を工房の部員として採用した。フェリス・リチ・リックス（Felice Lizzi Rix）もまたそのような学生の一人だった。

　リチ・リックスは1893年6月1日、富裕な事業家の長女としてウィーンに生まれた。自宅で虫類や草花を育てる、動植物好きの子供だった。成長した少女リチは、ウィーン工房の作風に傾倒し、1913年、念願叶ってウィーン美術工芸学校に入学する。ここで出会った二人の師、ホフマンとF. チゼック*⁸ は、その後のリチの方向性を大きく決定づける。リチは創作の基礎を進歩的な美術教育家チゼックから、プロの美術工芸家としての姿勢をホフマンから学んだ。

　尊敬するホフマン教授の懇望によって、1917年、リチは卒業と同時にウィーン工房に意匠部員として入所する。当時のウィーン工房は、ホフマンが1916年に天才デザイナー、D. ペッヘ*⁹ を起用したことにより、新たな局面を迎えていた。第一次大戦下、ほとんどの男性デザイナーが兵役にとられ、工芸学校出

(左)図9.3　壁紙「蔓・花」サラブラコレクション(ウィーン工房時代、1920年代)³⁾
(右)図9.4　新婚の上野とリチ(1925頃)⁴⁾

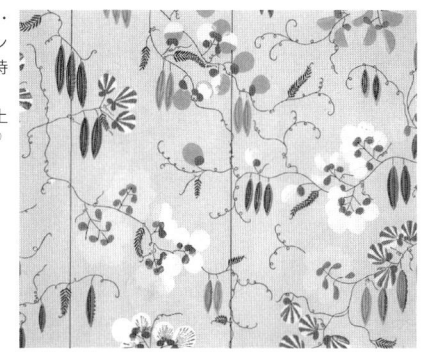

身の女性デザイナーたちが支えた中後期ウィーン工房の作風は、ホフマンら設立期の直線的で幾何学的なものから(図9.1)、ペッヘ主導の下、繊細優美かつ自由奔放なものが主流となり、「新ウィーン工房様式」を公認させていた(図9.2)。リチが得意として多く手がけたのはプリント図案(図9.3)だったが、そのデザイン領域はアクセサリーやハンドバッグ、エマイユ、ガラス製品など多岐にわたり、工房の中核デザイナーとして続々と新作を発表した。

9.1.2　日本のウィーン工房意匠部員、上野リチ

1924年、リチはホフマンの建築設計事務所に勤務していた日本人建築家、上野伊三郎*¹⁰に出会い、翌年ウィーンで結婚する(図9.4)。以後は1年おきに京都とウィーンを行き来し、1930年までウィーン工房意匠部員として仕事を継続した。工房を退いた後は日本に定住し、京都市染織試験場の技術嘱託としてテキスタイル・デザインや刺繍の試作に従事するほか、伊三郎設計のスター・バー(図9.5)や京都市役所貴賓室(図9.8)などの天井・壁面装飾を次々と手がけた。伊三郎との協働を通じて、図らずもリチはその装飾領域を、工芸品を中心としたものから、直接建築と関わる総合芸術にまで拡げることになったのである。

リチと伊三郎の新居を兼ねた上野建築事務所は、青年建築家たちが会合する新しい建築運動の発信地となり、これが発展し、1927(昭和2)年「日本インターナショナル建築会」(以下、「建築会」と略称)*¹¹が結成された。伊三郎は「建築会」の代表を務め、リチも客員会員として在籍した。

1933(昭和8)年、「建築会」を頼ってB.タウト*¹²が来日する(図9.6)。この頃より日本は徐々に戦時体制に移行し、リチと伊三郎の身辺にも影響を及ぼし始める。伊三郎はタウトの世話で忙しくなる一方、当の「建築会」は会の名称の誤認から左翼と疑われたことが要因し活動停止を余儀なくされた。リチにも、外国人というだけで身辺に特高(特別高等警察)の眼がつきまとうようになる。

1934(昭和9)年、タウトは「群馬県工業試験場高崎分場」の嘱託顧問となる。

独創と自由の美術工芸を求めて　127

図 9.5　京都スター・バー（上野伊三郎、1930）[5]

図 9.6　来日したタウトらと（右より伊三郎、タウト、リチ、エリカ、1935 頃）[6]

　そのタウトの推薦により、1936（昭和 11）年、伊三郎は「高崎分場」が改組され新設された「群馬県工芸所」（現群馬県立群馬産業技術センター）の所長に就任した。伊三郎の計らいでリチも「工芸所」の嘱託となり、夫婦で高崎へ移り住んだ。高崎でリチは、地場の素材である竹や竹皮を生かした繊細な装飾品や工芸品をデザインした。滞在はわずか 3 年であったが、高崎はリチが本格的に日本の素材、加工技術を生かして作品を制作した初めての場所となった。
　その後、太平洋戦争勃発前の約 1 年間をアメリカで過ごし、1941（昭和 16）年には、陸軍嘱託建技将校として満州へ赴く伊三郎に同伴した。満州では、当地の風物を題材に、南画風の絵巻物 3 巻を制作した（図 9.13）。

9.1.3　戦後の新たな挑戦：デザイナー、教育者として

　終戦後、リチは京都でデザイン活動を再開すると同時に、京都市立美術専門学校講師などを経て、1949（昭和 24）年より夫と共に京都市立美術大学（現京都市立芸術大学）でデザイン教育に従事する（60 年に教授）。厳しく模倣を排し、個人の独創性を引き出す授業法は、まさしく彼女自身が美術工芸学校時代、ホフマンやチゼックから授かったものであった。
　デザイナーとしては、京都の繊維会社にプリント・デザインを多数提供するほか、50 年代、京都の稲葉七宝[*13]に出会い、七宝デザインの分野で新境地を切り開いた。1962（昭和 37）年には、村野藤吾[*14]の設計になる日生劇場地下レストラン「アクトレス」の壁画、天井画（図 9.20）を手がける。リチの繊細で豊かなファンタジーが、村野の独創的な空間、日本の優れた表装技術と出会い、生まれた大作であり、戦後の代表作となった。
　1963（昭和 38）年、京都市立美術大学を定年退職した後は、理想のデザイン教育を実践すべく、伊三郎と共にインターナショナルデザイン研究所（現京都インターアクト美術学校）を設立した。1967（昭和 42）年、74 歳で亡くなるまで、現役のデザイナーであり教育者だった。

(左)図9.7　壁紙「麦と雲雀」サラブラコレクション(ウィーン工房時代、1920年代)[7]
(右)図9.8　京都市役所貴賓室の壁画デザイン(上野伊三郎設計、1930年代)[8]

9.2　装飾とモダニズムのはざまで

9.2.1　自然の探求と創像(ファンタジー)

　リチは、自らの作品について多くを語るタイプのデザイナーではなかったが、その創作の方法はウィーン工房時代より終始一貫していた。明るい色調やフリーハンドで描く花や草木、鳥など、モチーフが一定していた一方、実現する素材、機能に合わせて展開する色や形のバリエーションは実に多彩であった。

　リチのデザインに対する考え方で何よりも重視されていたのが「独創」そして「創像：ファンタジー」であった。その基本となるのが「自然のフォルムの探求」である。自然を観察、分析し、直観と印象に従って抽象化する。その上でモチーフを自らの内面に持つリズムと調和させ、作品化する。その方法は、チゼックの「装飾形態学教室」に学んだものである。リチの図案に見られる独特のリズム感や子供の絵を思わせる無邪気さは、まさしく児童美術の探求から発展させたチゼックの教育理論によって引き出された個性といえる(図9.7)。

　一方、模写や写生ではなく、見たものをいったん記憶にとどめ、その印象やイメージを表現する方法は、ホフマンの建築クラスで学んだものである。ホフマンの授業は、チゼックの基礎課程と様々に連動しながらも、より自主性を重んじる発展的なものだった。ただし、創出される図案は、使用目的と実用性を十分に考慮し、素材の特性と加工法を創造的に生かす場合にのみ美術工芸品に適用することが、ホフマンの考え方であり、同時にウィーン工房の基本理念であった。直接素材に触れてフォルムを探求し、素材の特性を表現に生かすこともまたホフマンに学んだものであり、美術工芸家としてのリチの創作基盤になった。

　戦後、リチが京都市立美術大学で行った「色彩構成」クラスは、ホフマンとチゼックの授業法を参照しながら自身の経験に基づいてつくり出されたものである。それは「ちぎり絵、切り絵」に始まり、材料を色紙からやがて各種の素

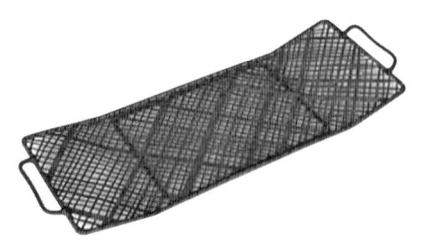

図9.9　サンドイッチ用籠（群馬工芸所時代、1938頃）[9]　図9.10　七宝のマッチ飾り箱「マッチ棒／紳士／淑女」（1950頃）[10]

材を使用するというものだった。たとえ優れた先人の作であっても、模倣、焼き直しはもってのほかとする一方、幾何学図形の色面の組合せによるバウハウス[*15]経由の「構成教育」や色彩学、構成学などの理論に対しても、それに偏ることはファンタジーを殺し、作風を束縛し、表現が一様化する危険性が高いとして採用しないというのが、彼女の教育方針だった。

9.2.2　独創と自由の果て：モダニズムと装飾

　モリスの理念を継承して完成度の高い総合芸術作品を目指し、手仕事にこだわり続けたウィーン工房は、工業化、機械化の波とそれを意識したデザイン運動の台頭に抗しきれず、経営難に陥り、1932年に解散する。日本でも、既に30年代よりウィーン工房の様式は過去のものとする傾向が強まる。そのようななかにあって、ウィーン工房の造形の底流に流れる東洋的、日本的なものに意識的、あるいは無意識的に惹かれ、その技巧と表現の豊かさに日本の新しいモダニズム建築の発露を求める建築家も少なくなかった。リチをプロの美術工芸家に育て上げたウィーン工房がなくなって後もなお、遠く離れた日本で工房の精神を貫き通すことができたのは、伊三郎や村野のような、装飾そのものを否定するほど合理性に偏ったモダニズムに共感できなかった人々の支持と協力があったからであった。また、京都、高崎、満州といった様々な土地が、新しい素材、加工技術、そして風土や文化との出会いを生み、常に新たな創作意欲とインスピレーションの源をもたらしたことも大きかった（図9.8、9、10）。

　分離派の意志を引き継ぐウィーン工房は、過去のあらゆる様式から離脱した新しい装飾芸術を求めた。独創や自由というモダニズムにおけるもう一つの核心的な問題を追求した点で、中世という過去をモデルとした英国のモリス継承者たちとは一線を画していた。そのウィーン工房の精神を継承するリチは、一義的なモダニズムが排してきた独創性や風土性から表出される豊かさを信じ、近代生活を豊かにするものとしての装飾活動を生涯、実践し続けたのである。

(左)図9.11　プリント・デザイン「CANDY」[11]
(右)図9.12　刺繍デザイン（京都市染織試験場、1930-45）[12]

9.3　アクセサリーからインテリアまで

9.3.1　ウィーン工房のスタイルとリチの作品

　リチのウィーン工房時代の現存する作品のほとんどや大量のエスキスは、オーストリア国立工芸美術館に収蔵されている。しかし、日本では一部の支持者や彼女を直接知るものを除いて、ウィーン工房直系の女性デザイナーが戦前、戦後を通じ日本で優れた作品を残していることはあまり知られていない。

　ウィーン工房のスタイルは、リチの活躍した中後期に至って、設立期の直線的で幾何学的なものから、繊細優美かつ自由奔放なものに移行していた。多種・多様な素材、多岐にわたる分野で天才的なデザイン感覚を発揮したペッヘの華やかで奔放なデザインは、同期の女性デザイナーたちとともにリチの作風にも影響を与えた。ただし、バロック的と称されるペッヘの図案の力強さに対して、リチのものは線の独特な繊細さが際立っており、それが彼女の個性として工房内でも評価されていたようである。

　リチの図案には、どこか日本の花鳥画を想起させるところもあるが、それは来日前からのものである。1873年のウィーン万博以来、オーストリアでは日本の美術工芸に対する関心が高く、膨大な数のコレクションが工芸美術館などで購入されている。師ホフマンの作品にも、日本の美術工芸の直接的な影響が認められるほか、彼が1905年に作成したウィーン工房の綱領には、日本の手工芸の高い水準を手本とする趣旨が明記されていた。リチの線の描き方は彼女の内面から表出されるイメージとリズムによって構成されたものであるが、リチが日本美術に親しみ、刺激を受けていたことは想像に難くない。

9.3.2　平面デザイン：リズムとファンタジー

　ウィーン時代からリチが最も得意とし、相当な数のデザインをこなしたのがプリント図案である（図9.11）。ウィーン工房最高の売れ行きを示し、製品化さ

図9.13 「中国・白城子風物絵巻」(1941頃)[13]

図9.14 竹皮編みナフキン立て
(群馬工芸所時代、1938頃)[14]

　れたものだけで113点に及ぶという。それらは「リックス模様」として知られ、パリやニューヨークに輸出された。そのリチの特徴である、自然に基づいたモチーフによる繊細なリズムと豊かなファンタジーは、スイスの大手壁紙会社サラブラ社から発売されたコレクションによく表れている(図9.3、7)。

　京都では、1935(昭和10)年から44(昭和19)年まで京都市染織試験場技術嘱託として新しいデザインとその試作を行った(図9.12)。製品化には至らなかったが、セロファン、ラメ、ビニールなどの新しい素材を混織したカーテン地や刺繍デザインなどは、当時の日本で見られないものだった。戦後も京都の繊維会社にプリント図案を提供したり、村野藤吾の依頼で京都・都ホテル貴賓室の室内装飾用のカーテン地やインテリア・ファブリック(1970)を制作している。

　リチが、日本における作品活動で辛かったことの一つは、図案が製品化される時相当な手直しを受けたことだったという。「芸術家、職人、企業」が緊密に協力しあうことを旨とするウィーン工房では、一画、一線、作者の手を煩わすことなしに変更されることはなかったからである。

　一定のパターンを繰り返すテキスタイルや壁紙のデザインのほか、ウィーンや満州など、場所の記憶やイメージを豊かなファンタジーをもって抽象化し、描いたドローイングも多数制作した。それらのモチーフをアレンジして小箱などの立体作品にも使用している。こうしたリチのデザインやドローイングは、リチが会員だった「日本インターナショナル建築会」の機関誌『インターナショナル建築』の貴重な多色刷りの巻頭ページを度々飾った。

　満州で描いた「中国・白城子風物絵巻」(図9.13)は、南画に興味を持ったリチが、墨を使ったやわらかい筆のタッチで輪郭を描き、水彩の明るい色彩を施したもので、いつもの細い線とは異なるリズムを奏でる清新な作品である。伊三郎が詩を添え、珍しく建築以外での協働作品となった。戦後、ウィーンに持ち帰ったところ、ホフマンが絶賛し、手元に置いて離さなかったという。

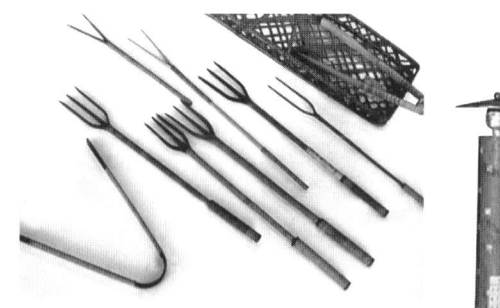

図 9.15　竹フォーク類(群馬工芸所時代、1938 頃)[15]

図 9.16　こけし(群馬工芸所時代、1938 頃)[16]

9.3.3　立体デザイン：素材と技術

　リチが日本の素材や技法を積極的に採用するのは、高崎の工芸所時代以後である。高崎時代、リチは竹皮編みの小物入れやナフキン立て(図 9.14)、細い竹を繊細に編み上げたサンドイッチ用籠(図 9.9)、篠竹でつくったフォーク類(図 9.15)のほか、ろくろ細工やこけし(図 9.16)、竹製のボタン、漆喰塗りの重ね箱、ホームスパン(手織りの毛織物)のショールなど多岐にわたる作品を制作した。いずれも素材の特性を生かしながら、リチならではの形や色彩、繊細さを持っていた。県内の材料と加工技術を生かした工芸品の改良、産業としての工芸の育成、振興を目的とした工芸所の趣旨が結実したものといえる。タウトがドイツの技術と高崎の下駄面(おもて)の技術を融合させ、工芸品のデザインに使えるよう工夫、開発した竹皮編みを、リチが受け継ぎ、採用したことも興味深い。

　しかし、高崎におけるタウトの高弟・水原徳言氏[*16]によると、ウィーン流工芸は「ゲシュマック(嗜好)」が異なるとして、タウトはリチの作風を嫌ったという。そのため、タウトが工芸所顧問として在任していた間は、研究・試作が主だったようである。1936(昭和11)年10月タウトがトルコへ去って後、リチのデザインは商品化され、東京や軽井沢の販売所「ミラテス」[*17]で売られた。「ミラテス」は、タウト作の工芸品が売られたことで知られるが、リチの繊細優美な小物や色鮮やかな服地は好評で、むしろリチのものの方がよく売れたという。

　1950(昭和25)年、リチは京都の稲葉七宝二代目・稲葉七穂に頼み込んで有線七宝(クロワゾネ)の技術を学ぶ。約1年間職人たちに混じって自らデザインしたものを制作した(図 9.17)。材料と加工技術を熟知した上で、デザインすることはやはりウィーン工房式である。

　稲葉七宝の角型有線七宝は、1876(明治9)年、ドイツ人化学者ワグネル[*18]の指導によって改良された透明釉(ゆう)と日本の技術を合わせ、生み出された独自の技法によるものだった。リチは、ウィーン工房時代、既に無線七宝であるエマイ

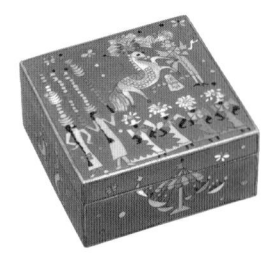

(左)図9.17　七宝の宝石箱「カーニバル」(1950頃)[17]
(右)図9.18　スター・バーの壁画・天井画(上野伊三郎設計、1930)[18]

ユを手がけていたが、有線七宝との出会いによって得意とする繊細な線が生かされ、新たな表現が生み出された。リチが稲葉七宝でデザインしたマッチ箱や宝石箱は、職人たちの間で「リチさんの箱」の愛称で呼ばれ、当時、伝統的な花鳥画を図柄の中心としていた京七宝には見られない、サーカス、カーニバル、龍などユーモアと創意に溢れた図柄が注目される（図9.10）。

9.3.4　建築家との協働：総合芸術作品

リチは、来日前、既にホフマン設計のウィーン工房売店天井画を手がけた経験があったが、本格的に建築に関わるのは、日本で伊三郎設計の建築の壁画や天井画を手がけるようになってからのことである。

その第1回目が、京都スター・バーの天井画（1930）だった（図9.5、18）。30年代にリチが手がけた壁画・天井画で現存するものは一つもないが、残されたモノクロ写真とスケッチから、銀色無地のジュラルミン板張りの壁面やガラスなど無機的な素材で統一された空間を窓からの光が乱反射するなか、銀地の天井に描かれたリチの色とりどりの花鳥画が浮遊する清新な様子が見て取れる。

スター・バーは、1932年、ニューヨークの近代美術館で開催された「近代建築」展[19]に日本代表として出展されるという快挙を示している。日本からの選出は山田守[20]と伊三郎の二人だけだった。この国際展はカタログとは別に刊行された本の名称から「インターナショナル・スタイル」展の名で知られる。天井装飾が、装飾忌避を旨とする「インタナショナル・スタイル」と矛盾するといった検討がなされたかどうかは不明だが、スター・バーがカタログに掲載されながら本の方では掲載されなかったことは興味深い事実である。

30年代、リチは祇園ソーダ・ファウンテンの壁画や椅子張り織物、京都ステーション・ホテル大食堂の壁画など、次々と伊三郎設計の室内空間の装飾を手がけた。落ち着いた色づかいのものとしては、ごく淡いピンク地に黒い線描とすみれ色を施した京都市役所貴賓室の壁画がある（図9.8）。

図9.19 そごう百貨店のガラス天井(村野藤吾設計、1935、大阪)[19]

図9.20 日生劇場地下レストラン「アクトレス」の天井・壁面装飾(村野藤吾設計、1962、東京)[20]

　伊三郎が早稲田大学で3年後輩だったこともあって、村野藤吾とは戦前からのつきあいだった。村野設計の大阪・心斎橋そごう百貨店(1935)では、リチ・デザインの天井ガラス(図9.19)が何枚もはめこまれた。磨りガラスの凹凸によって浮き彫りにされた蝶や草花のモチーフが陽炎のように舞う美しい作品である。また、村野の自邸(1942)書斎の暖炉まわりの床タイル画は、白地に黒の線描でミズスマシやフクロウ、クジャクが描かれたシンプルなものである。村野はこのタイルをかなり気に入っていたと見え、戦後の協働作「アクトレス」入口前の壁にも使用している。いずれも、素材の特性と加工法を最大限に生かすというリチの創作基盤を理解していた村野の期待と意図に応えるものである。

　東京の日生劇場地下レストラン「アクトレス」の壁画・天井画(図9.20)は、30年代のリチの装飾画を高く評価した村野が特に希望してリチに依頼したものである。アルミ箔の貼られた銀色の襖紙に、リチの装飾が不透明な水溶性絵の具で描かれた。実際リチが筆をとって描いた部分はごく一部で、美人の教え子の中から選んだ優秀な学生4人の手によって壁面装飾は仕上げられたという。リチは、パターンの展開と全体の配置計画を立て、あらかじめ用意した原寸大のモチーフの手本に従って作業が進められた。実際の製作者を別とするウィーン工房における職人とデザイナーの連携と役割がここでも踏襲されている。襖紙の大きさの単位でリチの装飾が施された襖紙は、「袋張」という日本の障壁画の下張りで使われる表装技術によって裏打ちされ、一続きにされた天井と壁面の曲面を這うように切れ目なく貼り継がれ、生命体の内側のような空間が生まれた。

　竣工当時、壁紙は照明の光を受けて輝きを放ち、描かれた花や鳥はまるで空間を浮遊するようだったと想像される。モチーフが自由奔放に配され、多種の花、果実が一つの枝になるといったリチのファンタジーの世界が村野の建築空間の中で溢れるように息づく大作であり、記念すべき総合芸術作品である。改装(1995)により分離保存され、一部のみが額装展示されているのが惜しまれる。

＊1　グスタフ・クリムト　Gustav Klimt：1867－1918。オーストリアの画家、装飾家。金細工職人の息子として生まれ、ウィーン美術工芸学校に学ぶ。1897年、仲間と分離派を創設、初代会長を務める。「ベートーベン・フリーズ」(1902)等で、輪郭線を強調した顔や肢体の官能的な表現と、金箔を多用した衣服のモザイク風の装飾を結びつけ、独自の様式を創造する。

＊2　ウィーン分離派　Wiener Secession：別名「オーストリア造形美術家連盟」。1897年、G. クリムト主導の下、旧来のアカデミーに対して離脱を宣言、新しい総合芸術の確立を目指し設立された。翌年、J. M. オルブリッヒ設計の分離派館を完成、第一回展覧会を開き、注目を浴びた。1905年、内部対立からクリムトやO. ヴァーグナーなど初期の主要メンバーが脱退した。

＊3　オットー・ヴァーグナー　Otto Wagner：1841－1918。オーストリアの建築家。1894年、ウィーン美術アカデミー教授。鉄道駅などウィーンの都市計画、公共建築の設計に携わる。伝統の崩壊と「必要様式」を唱え、J. ホフマンなど次世代の建築家に多大な影響を及ぼす。ウィーン郵便貯金局(1904－06)でガラスと金属を巧みに使い、近代建築の新しい表現を切り開く。

＊4　ヨゼフ・ホフマン　Josef Franz Maria Hoffmann：1870－1956。オーストリアの建築家、デザイナー。美術アカデミーでO. ヴァーグナーに師事する。1897年、ウィーン分離派創立メンバー。ヴァーグナー事務所を経て、98年独立、開業。1899－1936年、ウィーン美術工芸学校教授。W. モリスの思想に共鳴し、1903年、盟友K. モーザーと共にウィーン工房を設立。代表作ストックレー邸(1905－11)で直線的、幾何学的パターンを特徴とする総合芸術作品を実践し、脚光を浴びる。

＊5　ウィリアム・モリス　William Morris：1834－96。イギリスの工芸家、詩人、思想家。ラスキンの影響をうけて中世に憧れ、産業革命による機械化、量産化による芸術の質の低下に反発。手仕事による中世の職人の工芸に生活と芸術の一致を見る。その実践として、1961年、友人らと共にモリス・マーシャル商会を設立、壁紙、織物、ステンド・グラスなどを制作。その思想は、アーツ・アンド・クラフツ運動を通じて国際的に広まり、各国の造形芸術運動の展開に大きな刺激を与える。

＊6　ウィーン工房　Wiener Werkstatte：正式名称「ウィーン工房、ウィーン工芸美術家生産共同組合」。J. ホフマンと画家・デザイナー、K. モーザーの構想に、銀行家ウェルンドルハーが出資し、1903年に創設された総合的手工芸の工房。W. モリス以来のアーツ・アンド・クラフツ運動の精神と継承を強く意識し、室内装飾、家具、食器などを製作。1932年解散。

＊7　ウィーン国立美術工芸学校：1864年に設立されたオーストリア美術産業博物館（現オーストリア国立工芸美術館）の付属学校として1867年に創設。1899年よりJ. ホフマン、K. モーザーらを教授陣に迎え、教育方針を刷新。伝統的な装飾の模倣から、自然観察を基本とする自由な装飾、総合的なデザインを求める。

＊8　フランツ・チゼック　Franz Cizec：1865－1946。チェコ、ライトメリッツ生まれ。子供の創造性を擁護し、自由に育てる美術教育を探求、実践した画家、理論家。1908年、ウィーン美術工芸学校教授に就任し、児童美術教育の成果を成人学生の基礎課程に採用する。進歩的美術教育の旗手として内外で評価、受容される。

＊9　ダゴベルト・ペッヘ　Dagobert Peche：1887－1923。ザルツブルグ生まれ。ウィーン工科大学を経て、ウィーン美術アカデミーに学ぶ。1916年、J. ホフマンに見出されてウィーン工房に参加、奔放かつ華やかな装飾デザインで後期ウィーン工房を牽引する。

＊10　上野伊三郎：1892－1972。京都の宮大工の長男として生まれ、早稲田大学卒業後、ベルリン、ウィーンに留学。1924年よりJ. ホフマンの建築事務所に在籍。1925年、リチと結婚、帰国。京都で建築事務所を設立、スター・バー、旧島津邸などを手がける。群馬県工芸所所長(1936－39)などを経て、戦後はリチと共に工芸教育に従事。1946－63年、京都市立美術大学教授。

＊11　日本インターナショナル建築会：1927(昭和2)年、京都で結成された建築家グループ。創立メンバーに本野精吾、上野伊三郎、伊藤正文ら6名。B. タウト、W. グロピウス、リートフェルトなどの著名建築家を外国会員とする。真正な「ローカリティ」に根ざした「インターナショナル」の実践を目指す。1933年、活動停止。

＊12　ブルーノ・タウト　Bruno Taut：1880－1938。ドイツの建築家。1910年代、表現主義建築の主導者として活躍。20年代にはベルリンで多くのジードルンクを建設、国際的評価を得る。1933－36年、日本に滞在し、多数の日本文化論を書き、反響を呼ぶ。

＊13　稲葉七宝：1889(明治22)年、稲葉七穂(一心)創業の京七宝製造、販売店。京都の七宝作家、並河靖之が編み出した金属の線をはめ込む隊線の技法にワグネルが改良した透明釉薬を合わせた独自の有線七宝(クロワゾネ)を継承。1904(明治37)年、セントルイス万博で入賞するなど、海外でも早くから高い評価を受ける。

＊14　村野藤吾：第1章参照。

＊15　バウハウス　Bauhaus：1919年、ワイマールに創設された総合的造形芸術の学校。初代校長に建築家W. グロピウス。当初、表現主義的傾向が強かったが、後に合理主義、機能主義中心に転向。1925年にデッサウ、32年にベルリンに移転。33年、ナチスにより閉鎖。

＊16　水原徳言：1911－。建築家、デザイナー。群馬県高崎市生まれ。1930(昭和5)年、井上房一郎主宰の井上漆工部に勤務。1934－36年、B. タウトに師事し、工芸活動に従事する。1948(昭和23)年、建築デザイン事務所設立。タウト死後も高弟として、リチと交流した。

＊17　ミラテス：高崎の事業家・井上房一郎が主宰する井上工芸研究所の製品を売る店として、1933(昭和8)年、軽井沢に開設。B. タウトが研究所顧問となったことを機に、1935年、東京・銀座店を開店、タウトやリチ・デザインの工芸品を売る。1943年、閉店。

＊18　ゴットフリード・ワグネル　Gottfied Wagner：1831－92。ドイツ、ハノーバー生まれ。1868(明治元)年、お雇い外国人技師として来日。東京開成学校（後の東京大学）をはじめ各地の学校で教鞭をとる傍ら、陶磁、七宝、ガラス、染色などの改良に携わり、日本の工芸の発展と世界への紹介に寄与した。

＊19　「近代建築」展：1932年、ニューヨーク近代美術館で開催された国際建築展。フィリップ・ジョンソンとヘンリー＝ラッセル・ヒッチコックが企画立案、1920年代のヨーロッパを中心とする建築の新傾向を「インターナショナル・スタイル」として定義づけた。

＊20　山田守：1894－1966。建築家。1920年、東京帝国大学卒業後、通信省に入り、電信局や病院を手がける。パラボラ型アーチを並べたデザインなど、戦前戦後を通じ個性的かつ先駆的なモダニズム建築を多く残す。

10
剣持勇
「ジャパニーズ・モダーン」の追求

笠原一人

「ジャパニーズ・モダーン・デザインは伝統を拒否するか？その反対である。大いに伝統を重視する。しかし伝統的様式の踏襲は問題にしない。」(「ジャパニーズ・モダーンか、ジャポニカ・スタイルか」『工芸ニュース』1954年9月号より)

図 10.1　東京高等工芸学校校舎[1]

10.1　近代と伝統のはざまで

　日本は、明治以降、輸出振興のために工芸の奨励を図って万博などへの伝統工芸品の出品に力を入れ、国際的に高く評価されていた。しかしその後、工芸品は伝統的な意匠の模倣に終始し、やがて国際的な評価も下がり始める。そこで、工芸を工業と結びついた「産業工芸」として位置づけ直し、国を挙げて工芸に関する改善が図られた。

　その中で重視されたものの一つが、教育である。まず、製品の製造と図案作成の分業を前提とし、デザイナーとしての図案家を育成する高等教育機関として、1902(明治35)年に京都高等工芸学校(現京都工芸繊維大学)が設立された。その後1921(大正10)年には、新たに東京高等工芸学校(現千葉大学、図10.1)が設立され、バウハウス[*1]の影響を受けた建築家の蔵田周忠らが教員となって機能性や合理性に基づいたデザイン教育を行い、日本を代表するデザイナーを多数輩出した。

　1928(昭和3)年、商工省の管轄下に工芸指導所(図10.2)が仙台に設立されたことも、日本のデザインの発展にとっては大きな出来事である。工芸指導所は、国内各地の物産や工芸品を改善し、輸出を振興するための研究や試作、指導者養成を行う機関であり、従来の過去の意匠の模倣に終始する伝統工芸品に対して、「科学のメスを入れる」ことをテーマとしていた。日本のモダニズムは、こうした国立の機関の設立によってようやく本格的に始まったのである。

　1912(明治45)年に生まれた剣持は、1932(昭和7)年に東京高等工芸学校の木材工芸学科を卒業し、そのまま工芸指導所に就職している。つまり剣持は、時代の要請に応じるようにして、工芸の産業化を目指す二つの現場を体験することになったのである。

　工芸指導所では、ブルーノ・タウト[*2]との出会いが、剣持のその後の人生に

図10.2 工芸指導所建物前(ブルーノ・タウトとともに)[21]

影響を与えるほど重要なものとなった。タウトは1933(昭和8)年、ナチスから逃れるため、建築運動団体の日本インターナショナル建築会[*3]を頼って来日したドイツ人建築家である。滞日中、工芸指導所を訪れ、生産品を酷評したことがきっかけとなり、工芸指導所の顧問に就任する。1934年までのわずか4ヶ月間であったが、実験と合理性に裏付けられた工芸品を目指して、指導所のシステムから改革を行い、デザインを指導した。タウトは、モダニズムの理念と方法を、日本に導入し定着させようとしたのである。

また1930年代は、ナショナリズムに傾斜していく時代でもあった。当時、デザインや建築の世界では、盛んに「日本的なるもの」の探求が行われていた。しかしその多くは、過去の形態を模倣しただけのものであり、新しい方法や素材の特質を生かしたものではなかった。そんななかでタウトは、日本の伝統文化を、モダニズムに共通する簡素さの美学を有するものとして高く評価した。そして自ら、竹や木材など日本に特有の素材を用いて工芸品を制作し販売した。

剣持はタウトに接することで、機能的かつ合理的なデザインのあり方を学ぶとともに、日本の伝統的なデザインの良さを認識することになった。タウト離日後には、日本の伝統的な素材を用いてモダンな椅子などを製作し、1930年代後半に伝統工芸を生かした工芸産業を各地で広めている。

1940年代になると、日本は戦時体制に突入する。工芸指導所は、戦時下の国民生活にふさわしい家具や、木造航空機の椅子や燃料タンクなど、軍需品の製作に取り組み、剣持も積極的に関わっていた。徹底した機能性や合理性、規格化の追求によって、「日本」のためのデザインが実現されたのだった。

戦後になると、剣持は新たな仕事に携わることになる。その最初は、工芸指導所に依頼されたアメリカ進駐軍の住宅用家具や復旧住宅用家具の開発や指導であった。これは、いわば新たな国家事業であったが、剣持らは、戦前の工芸指導所での活動を生かす形で、仕事を再開した。

戦後には、多くの海外のデザイナーとの出会いが、剣持に新たな展開をもたらした。とりわけ彫刻家イサム・ノグチ[*4]との出会いは、剣持にとって大きな出来事だった。二人は1950(昭和25)年に出会った。その後ノグチは、慶應義塾大学の新萬來舎(ばんらいしゃ)の室内設計を依頼され、その際、工芸指導所を滞日中のアトリエとして使用することになる。これによって二人は親交を深め、創作上の刺激を与えあった。

　ノグチとの出会いは、剣持にさらに新たな出会いをもたらした。ある時、ノグチがスケッチを描き剣持が製作した竹製の椅子を、ノグチがデザイナーのジョージ・ネルソン[*5]やチャールズ・イームズ[*6]に見せたところ、彼らはその技術とデザインを高く評価した。これがきっかけとなり、剣持は1952(昭和27)年、ノグチの紹介状を持って半年間アメリカへ留学する。その間、イームズやネルソンのほか、ミース・ファン・デル・ローエ[*7]、フィリップ・ジョンソン[*8]、マルセル・ブロイヤー[*9]など、モダニズムの建築家やデザイナーと交流している。それによって、剣持は制作の方法を確立することになった。

　その後剣持は、1955(昭和30)年に工芸指導所を辞して剣持勇デザイン研究所を設立し、個人のデザイナーとしての活動を始め、そのデザイン活動はさらに広がりのあるものとなる。籐丸椅子(図10.7)など、近代と日本の伝統が融合する独創的な椅子を生み出し、プロダクト・デザイン(図10.10、11、12)も手がけた。

　また剣持は、1950(昭和25)年から新制作派協会[*10]の建築部に所属した。そこには丹下健三[*11]、前川國男[*12]、山口文象[*13]など、著名なモダニズムの建築家が参加していた。美術と建築の融合を目指したこの会の人脈によって、その後剣持は、多数の建築家との協働を行っている。かつて剣持は、ノグチを「スペースアーティスト」と呼んでいたが、剣持もまた家具デザイナーを超えて、空間デザイナーとでも呼びうるような広範囲な活動を展開させたといえる。

　だが1971(昭和46)年、59歳の若さで、不意に自ら命を絶つことになった。

(左)図10.3 標準寸法測定に要する実験用椅子³⁾
(右)図10.4 椅子の規範原型タイプC2(1940年代)⁴⁾

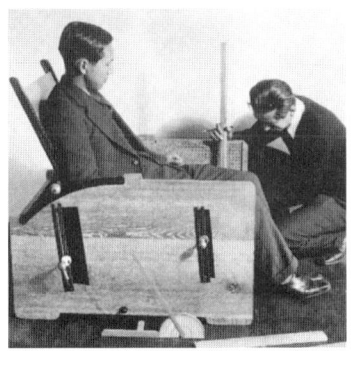

10.2 「ジャパニーズ・モダーン」という理念

10.2.1 機能性と合理性

　剣持の理念は、徹底した機能主義と合理主義に支えられている。それはタウトとの出会いによるところが大きい。タウトは、工芸指導所での指導において「規範原型制作」を最も重視していた。「規範原型」とは、工業生産するための原型となる製品であり、機能性と合理性に裏付けられた精度の高い家具の量産に必要なものである。ドイツ工作連盟[*14]やバウハウスでは、工芸の近代化にとって欠かせないものとされていた。剣持は、タウトの指導の下で「規範原型制作」に取り組み、タウト離日後も続けた。

　剣持は、自らが考案した「標準寸法測定に要する実験用椅子」を用いて人体寸法を測定し(図10.3)、また積雪の中で人体の型を取る「雪面実験」も行った。日本では1920年代以降、椅子式の生活が浸透し始めていた。日本の住生活の変化に対して、徹底した科学的方法で取り組み、標準的な椅子の制作を試みたのである。規範原型タイプC2(1940年代、図10.4)は、その成果の一つである。他に「解体式家具」と呼ばれる折畳み式家具の研究にも取り組んだ。これは、日本の小さな住居や和室での生活に柔軟に対応する家具の追求である。

　こうした背景には、日本が戦時体制に入り、国民すべてに質素な生活が求められていたことも挙げられる。1940年代に入ると、工芸指導所では国民の生活のために機能性や合理性、簡素さを備えた「国民家具」の制作が行われた。剣持もその制作に関わり、1944(昭和19)年には、『規格家具』という本を出版している。戦争によってこそ、モダニズムが追求されたともいえる。

　こうして戦前・戦中を通じて、剣持のモダニズムの理念と方法は確立された。その後剣持は、戦後復興の中で、新たに機能性と合理性を備えた安価で簡素な家具の制作に関わる。戦前・戦中に手工的な方法で行っていたのとは異なり、

高周波を用いた乾燥や接着など、より科学的で工業化された方法を用いた。だが戦前・戦中に確立されたモダニズムこそが、基礎をなしているといえる。

10.2.2　伝統へのまなざし

　剣持の理念を支える重要なものが、もう一つある。日本の伝統へのまなざしである。そしてこれも、タウトの来日に端緒がある。タウトは、桂離宮をはじめとした日本の伝統美や伝統的な方法の中に普遍的なものを見出し、高く評価した。そして工芸品の中で最も興味を示したのは日本の伝統的な素材であり、弾性があり、変形が容易な竹を用いたものだった。

　タウトの影響を受けた剣持もまた、竹を用いた家具の試作を試みた。伝統的な素材を、椅子という近代的なものに応用する試みである。また剣持は、日本の伝統的技法であり、安価で手工業としても成立する竹や籘による編組も高く評価している。ここには、伝統的な方法を重視しながらも、合理性を踏まえようとする態度が表れている。

　戦後はイサム・ノグチとの交流によって、剣持は日本の伝統への興味を新たにした。剣持は、伝統的な素材や方法に独創的な創造を加え、まったく新しい作品を生み出そうとするノグチの姿勢を高く評価した。その後、剣持はこのようなデザインのあり方を「ジャパニーズ・モダーン」と名付け、自ら実践する。

　剣持によれば、伝統的な形態の模倣は、「異国趣味につけこむファッション・デザイン」としての「ジャポニカ・スタイル」に過ぎない。それに対して「ジャパニーズ・モダーン」は、「現代日本のデザイン」を意味する[*15]。そこでは、常に新たな創造が求められている。

　重要なのは、剣持が、伝統を単なる形態の問題として捉えていないことである。伝統を素材や方法として捉え、それらを用いながら、かつ機能性や合理性に裏付けられた、優れて現代的な形を生み出そうとする態度において一貫している。剣持は、日本独自のモダニズムを追求し続けたデザイナーであった。

(左)図10.5　組合せ家具(1954)[5]
(右)図10.6　食事椅子(1954)[6]

10.3　プロダクトからインテリアまで

10.3.1　工芸指導所時代

　1932(昭和7)年から1955(昭和30)年までの工芸指導所時代、剣持は主に研究部に属し、1952(昭和27)年に工芸指導所が改称されてできた産業工芸試験所では、意匠部長を務めた。その間、機能主義や合理主義に基づいた伝統的な技法や素材の探求を試み、国民の生活の規範となる多くの家具の制作を行った。

　剣持は戦後も標準的な家具の制作を続け、より洗練された形態を持つ家具を生み出した。組合せ家具(1954、図10.5)は、細いスチールの枠組みの中に、引き戸の付いた戸棚と二段の棚板を組み込んだものである。細いスチールの枠組みが、全体に軽快さと明快さを持つモダンな印象を与える。わずかに足下を浮かせることで、和室でも使用可能な高さとなっている。戸棚も和風の意匠であるが、引き戸が朱色に塗られることで、ル・コルビュジエ[*16]の作品にも似た強い印象を与える。コンパクトなものであるが、機能性とモダンな意匠、さらに日本の伝統をうまく融合した作品である。

　また工芸指導所では、戦前のタウト来日以来、竹を用いた家具の制作が続けられていた。竹は弾性があり成型が容易なため椅子の座面に適しており、意匠としては和風となる。食事椅子(1954、図10.6)では、座面に人体の曲面に合わせるように竹を用いている。竹の特性を生かしたシンプルな椅子である。

10.3.2　剣持勇デザイン研究所設立後

　1955(昭和30)年に独立すると、剣持はそれまで以上に精力的に、新たな製品のデザインに取り組む。工芸指導所での仕事は、国民のための規範となるような家具の制作という枠組みを遵守しなければならなかったが、独立によって、より独創的な作品を生み出すことが可能になった。機能性や合理性に基づきながら伝統的な方法を用い、新しい形態を生み出すこと。それは「ジャパニーズ・

図10.7　丸椅子 C-315-E（現 C-3160、1960）[7]　　図10.8　柏戸椅子（1961）[8]

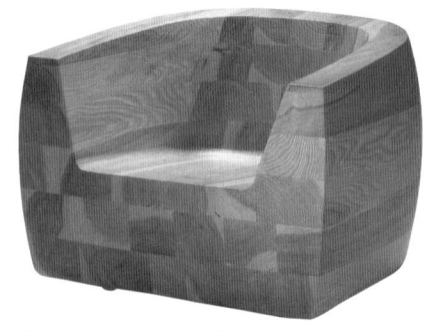

モダーン」の理念を実践することを意味している。そしてそれは、とりわけ椅子のデザインにおいて成果を見せた。

　スタッキングスツール202（1959）と称される椅子は、曲げ木を用いたシンプルかつ自立したデザインの椅子である。スタッキングが可能であり、規格化を意識している。そこに工芸指導所からの連続性を読み取れるが、座面やひとつながりの脚の曲線には、工芸指導所時代にはあまり見られなかった独自性を見て取ることができる。工芸所時代と独立後をつなぐ優れた作品だといえる。

　剣持の作品は次第に独創性を増してくる。丸椅子 C-315-E（1960、図10.7）は、籐による編組でつくられた剣持の代表作である。編組によって全体をひとつながりの抽象的な形態としたところに、モダニズムの精神を読み取れるが、その形態は単なる球面のような曲面ではなく、連続的に変化しており、座る人をやわらかく包み込む。それはモダニズムを超えて、ヒューマニズムとでも呼びうる精神を備えている。

　剣持は、タウトなどの影響を受けて、戦前から籐の編組に日本の伝統や産業化の可能性を読み取り、工芸品においていくつかの試作も行っていた。この椅子を発表する直前にも籐の編組によるいくつかの丸椅子を発表しているが、曲面の形態などが異なっている。C-315-E はその最後に発表されたものであり、一連の籐の丸椅子の最終形態とでもいいうる見事な調和を見せている。この椅子は、戦前からの興味に支えられた確かな技術とさらなる試行錯誤、また剣持ならではの独創性が加わって生み出されたものであり、「ジャパニーズ・モダーン」を体現する見事な作品であるといえる。

　柏戸椅子（1961、図10.8）は、当時の名横綱・柏戸をイメージしてつくられたものである。複数の木の切り株部分の集成によってつくられた重量感あるものであり、まさに力士を連想させる。その曲面には、同時期につくられた丸椅子同様の剣持の独自性とユーモアさえ感じさせるが、軽さとやわらかさを併せ持つ

図 10.9　安楽椅子 SM7051（1969）[9]

丸椅子とはまったく異なる印象を与えている。

　この椅子は剣持の独創性だけで位置づけられるものではない。1960年代になると、多くの建築家や美術家らによって、機能主義を超えた形態の創出が新たな課題となっていた。その際好まれたのが、空間的なものではなく、物質の量塊による力強い表現であった。同時期の丹下健三や岡本太郎[*17]、具体グループ[*18]などの造形には、そうした性質が読み取れる。柏戸椅子は、時代の潮流を反映したものとして存在している。

　時代を感じさせるもう一つの椅子がある。安楽椅子 SM7051（1969、図10.9）という、スチールとアクリルを用いた斬新な椅子である。形態としては、藤の丸椅子のバリエーションということもできるが、1970（昭和45）年の大阪万博でメタボリズム・グループ[*19]などによって好んで用いられた、SF的な印象を与えるデザインである。ここでは近代や伝統といった枠組みを超えて、未来志向のデザインを試みたといえる。常に新しいものに挑戦しようとする剣持の姿勢を読み取ることができる。

10.3.3　プロダクト・デザイン

　剣持は独立後、いわゆるプロダクト・デザインの仕事にも数多く取り組み、名作を残している。タワー灰皿セット（1964、図10.10）は、スチール製で内側が赤や青、黄といった原色で塗られた灰皿である。塔状にスタッキング可能であることから、このような名前が付いている。規格化されながらも、内側の色彩によって多様性が生み出されているのが特徴である。

　ヤクルト容器（1968、図10.11）も剣持のデザインである。小さいながらも印象的な形態を有しているが、曲面部分に指が入り持ちやすくなっているなど機能性も考慮されている。後にデザインしたヤクルト・ジョア容器（1970）と共に、おそらくこの形を知らない人がいないほど、一般に浸透している。

　カーダスキン（1970、図10.12）は、自動車用のモップである。幾何学的に決定

(左)図 10.10　タワー灰皿セット (1964)[10]
(中)図 10.11　ヤクルト容器 (1968)[11]
(右)図 10.12　カーダスキン (1970)[12]

された曲線の組合せでつくられており、自動車の微妙な曲線に対応する一方で、持ちやすさや作業のしやすさ、そして視覚的な明快さが追求されている。人体と自動車との間を結ぶ、シンプルだが絶妙な形態を持っており、現在でもよく使われている。

　剣持は、コマツユニカ LT1200 (1966) という農作業に用いられるトラクターもデザインしている。これは自動車の一種であるが、一般の自動車のように機械と居住空間が一体化されるようにデザインされたものではない。矩形状の頑丈な車体に、座席やハンドルが付加され、システム化された機械のようにデザインされている。規格化や機能性を追及してきた剣持らしいものだといえる。

10.3.4　建築家との協働

　剣持は、1950 (昭和 25) 年に新制作派協会建築部に所属して以降、建築家との交流が増し、建築家の作品に合わせた家具やインテリアの制作を行っている。なかでも最も多く協働したのは、丹下健三だろう。丹下は剣持と同世代であり、戦前から活躍を始め、戦後の復興を担った日本を代表する建築家である。剣持同様、モダニズムの理念と方法に基づきながら、日本の伝統をいかに建築に導入するかというテーマに取り組んだ。そしてその造形は、剣持にも似て、単なる東西の融合ではなく、独創性に裏付けられたものだった。丹下と剣持は、同時代を共に歩んだ偉大な作家であった。

　剣持が家具のデザインを担当した丹下の作品には、香川県庁舎 (1958)、草月会館 (1958)、国立屋内総合競技場 (1964)、東京カテドラル (1964)、香川県立体育館 (1965)、山梨文化会館 (1966) などがある。香川県庁舎は、鉄筋コンクリート造で、ピロティや明確なコアを持つ典型的なモダニズム建築でありながら、ベランダは日本の伝統的な建築の垂木を思わせる小梁で支えられるなど、モダニズムと伝統が融合したデザインが特徴である。剣持がデザインした家具 (図 10.13) は、シャープでモダンなデザインでありながら、どこか和風を感じさせ

図10.13　香川県庁舎の家具(1958)[13]　　図10.14　国立京都国際会館の安楽椅子(1966)[14]

るものでもある。また香川県立体育館では、ベンチなどをデザインしている。建物のデザインは船をイメージさせる迫力あるものであるが、ベンチのデザインも力強いものとなっている。

　他にも建築家との協働による作品は多い。前川國男設計のブリュッセル万博日本館(1958)や大谷幸夫[20]設計の国立京都国際会館(1966)、坂倉準三設計のシルクセンター国際貿易観光会館(1959)、佐藤武夫[21]設計のホテルニュージャパン(1960)、山下寿郎[22]設計の大利根カントリー倶楽部(1960)、芦原義信[23]設計の富士フィルム東京本社(1969)などでインテリアや家具を担当した。

　ブリュッセル万博日本館ではインテリアを担当し、モダニズムと伝統が融合する空間を生み出した。この日本館は、パヴィリオンデザインの金賞を受賞している。国立京都国際会館では、安楽椅子(図10.14)や灰皿、絨毯などをデザインしている。椅子は六角形と円を組み合わせた力強いデザインである。斜めの線を多用し、日本の伝統的な民家を意識したダイナミックなデザインの建物に、うまくマッチしている。

　その後剣持は、日本航空ボーイング747のインテリアや機内食食器のデザイン(1968)、日本設計が設計した京王プラザホテルのインテリアデザイン(1971)を担当している。そこでは、日本画家の加山又造[24]と協働するなど、従来とは異なる形で、伝統との融合を果たしている。

　当初、家具やプロダクト・デザインを追及した剣持だが、建築家との協働を経験し、次第にトータルな居住環境デザインに到達したといえる。しかし、最後まで一貫してモダニズムと伝統との融合が実現されていた。剣持は、日本の近代における最大のテーマを、正面切って追求し続けたデザイナーであった。

＊1　バウハウス　Bauhaus：1919年、ドイツのワイマールに建築家のW.グロピウスによって開校された造形芸術学校。1926年にデッサウに移転した後、1933年にナチスの圧力で閉校となる。教員として建築家のミース、画家のカンディンスキーやクレー、イッテン、舞台芸術家のシュレンマー等がいた。デザイン運動の頂点を形づくったものとして、その後の影響も大きい。

＊2　ブルーノ・タウト　Bruno Taut：1880-1938。ドイツの建築家。ドイツでは社会主義思想を背景に、集合住宅の設計で活躍した。作風はモダンではあるが表現主義的である。建築のほか、絵画、工芸など多岐にわたる分野で活躍した。1933-36年の3年半、日本に滞在し、住宅や工芸において作品を残している。

＊3　日本インターナショナル建築会：1927(昭和2)年9月、本野精吾、上野伊三郎、伊藤正文ら6人を創設メンバーとして京都で結成された建築家グループ。インターナショナルと同時にローカリティを目指すという理念の下に結成された。タウトやグロピウス、リートフェルトなど、ヨーロッパの建築家も外国会員になっていた。1933(昭和8)年に活動を停止している。

＊4　イサム・ノグチ：第14章参照。

＊5　ジョージ・ネルソン　George Nelson：1908-86。アメリカの建築家、家具デザイナー。イエール大学を卒業後、建築事務所を設立し、デザイナーとして活躍。ハーマン・ミラー社のデザイン部長時代には、イームズ夫妻の作品をよく家具製品化した。また建築雑誌の編集長を務め、多くの建築・デザイン関連の著作を出版するなど、幅広い活躍を見せた。

＊6　チャールズ・イームズ　Charles Eames：1907-78。妻であるレイ・イームズと共に、建築や家具のデザイン、映画制作などで活躍したデザイナー。第二次世界大戦後に、工業生産を前提とした建築や家具のデザインを促進したデザイナーとして世界的に注目され、影響力も大きい。

＊7　ミース・ファン・デル・ローエ　Ludwig Mies van der Rohe：1886-1969。ドイツの建築家で、近代建築の三巨匠の一人。石工職人の家に生まれ、独学で建築を学んだ後、建築家として活動。数々の名作を残した。ドイツ工作連盟の副会長、バウハウスの校長も務めた。戦後はアメリカで活躍した。

＊8　フィリップ・ジョンソン　Philip Johnson：1906-2005。アメリカの建築家。ハーバード大学で哲学を専攻した後、ニューヨーク近代美術館(MoMA)建築部門ディレクターに就任。その後、大学院で建築を修め、建築家として活動。常に時代の流れを読み、最先端の表現方法によって建築を設計し、注目された。

＊9　マルセル・ブロイヤー　Marcel Lajko Breuer：1902-81。ハンガリー出身の建築家、家具デザイナー。バウハウスで1期生として学んだ後、アメリカに移住し、建築家、デザイナーとして活動。多数の建築作品のほか、スチールパイプ椅子など、工業部材を用いた家具を多数実現した。

＊10　新制作派協会：1936(昭和11)年に発足した美術団体。現在の「新制作協会」。文部省が美術団体を改組しようとして美術界が混乱した際に、自由を求めて設立された。画家の猪熊弦一郎や小磯良平らが中心メンバーだった。1939年には彫刻部が設置され、戦後には建築部が設置された。建築部には、池辺陽、岡田哲郎、丹下健三、吉村順三、山口文象、谷口吉郎、前川國男の7名の建築家が参加していた。第6章参照。

＊11　丹下健三：第8章参照。
＊12　前川國男：第7章参照。
＊13　山口文象：第6章参照。

＊14　ドイツ工作連盟　Deutscher Werkbund：1907年、ミュンヘンに創設された企業と芸術家からなる団体。芸術と企業と手工業が一体となった生産品の改良を目的とし、H.ムテジウスや家具会社社長K.シュミットを中心に設立された。他に、H.ペルツィヒやJ.ホフマン、H.ヴァン・デ・ヴェルデらが参加していた。

＊15　剣持勇「ジャパニーズ・モダーンか、ジャポニカ・スタイルか」『工芸ニュース』1954年9月号。

＊16　ル・コルビュジエ　Le Corbusier：1887-1965。スイスで生まれ、フランスで活躍した建築家。近代建築最大の巨匠とされる。本名はシャルル＝エドゥアール・ジャンヌレ（Charles-Edouard Jeanneret）。機能性と合理性に裏付けられたモダニズム建築の提唱者として、世界的に多大な影響を与えた。日本人では、前川國男や坂倉準三、吉阪隆正らが直接指導を受けたほか、丹下健三らが大きな影響を受けた。第7章参照。

＊17　岡本太郎：1911-96。芸術家。抽象絵画、シュールレアリスム運動と関わり、縄文や沖縄の魅力に注目した。平面・立体作品を数多く残し、文筆活動も精力的に行った。「芸術は爆発だ」などの名言を残し、大阪万博「太陽の塔」(1970)の作者として知られる。

＊18　具体グループ：1954年に兵庫県芦屋市で結成された芸術家グループ「具体美術協会」のこと。画家・吉原治良を中心に結成され、メンバーには白髪一雄や田中敦子、堀尾貞治らがいた。インスタレーションやハプニングなどを用い、従来の美術の概念にとらわれない発想で多くの作品を生み、海外でも注目された。

＊19　メタボリズム・グループ：1960年に結成された建築運動グループ。建築評論家の川添登を中心として、メンバーには黒川紀章、菊竹清訓、大高正人、槇文彦らがいた。名称は「新陳代謝」を意味する英語に由来し、「変化」と「成長」をテーマとして、建築や都市のデザイン活動を行い、世界的に注目された。

＊20　大谷幸夫：1924-。建築家。東京大学で丹下研究室に所属し、広島平和記念公園や東京都庁舎などの実施設計を担当。後、東大教授を務めた。代表作に国立京都国際会館、金沢工業大学などがある。

＊21　佐藤武夫：1899-1972。建築家。早稲田大学建築学科を卒業直後から同学助教授、教授として活躍。その後建築設計に専念し、多くの作品を残している。代表作に旭川市庁舎、北海道開拓記念館などがある。

＊22　山下寿郎：1888-1983。建築家。東京帝国大学卒業後、山下寿郎設計事務所（現山下設計）を設立。オフィスビルの設計に高い評価がある。代表作に霞ヶ関ビル、NHK放送センターなどがある。

＊23　芦原義信：1918-2003。建築家。東京大学建築学科卒業後、ハーバード大学大学院で学ぶ。その後、芦原義信建築設計研究所を設立。建築設計の傍ら、東大教授も務めた。代表作に国立歴史民俗博物館、東京芸術劇場などがある。

＊24　加山又造：1927-2004。日本画家。京都市の西陣織の図案家の家に生まれる。東京美術学校日本画科を卒業後、東京芸術大学教授を務めながら、作家として活動。日本画の伝統的な様式美を現代的な感覚で表現した。文化功労者。文化勲章受章。

11
浜口ミホ
台所改革による住宅の民主化

小林正子

「社會(かい)の人々全體(たい)もまた舊(ふる)い封建的なものを克服して、新しく近代的な方へ進もうと努力している時こそ、われわれはわれわれの住宅の改革すべき點、進むべき方向をはつきりと見さだめて、敢えて實行すべき時なのではあるまいか。」(「玄關という名前を廢めよう—日本住宅の封建性の克服」『建築文化』1947年9月号より)

図 11.1 「家庭博覧会」で展示された一畳半の台所（入沢常子、1915）[1]——家事労働軽減のために立ったまま作業ができる立ち流しの採用や台所をコンパクトにまとめることで、それまでは多くの使用人の仕事であった家事労働を主婦が一人でこなせるように考案された台所

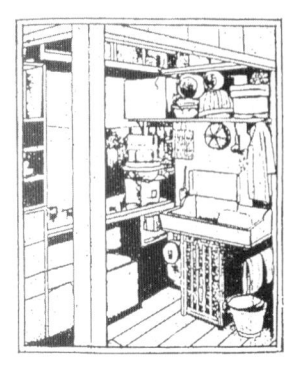

図 11.2 会期終了後販売された「大阪住宅改造博覧会」会場内の家並み（1922）[2]

11.1 女性建築家の誕生

11.1.1 中流住宅の近代化

わが国の住生活に大きな変化をもたらした明治以降の西欧文化の受容による洋風化の波は中流層の住宅にも押し寄せる。大正期に入ると、上流階級のような独立した洋館を持てない中流住宅で、和風住宅の一部に洋風の応接室や書斎を付設した和洋折衷住宅が定着していく。こうした洋風化の流布と相前後して襖で仕切られた開放性から生じる部屋の独立性やプライバシーの欠如など伝統的な和風住宅への批判が浮上する。在来住宅の改善を含め、明治末から大正期にかけて庶民住宅での洋風化を意図した様々な住宅改良運動が繰り広げられた。

1915（大正4）年、国民新聞社は「家庭博覧会」を開催する。明治以降の西洋文化の導入は、二重生活[*1]と呼ばれる和洋の混在によって家庭生活の管理や経済に大きな負担を強いてきた。博覧会では、これらの問題解決のために理論でなく実物模型を展示することで時代に適合した様式が指し示された。わが国初の家庭生活を対象とした博覧会として注目を集め、なかでも一畳半の衛生的な立ち流し[*2]による台所（図11.1）をはじめ、合理的な家事労働に関するものが高評を得た。住まいの洋風化志向を促す動向は、文部省（現文部科学省）主催による 1918（大正7）年の「家事科学展覧会」、翌年の「生活改善展覧会」など頻繁に催される博覧会や展覧会および新しい生活像を追求する団体の結成など、次第に庶民生活にも近代化つまり合理的と目された洋風化を敷衍させることになる。

橋口信助[*3]を中心に 1916（大正5）年発足した「住宅改良会」もこの種の活動の一つで、雑誌『住宅』の発行と住宅や台所の設計競技によって住まいの近代化と人々への啓蒙活動に貢献した。また「生活改善展覧会」を開催した文部省は、1920（大正9）年「生活改善同盟会」を結成する。その分科会として設置された「生活改善調査委員会」が示した椅子座の導入、家族本位[*4]の間取りなど

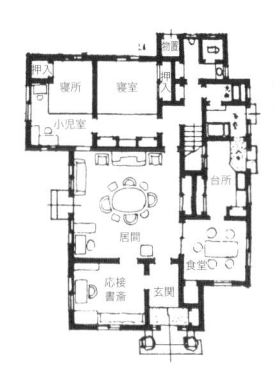

図11.3 「東京平和記念博覧会」での生活改善同盟会出品住宅(大熊喜邦、1922)[3]

図11.4 大連の都市風景[4]―大連の都市中心部の1920年代末頃の航空写真。北から大広場を望む

　6項目にわたる在来住宅の改善や洋風化に向けての基本方針は、1922(大正11)年の「東京平和記念博覧会」ならびに「大阪住宅改造博覧会」での実物の住宅展示(図11.2)によって人々の目に明らかなものとして示された。伝統的な接客重視から家族本位への改革と椅子式の採用による家族生活を中心とした居間中心型平面(図11.3)の住宅様式は反響を呼んだ。こうした数々の住宅改良運動は、大正デモクラシーの気運に支えられ、日本住宅の近代化を大いに推し進めたといえるが、家族本位の生活や家事労働の軽減を目的とした合理的な台所など真の意味での近代化は、戦後の家族制度における民主化を待たねばならなかった。

　庶民住宅の改良は第二次世界大戦によって中断されるが、戦後の民主主義の確立は家長制家族制度の崩壊や男女平等による婦人参政権の獲得をもたらすと同時に、民主化に向けての新たな住生活の改革に着目させる。女性の地位向上や家事労働軽減への関心が高まるなか、一人の女性の活躍が始まる。後に女性建築家第一号[*5]と称される浜口ミホその人である。

11.1.2　洋風都市・大連

　浜口ミホ(旧姓、濱田美穂)は、1915(大正4)年、濱田家の長女として大連に生まれる。大連は、帝政ロシアが清国から租借地として得た遼東半島の南端にある都市で、いくつもの円形広場から放射状に街路が延びるパリの都市計画に倣ってつくられた港町である。浜口が少女時代を送った頃の大連は、日露戦争を経て、満州への玄関港として日本が租借していた。帝政ロシア時代、商業都市として建設が始まった大連の街であったが、日本が占領した時点ではまだ多くの更地を残しており、そこを埋め尽くした建物は煉瓦や石造の耐火構造による洋風建築であった。欧州列強国が支配する他の極東都市に見劣りしない街並み形成をと、日本国の威信にかけて洋風都市建設がなされた(図11.4)。

　浜口の父・正直が海関[*6]副監察長の地位にあった関係上、濱田家は西欧人の住まいが建ち並ぶ国際的な地域に暮らし、浜口の生家である海関官舎も英国人

図11.5 濱田邸(遠藤新、1935、東京)[5]——浜口が大連から帰国後、両親、兄妹と暮らした自由が丘に建つ住宅。設計は、父・正直が日本で一番の建築家だと認める遠藤新に依頼された

設計による煉瓦造の洋風住宅であった。また正直は英国人社会を尊敬し、英国人の友人やドイツ人、オランダ人らとの交流も多かった。こうした国際的な洋風都市環境や和室のない住宅での椅子式の洋風生活が浜口の民主的で合理性に基づいた住居観を育んでいく。大連の神明高等女学校での母国見学[*7]において、本国で目にした木造住宅の薄暗く無彩色な空間や客間での旧風の行儀作法への戸惑いが、伝統的住宅に見られる封建性を浜口に意識させることになる。

11.1.3 建築との出会い

1933(昭和8)年、女学校を卒業した浜口は、東京女子高等師範学校家事科(現お茶の水女子大学)に進む。住居学担当の市浦健[*8]との出会いは、浜口を建築への道に誘う大きな機縁となった。1935(昭和10)年、彼女の父は、大連からの帰国に際し、建築家・遠藤新[*9]に設計を依頼し東京自由が丘に居を構えた。その住宅(図11.5)は、外観は洋館と呼ばれるにふさわしい姿を呈していたが、縁側や茶の間を持つ和洋折衷住宅で、幼い頃から洋風生活に慣れ親しんだ浜口にとって決して好ましいものではなかった。「自分の家ぐらいは自分で」と、浜口は次第に建築に心惹かれていく。

女性への建築教育には門戸が閉ざされていた時代、浜口は女高師卒業後、東京帝国大学建築学科の聴講生となり、1939(昭和14)年、市浦の紹介を受け前川國男[*10]事務所で本格的に建築を学び始める。2年後に入所してきた浜口隆一[*11]は伴侶として、生涯、浜口ミホの良き理解者となった。女性が建築家として活躍するだけの十分な土壌が整っていなかった大戦前後の建築界で、浜口ミホは女性初の一級建築士を取得し、女性ならではの視点から住宅の改善に尽力した。浜口が師と仰ぐ市浦の「住宅の大多数を占める庶民住宅とその環境の向上に貢献することが事務所の目的で、我々は町医者だよ」との言葉に従うかのように「住まいは生活の器」を持論に、1988年4月12日この世を去るまで、作品としての住宅設計に与えられるいかなる賞もついぞ手にすることはなかった。

(左)図11.6 『日本住宅の封建性』の表紙(1949)[6]
(右)図11.7 住宅営団標準平面図(住宅営団研究部)[7]

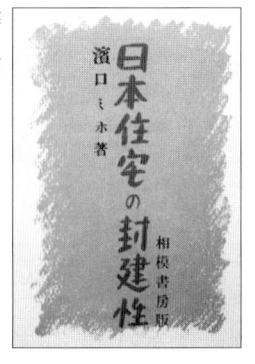

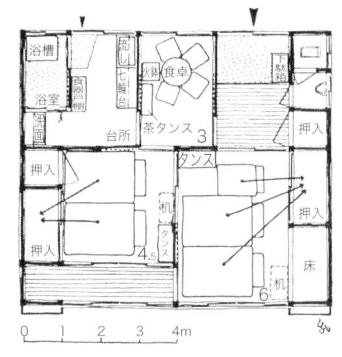

11.2 日本住宅の民主化に向けて

11.2.1 日本住宅の封建性

戦後間もない1946(昭和21)年、浜口は、論考「台所―住生活空間の研究」を、翌年、「玄関という名前を廃めよう」を発表する。この他いくつかの論文を加え『日本住宅の封建性』(図11.6)として出版されたのは、1949(昭和24)年であった。これまでのわが国の住宅の歴史的遡源を辿り、その封建性を分析することで近代性への理解を促そうと試みられたものであった。

第1章に所収された「台所―住生活空間の研究」では、現代の都市住宅の間取りにおいて、台所が環境条件の悪い居心地のよくない位置に置かれている理由を解明する。それは台所が、貴族や武士の住宅での「台所」に端を発し、台所がそこで働く「召使の場所」であったという歴史的事情に根ざしているからであるとする。現代社会の主婦は、「主人家族」に属しているにもかかわらず、居心地の悪さを忍んで、かつての召使いのごとく働かなければならないのは、台所が封建社会での格式の低い場所であったからだと明言する。

浜口による住宅における封建性の分析は、ついには「床の間追放論」や「玄関という名前をやめよう」との論議にまで発展する。床の間は花や書画を飾る場所、玄関は出入口という機能的性格とともにその発生の歴史的経緯から封律的な要素、つまり格式的な性格をも有する。床の間を追放するということは、浜口にとって封建性の払拭であり床の間の持つ格式的性格の掃蕩であった。玄関についても格式的性格を拭い去り機能的性格を顕現させるよう出入口と呼ぶことを提唱する。玄関という名は、封建的・格式的要素を持つ座敷と結合して床の間を要求することになる。浜口は機能的な呼称こそが封建性という泥沼の中から我々の住まいを救い出してくれると信じたのである。近代性と結びつく機能主義の対極に封建性と結びつく格式主義を置き、近代的な住まいを獲得するため

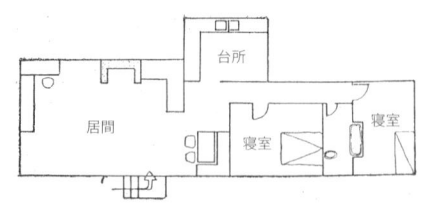

図11.8 ノイトラ住宅(リチャード・ノイトラ、1933、アメリカ)、平面図[8]——コブリック邸と考えるが、ノイトラの作品では、一番右端の部屋は車庫になっており、屋上への階段も略されているなど、再作図の際、誤記された可能性がある

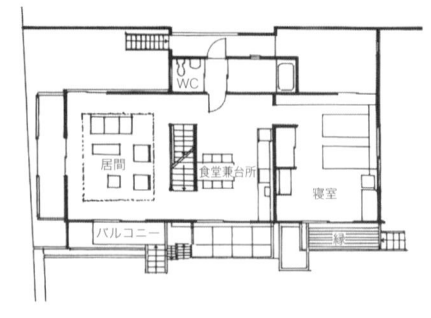

図11.9 G邸(1967以前、東京)、平面図[9]

には封建性の温存を許さない浜口の強硬姿勢をうかがい知ることができる。

11.2.2　間取りの近代化と合理化

　機能主義による格式主義打倒は住宅の平面構成についても展開される。浜口はわが国の典型的な平面構成の一例として住宅営団[*12]標準平面図(図11.7)を挙げ、ここでの生活を外国住宅(図11.8)との比較によって分析する。

　外国の住宅は、各部屋の機能的な区別に基づき空間が形成され、機能主義を原理とする。一方、日本住宅では部屋の呼称が機能的区別を示しておらず、各部屋は機能的に等質で、就寝、食事、団欒など多機能な空間である。この多目的な使用が可能である融通無碍な性格こそが日本住宅の特色であり、これまで日本的性格として讃えられてきたが、この性格は封建社会の住宅に歴史的根拠を持ち、身分の上下関係を示す生活空間での特色である。それは日本住宅の普遍的特色としての日本的ではなく、封建的と呼ぶべきものと結論づける。

　さらに日本住宅での融通無碍な封建的性格は接客空間と個人空間である寝室との兼用を招く。これに対して機能主義に属する外国住宅では接客空間は家族の食事や団欒の空間に重なる。家族生活の快適性という視点から浜口は、台所を生活の中心とし、家族の食事や団欒の空間に供するとともに来客をもてなすことのできる外国住宅に範を得た台所、リヴィング・キッチン[*13]を構想する(図11.9)。調理と食事の行為は切り離せないし、飲食の行為と団欒もまた深い関係にある。よってこれら行為に関わる空間を一つにまとめて住まいの主空間とすることは決して不自然なことではないと考えるのである。ただしこの頃まだ一般的であった座式の食事様式を椅子式に変更する必要があるとしながらも、台所と食事のための空間を融合させ、家事労働の軽減を図った近代的で合理的な住宅こそが民主的で快適な生活空間を獲得できる有効な方策であると主張する。戦後の小住宅の取り組みにおいて近代的合理的思考は時流に沿ったものであったが、女性であり主婦の立場からの見解として注目すべきものであった。

図 11.10 「新しき都市」—東京都市計画の一試案、外周部住宅群の1案、隣組広場鳥瞰図（1941）[10]

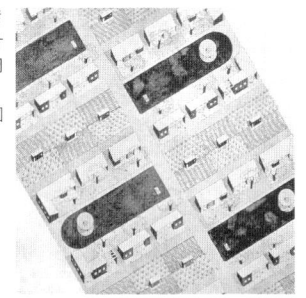

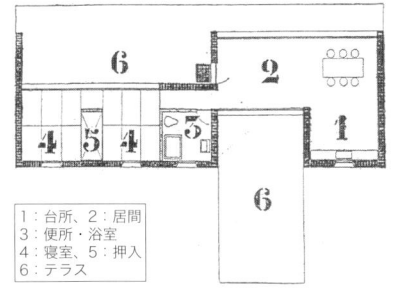

1：台所、2：居間
3：便所・浴室
4：寝室、5：押入
6：テラス

図 11.11 同、C_2型 5 人用住宅平面図（1941）[11]

11.3　モダン・リヴィングの実践

11.3.1　「新しき都市」—東京都市計画の一試案

　モダン・リヴィング追求の最も早い例として、浜口が隆一と結婚する以前、まだ濱田美穂であった頃の住宅計画案が残る。1941（昭和16）年1月、浜口は5人の若手建築家とともに東京銀座・紀伊国屋において "新しき都市"—東京都市計画の一試案" と題する展覧会を開く。逼迫した戦時下におかれた首都東京は数多くの欠点を露呈し、その対策は緊急を要するにもかかわらず、都市計画の面で何ら具体的な対策がとられていないことに対して若い建築家たちが発した警鐘であった。防空を視野に入れた都市の防火対策を考察し、都心部、中間部、外周部それぞれの住宅群案が提示された。

　浜口は外周部住宅群を分担する（図 11.10、11）。「都市の塵埃から逃れ、生の本能に基いた眞に楽しき住生活を行はしめんために（中略）各住戸が充分に廣い自然的環境を有した一戸建の菜園住宅で、新鮮な空気、充分な日光を受け、閑静さの中に都市の共同生活を行はしめんとするものである」ことが条件として設定され、「近代建築に豊かな人間性を輿へる」ことが企てられた。菜園を持つ6戸の住宅が1単位で広場を中心に配置される。4人用、5人用、6人用住宅が計画され、いずれの住戸も台所と食堂は1室となり、さらに居間へと続く構成である。数ヶ月後に完成する隆一との新居に見るリヴィング・キッチンへの意識が確認される作品である。スケールの記入はなされていないものの、決して最小限住宅ではないこれら住宅から、浜口の主張するリヴィング・キッチンが単に狭小な面積での解決策として考案されたものではなかったことがわかる。

11.3.2　四つの自邸

　浜口のモダン・リヴィングへのこだわりは自邸においてより明確となる。浜口は生涯に四つの自邸を設計する。隆一との新婚生活を送った等々力の住宅

図11.12　等々力・浜口邸（1941、東京）¹²⁾

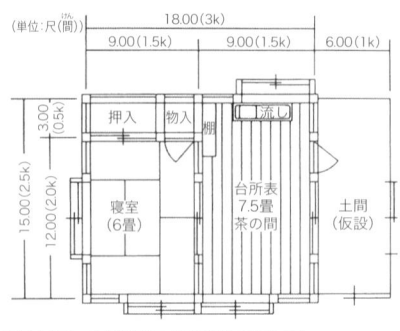

図11.13　入植住宅の標準設計平面図¹³⁾

（図11.12）が第1作目である。1941（昭和16）年、浜口の父から資金を得て彼女が設計した新居は、リヴィング・キッチンと寝室からなる15坪の小住宅であった。浜口の主張する封建性の象徴である玄関はない。伝統的な住宅に見られる寝室と接客空間との兼用を問題視する浜口がその新たなスタイルとして提言してきた、食事の空間が接客空間としても使用できるリヴィング・キッチンには大きなテーブルが置かれ、寝室には造り付けベッドが備えられた。

　1945（昭和20）年、夫妻は戦争罹災者に土地を開墾させ食糧難を打開するため募集された戦時緊急開拓団の第一陣に加わり、北海道石狩郡別当村（現別当町）に入植する。2番目の自邸は、この時北海道庁から賦与された10坪の入植住宅建設用資材を使って建てられた住宅である。浜口は、入植者住宅の標準設計（図11.13）によらず、すべて板敷の一室からなる住宅を建てた。ここでも玄関はなく、ベッドにテーブルと椅子の生活様式がとられた。

　3作目は、前川國男と構造学者の小野薫が開発したプレハブ工法のパネル式木造組み立て住宅、プレモス*14によるものである（図11.14）。1947（昭和22）年、夫・隆一が東京帝国大学建築学科の助教授に就任したことを機に、浜口も翌年帰京し、南青山に自邸を設計する。プレモスを選んだ理由を浜口は、建築資材や資金、さらに大工や職人を調達することもままならなかった敗戦直後、材料を揃えて運んできてくれるのでありがたかったと振り返る。

　この住宅は「たのしく経済的に建てた新婚夫婦の14坪の住宅」というタイトルで、1953（昭和28）年、『主婦之友』に紹介される。矩形平面を中央で2室に仕切り、一方を台所兼食事室兼居間、もう一方を寝室と浴室、トイレ、洗面所とする最小限住宅で、先の二つの自邸同様、椅子式のモダン・リヴィングに従ったものであった。浜口邸に限らず、戦後、多くの建築家が国民のための住宅改良としてモダン・リヴィングを提案した。しかし一般層の人々には受け入れがたく文化的でエリート意識に支えられたごく一部の人たちのものでしかな

図 11.14　プレモス邸(1948、東京)、平面図 [14]

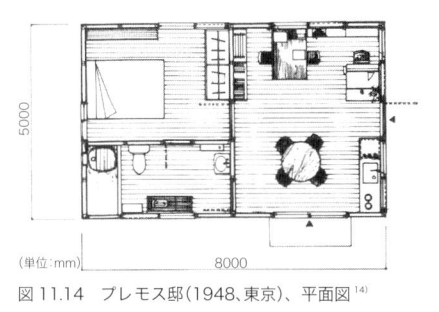

図 11.15　青山・浜口邸(1965、東京)、平面図 [15]

かったと、浜口は後年、当時の情況を評する。ペンキ塗装された明るいブルーグレーの外壁にチョコレート色の目地および窓枠がくっきりと映え、焼け野原に建てられた復興住宅のバラックと比べ、際立っていたことはいうまでもない。自邸入口には「浜口ミホ住宅相談所」と書かれた表札が掲げられ、1948(昭和23)年、プレモス邸の竣工は、浜口にとっての設計活動の始まりでもあった。

　四つ目の自邸は、1965(昭和40)年、プレモスを取り壊した跡地に建てられた浜口の終の棲家となる住宅(図11.15)で、2階にはリヴィング・キッチンが、1959(昭和34)年、浜口ハウジング設計事務所と名称変更した事務所空間として、作業場や設計室も設けられた。これら四つの自邸で試みられた浜口のリヴィング・キッチンの実践は、浜口ハウジングでの多くの住宅作品につながっていく。

11.3.3　ダイニング・キッチンとステンレス流し台

　台所の改革を通じて女性の地位向上を求めた浜口の活躍に注目したのが日本住宅公団の本城和彦[15]である。戦後復興期、西山夘三[16]の食寝分離論を受けて吉武泰水[17]が設計した公営集合住宅での2寝室と台所兼食事室の標準設計案は、計画された年号から51C型と呼ばれ、1955(昭和30)年創設された日本住宅公団の平面に受け継がれる。台所をきれいにし、そこを食事の場所とすることで食寝分離を実現させようともくろまれた台所兼食事室は、本城によって「ダイニング・キッチン」と命名された。住宅公団は椅子式の生活様式の普及のため造り付けのテーブルを設置し、明るく快適な台所のために汚い人造石研ぎ出し[18]の流し台からステンレス流し台への改変を思案する。このステンレス流し台の実現に一翼を担ったのが浜口であり、浜口に白羽の矢を立てたのが本城であった。『日本住宅の封建性』で論考してきた理論、さらに戦前から自邸および住宅作品において台所と食事室の融合を実践してきた浜口にとって自らの提唱が公的機関を通じて実証される願ってもない機会であった。浜口は本城をはじめ公団のスタッフらとステンレス流し台の開発に携わることになる。

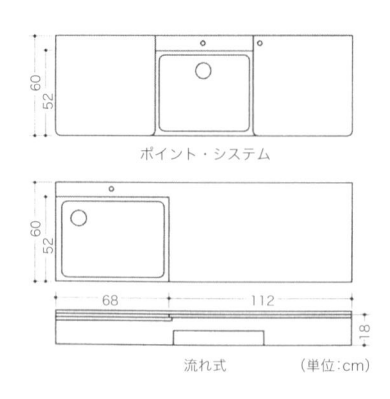

(左)図11.16 ポイント・システムと流れ式[16]
(右)図11.17 ダイニング・キッチン(日本住宅公団、1956)[17]

　浜口がステンレスの流し台を手がけたのは、これが最初ではなかった。1952(昭和27)年、文芸評論家・古谷綱武、家事評論家・吉沢久子[*19]夫妻の住宅において、浜口は初めてステンレス流し台を採用する。吉沢の一間だけの家で玄関も床の間もいらないとの要求に応え、ステンレス流し台を備えた台所、食事室、夫婦の仕事机の置かれた居間が一室となった小住宅を設計した。当時流し台の材料として一般的であったブリキや人造石研ぎ出しの使用では浜口の希求する台所の改革を果たすことはできないと、浜口から吉沢への発案であった。

　ステンレス製の清潔な流し台の快適さは、吉沢邸や浜口の自邸、その他いくつかの住宅作品において既に立証済みであった。高価なステンレス流し台が住宅公団で採択されるまでには、溶接による一品生産からプレスによる大量かつ低廉な生産への開発を含め難航を窮めたが、家族団欒の空間でもあるダイニング・キッチンにふさわしいステンレス流し台の採用を浜口は一歩も譲らなかった。

　流し台のデザインに関しても浜口はそれまでの調理の手順に従ってシンク、調理台、ガス台と配置する流れ式[*20]から、流し台を3等分し中央にシンクを置いた左右対称形で一方を調理台、他方をガス台とするポイント・システム[*21]を提案した(図11.16)。狭い台所はシンクが調理作業の中心となり、シンクの前に立って、ほとんど動かずに手を伸ばせばすべてのものが取れるよう整理されていると使いやすいという浜口の考えは、家政学や設計の専門家の間で議論を呼んだが、家政学者の武保による調理時間と移動歩数測定の実験からポイント・システムの方が作業効率がよいとの結果が得られた。また階段室を挟んで左右対称に住戸を配置する住宅公団の設計で起こる逆勝手プランにもポイント・システムであれば同一製品で対応でき、公団側が目指す工業製品での量産化にはより有効なデザインであった。かくして1956(昭和31)年、ステンレス流し台が誕生し、ここに浜口の言う民主化された主婦のスペースであるモダニズム建築としてのダイニング・キッチン(図11.17)が完成する。

(左)図11.18　スペインの別荘(1977)[18]
(右)図11.19　同、和室[19]

11.3.4　スペインの別荘と和室

　戦後の日本住宅におけるモダン・リヴィングに向けての努力とその実践として数多くの住宅作品を残してきた浜口にとって、1969(昭和44)年、スペイン旅行で訪れたコスタ・デル・ソル(太陽の海岸)は、特別な意味を持つ場所となる。アンダルシア地方の地中海沿岸に位置するスペインの代表的なリゾート地である、この地がいたく気に入った浜口は、1974(昭和49)年、コスタ・デル・ソルにほど近いトーレガデュア村に別荘(図11.18)の建設を始める。「景色がいいこと、そして年をとると光がほしくて、それからスペインは不思議と中国に似ている」と話す浜口は、何よりも太陽さえあれば陽気で、のんびりと海を眺めて暮らす村人の生活に魅力を感じ、この村での老後の生活を望んだ。開始から3年、地中海を望むスペインの別荘は完成を見るが、晩年の浜口はこの別荘を増築して日本から訪れる熟年層のための保養地「カサ・マル・ソル」の計画に乗り出す。

　別荘建設中、現地の建築家が日本住宅に興味を示したことから、浜口はスペインの別荘に和室(図11.19)をつくることになる。スペインの伝統的な様式の住宅内につくられた畳の部屋を見た浜口は、「ものすごくきれいで、ブラックボックスにパッと灯がついたっていうような感じ」と、その時の印象を語る。

　浜口は、終生、畳の部屋を否定し続けてきたわけではない。浜口が『日本住宅の封建性』で論じた批判とは、封建社会や和室の持つ転用性の性格からくる客間と寝室の兼用に向けられたものであった。個室が確立され、住宅での民主化が達成された後の浜口は、「人間かく住むべしといった住宅の設計はできない」と建て主の意向をも重んじ、設計する多くの住宅作品に1室もしくはそれ以上の和室を置いた。そうした住まい手の希望を熟知していた浜口が1970年代に手がけた三井不動産の建売住宅にも和室が設けられ、好評を博したという。

　遙か遠くスペインの地で見る和室は、畳の部屋で生活することがなかった浜口にこそ、より衝撃的に日本の美を感じ取らせることができたのかもしれない。

＊1　二重生活：住宅の様式だけでなく、衣服や生活全般にわたって同じ用途のものを和式と洋式の二重に持った和洋の混在した生活。

＊2　立ち流し：この頃までの台所は、土間にカマドが設置され、一段高くなった床に直に流しやまな板を置いて座って家事をする「座式」と呼ばれる作業姿勢が一般的であった。そのため家事労働は、高低差のある土間を含めた広い台所で上下の移動や立ったり座ったりする過酷なものであった。「座式」に対して「立式」の立って作業のできる流しを立ち流しという。

＊3　橋口信助：1870－1928。1900（明治32）年から10年間のアメリカ生活を体験。帰国後、住宅専門会社「あめりか屋」を興し、枠組み壁構造によるアメリカ住宅の輸入販売で日本にアメリカ住宅の普及を図る。後に在来工法によってアメリカ風住宅を施工するようになる。1915（大正4）年、橋口は常磐松女学校を創設し女性教育に力を注いだ三角錫子（1872－1921）の住宅を設計する。その住宅は、三角が主張する「動作経済」という家事労働における作業能率の効果に基づき、台所は立式で、椅子式の食卓が置かれた後のダイニング・キッチンと同様のスタイルであった。この設計を縁に、橋口は三角と「住宅改良会」を発足させる。

＊4　家族本位：封建的な家制度がもたらす接客空間を重視する接客本位を批判し、家族のための空間が最良の位置を占め、家族の日常生活を大切にする生活様式。

＊5　女性建築家第一号：浜口以前に女性建築家が存在しなかったわけではない。建築家・土浦亀城（1897－1996）の夫人、信子（1900－98）は、亀城がF.L.ライトからの招きを受けて渡米する際に同行し、ライトから建築の手ほどきを受けている。帰国後も懸賞設計や住宅作品、さらには雑誌記事などを通じて、建築家になることを強く希望していたが、法的制度もなく当時の建築界では女性の活躍が困難であったことに加え、彼女の存在は夫・亀城の影に隠れてしまう。戦後、建築士制度が確立され、女性初の一級建築士取得者となった浜口が女性建築家第一号と称される結果となる。

＊6　海関（中国税関）：中国の海港における貿易管理と関税の徴収機関で、1858年の天津条約の付属協定により、英国人の総税務司が全海関を統一的に管理しており、多くの上級職員も外国人によっていた。大連は日露戦争以後に置かれた海関であったため、原則、職員は日本人となっていたが、英国人や中国人、その他多数の外国人職員が所属していた。

＊7　母国見学：大連の女学校での日本各地を4週間かけて巡る修学旅行。

＊8　市浦健：1904－81。1928（昭和3）年、東京帝国大学建築学科を卒業。市浦は前川國男と同期であったことから、市浦の住居学の講義に興味を覚え図面の書き方の指導を請うなど建築への関心を高めていった浜口を前川事務所に紹介。1941（昭和16）年設立の住宅営団研究部では労働者用住宅のためにパネル式組立構造による住宅建設の研究に携わる。

＊9　遠藤新：第5章参照。

＊10　前川國男：第7章参照。

＊11　浜口隆一：1916－95。1938（昭和13）年、東京帝国大学建築学科を卒業。1941（昭和16）年、前川男事務所に入所。1944（昭和19）年、「日本国民建築様式の問題」で日本初の建築評論家となる。

＊12　住宅営団：1941（昭和16）年4月設立。戦争色が濃くなり、物資の統制による建築資材不足など民間による住宅供給が期待できなくなったため、政府の代行機関として住宅の建設だけでなく住宅建設のための資金貸し付け、売買や賃貸などにわたる事業により庶民住宅を提供した。戦後の日本住宅公団につながる。

＊13　リヴィング・キッチン：食事室兼居間と台所が連続した室を指す。「食事の生活空間と食物調整の生活空間を一つに融合させる（中略）外国のアパートメント・ハウスにみられるLiving Kitchen」と『日本住宅の封建性』で述べていることからも、食事室兼台所の食事室に居間的な要素を加味したもてなしの可能な空間も浜口はこう呼んでいたと考えられる。

＊14　プレモス：敗戦直後の1945（昭和20）年の秋に設計が始まり、翌年4月に試作品が完成。北海道や九州の炭坑労務者用住宅での受注が多かった。当時、北海道にいた浜口ミホは、前川國男の要請で、より使いやすい工夫のため、炭坑労務者の主婦との意見交換を行った。第7章参照。

＊15　本城和彦：1913－2002。1938（昭和13）年、浜口隆一、丹下健三らと共に東京帝国大学建築学科を卒業。1955（昭和30）年設立された日本住宅公団に建設省営繕局設計課長であった本城が建築部設計課長として就任。食堂と台所を一体化した空間の室名に和製英語の「ダイニング・キッチン」という名称を採用する。

＊16　西山夘三：1911－94。1933（昭和8）年、京都帝国大学建築学科を卒業。大学院在学中、大阪の庶民住宅を調査研究した結果、「食寝分離論」を打ち立てる。住宅営団研究部調査課に入り、翌1942（昭和17）年、市浦健の下、森田茂介と共に食寝分離論による住宅営団のモデルプランを考案するが実施に至らなかった。

＊17　吉武泰水：1916－2003。1951（昭和26）年設計された規模によりA、B、C、3タイプの公営住宅用標準プランのうち、建設省から依頼を受けて設計管理協会の標準設計委員会委員であった吉武泰水が担当したCタイプ案を51C型という。吉武は、以前、鈴木成文（1927－）が食寝分離論に基づいて設計した台所兼食事室のプランを元に考案。

＊18　人造石研ぎ出し：大理石などの砕石粉、顔料、セメントを混ぜたモルタル塗の表面を研磨した仕上げ。

＊19　吉沢久子：1918－。文芸評論家・古谷綱武（1908－84）の秘書をしながら文化学院文科に学ぶ。食生活を中心に伝統的生活様式も大切にしながら、合理的で新しい時代にふさわしい家事を研究した。

＊20　流れ式：台所設計設備会社鈴木商行を創設した鈴木仙治（1900－90）は、1922（大正11）年、調理の手順や動線の短縮から洗物承台（水切り台）、水盤台（流し台）、火器台（コンロ台）が並ぶ「鈴木式高等炊事台」の実用新案を登録する。これはアメリカ式近代キッチンに学んだもので、作業手順による配置から流れ式と呼ばれる。これ以降、流れ式の配置が常識となる。

＊21　ポイント・システム：浜口ミホの提案によるシンクを中心に据えた流し台の設計。シンクの前に立ち、そこをポイントとして動かずに作業ができることから浜口自身が命名。浜口は『住みよいすまいと暮しの全集1』（1951）において調理の手順に従って流し台の配置を決定する流れ式を勧めているが、ごく小さな台所の場合は流しの前に立って動かずに作業ができるポイント・システムが有効であると述べている。

IV

近代的作法が向かう芸術の空間性

＊1　新興数寄屋：第2章参照。
＊2　新興いけばな協会：第13章参照。
＊3　京都林泉協会：第13章参照。

1. 数寄者の世代交代としての1930年代初頭

　大正デモクラシーから満州建国、国粋主義へと移行する1920年代末から、新興財閥、新興芸術派、新興俳句など新興と名が付く団体が多く現われた。第Ⅰ部の吉田五十八の新興数寄屋[*1]、ここで取り上げる重森三玲の新興いけばな協会[*2]（1932）なども同様である。大正デモクラシー期は、政党政治や民主主義の弱点が露呈した時期でもあり、国粋主義台頭と並行した日本人の心情の表明と受けとれる。短命なものも多いが、傾向の一つに近代の視点からの伝統の見直しがあり、重森の京都林泉協会[*3]（1932）の設立とその活動にも共通している。

　この時期は、明治の元勲、財閥、豪商などを中核として並外れた経済力を背景に美的な生活を謳歌した近代数寄者による社交界の終焉の時期である。彼らは、美術品の収集、数寄屋・茶室の建設、作庭、さらにそれらを用いた茶会に美意識を競いあった。また、数多くの若い芸術家を邸内に住まわせ、パトロンの役割を果たした。北大路魯山人は、そのような芸術家の一人であった。また、吉田の人脈は数寄者に育てられた芸術家たちの交友関係と重なる。

　魯山人は、「食べる」という行為を料理と器を起点に美的生活へと展開したが、その生活モデルは数寄者にあった。そしてその起点である料理とそれを包む器づくりに専心しつつ、生涯それを日常生活として楽しんだ。重森は、自ら花を生け、自宅に茶室を設計して前衛的な茶会を催した点で数寄者である。彼は、「見る、廻り歩く、佇む」という行為と空間の関係を、人、建築、庭、石の関係として深く探究した。彼らの共通点は、創作や表現の原点を日本の伝統を可能な限り知ることに求め、並外れた早さで理解・吸収した点にある。また、若い頃から徒弟制度の中で修業するのではなく、別の分野で修得した理念や方法を実践的に応用した。魯山人や重森以降、このような日本人作家は現れていない。また、二人とも、国内より海外でその作品の芸術としての評価を与えられたことも共通している。

*4　キュビスム：第14章参照。
*5　ダダ：第14章参照。
*6　シュールレアリスム：第14章参照。
*7　具体美術協会：1954（昭和29）年に吉原治良が中心となって兵庫県芦屋市で結成された前衛美術家の集団。従来の表現や素材を次々と否定して、独自の活動理念の宣言、様々な発表形式の試みなど、新しい表現活動を展開した。その実験性は、パフォーマンスアートやハプニング、インスタレーションなど現代美術の先駆者として認められ、海外にも広く紹介された。72年、吉原の死によって解散。
*8　もの派：1960年代末から70年代初頭にかけて展開した美術運動。土、石、木、鉄など自然の物体をあまり手を加えず、素材というより主役として扱い、もののありようから芸術表現を引き出そうと試みた。代表的な作家に、関根伸夫、李禹煥など。

2.　シュールレアリスムの国際性と空間性

　第一次大戦から日中戦争頃までは、最新の前衛芸術が日本にもたらされた。維新以来、視察・留学によって欧米先進諸国の最新情報を求めたのは、建築界だけではない。工学・医学・文学など、国家の近代化・西欧化に寄与するあらゆる分野がそうであったし、芸術の場合も例外ではなかった。パリは、キュビスム*4（1907）以前、常に新しい作品や運動の情報を提供する芸術の都だった。しかし、キュビスム以降、ダダ*5（1916）、シュールレアリスム*6（1924）など前衛の拠点はベルリン、パリ、ニューヨークなどに多極化し、作家たちは活発に移動し情報交換をした。芸術の権威を破壊することを目指したシュールレアリスムは、誰にでも参加の扉が開かれた運動体である。日本人作家も、戦間期にはパリ、ベルリンで活発に活動していた。第二次大戦後、主要メンバーはニューヨークに移動し、その他は世界各国に離散して活動を続け、戦後、交流を再開した。イサム・ノグチも、大戦中、ニューヨークで彼らと交流する。

　社会・芸術・政治を一体とし、詩人、画家、彫刻家、思想家が集団としてそれに取り組むシュールレアリスムの作品は、社会における人間の存在様態を考えさせる空間的なものが多い。それは、見る側の固定観念に破壊的な揺さぶりをかける傾向が強い。戦後の具体美術協会*7や、もの派*8の作品にも通底した性質である。それらはいつもそばにおいておく対象ではなく、再現不可能な一過性や仮設性を伴うものも多い。人との関係を取り込んだ空間を成立させ、自己の存在や自然の生命を肯定する性格が強い。ノグチの代表作には、道具としての機能、つまり純粋芸術において排除しなければならない要素が明瞭に存在する。同時に、彼の作品は完成度の高い確固たる彫刻である。そして、形態の上では道具性・機能性と彫刻性とが境界線を持たないことが彼の作品の独創性なのである。そこに至るために、彼はできうる限りの修業と旅をした。その過程で魯山人や重森とも交友を深めたのである。

IV部の作家について理解を深めるための参考図書

■ 12章　北大路魯山人
- 平野雅章編『魯山人著作集　第1-3巻』五月書房、1980
- 白崎秀雄編『北大路魯山人秀作図鑑』グラフィック社、1979
- 小松正衛『北大路魯山人』保育社、1995
- 秦秀雄監修『北大路魯山人作品集』文化出版局、1972

■ 13章　重森三玲
- 重森三玲『日本庭園史図鑑　全26巻』有光社、1936-1938
- 重森三玲『刻々是好刻』北越出版、1974
- 重森三玲『庭―重森三玲作品集』平凡社、1964
- 重森三玲作品刊行会『庭、神々へのアプローチ―重森三玲作品集』誠文堂新光社、1976
- 早坂暁『華日記―昭和生け花戦国史』小学館文庫、1998

■ 14章　イサム・ノグチ
- ドウス昌代『イサム・ノグチ―宿命の越境者(上)(下)』講談社文庫、2003
- アナ・マリア・トーレス／相馬正弘翻訳監修『イサム・ノグチ　空間の研究』マルモ出版、2000
- Isamu Noguchi, *A Sculptor's World*, Steidl, Göttingen, 2004
- ドーレ・アシュトン／笹谷純雄訳『評伝　イサム・ノグチ』白水社、1997
- 『X-Knowledge HOME 特別編集 No.2　イサム・ノグチ生誕100年』エクスナレッジ、2003

[p.162-163　解説文執筆：黒田智子、p.164　図書選出：各章執筆者]

12
北大路魯山人
食空間の芸術性を求めて

黒田智子

「努力したいと思っている。努力と言うても私のは遊ぶ努力である。私は世間のみなが働き過ざると思う 人である。私は世間の人が、なぜもっと遊ばないかと思うておる。画でも、字でも、茶事でも、雅事でも、遊んでいいことにまで世間は働いている。何でもいいから自分の仕事に遊ぶ人がでてこないものかと私は待望している。仕事に働く人は不幸だ。仕事を役目のように了えて、他のことの遊びによって自己の慰めとなす人は幸とはいえない。政治でも、実業でも、遊ぶ心があって余裕があると思うのである。」(秦秀雄編集『星岡』43号(昭和9年6月)より)

図12.1　星岡茶寮、1階大広間(1925、東京)¹⁾　　図12.2　同、田舎家内の洋間²⁾

12.1　逆境を才能の発露のきっかけとして

12.1.1　星岡茶寮の再生と隆盛

　1925(大正14)年、赤坂山王台三枝神社境内に開かれた星岡茶寮(ほしがおかさりょう)は、高額ぶりに加え、料理、食器、調度、接待すべてを吟味し総合した演出によって政財界で食通を自認する人々の間で評判となる。この茶寮は、約40年前の1884(明治17)年、東京に公卿の社交の場がなかったことから、鹿鳴館の開館の翌年に京都商人・奥八郎兵衛の尽力で開寮された。山王の森の中、650坪の敷地に京都の大工による数寄屋造2階建で、1階大広間は能舞台にも転用できた(図12.1)。当初は華族の倶楽部的な性格が強かったが、やがて政府の要人たちが頻繁に利用した。活況を呈した星岡茶寮も大正期に入る頃には寂れ放置されていた。ここに再び命を吹き込んだのは、奇しくも京都人・北大路魯山人であった。

　魯山人は顧問兼料理長[*1]として料理場を新たに設け、富裕な人々の間で普及してきた自動車のためにコンクリートでスロープを打った。後には新館として座敷5室と茶室3席を加え、椅子席の洋間(図12.2)や炉端の食事が楽しめる田舎家[*2]を増築した。この4年前に、彼は既に会員制の「美食倶楽部」を発足させ成功を収めていた。1923(大正12)年の関東大震災で商いの場所を失うと、間をおかず芝公園内に焼け残っていた茶屋を買い取って倶楽部を再開した。都心部の有名料亭がことごとく焼失したことが追い風となって大盛況となる。しかし、お忍びとはいえ、社会的地位のある人々をもてなす空間がいつまでも土間に長机と長椅子というわけにはいかない。貴族院議員、財閥の専務取締、東京市長ら錚々たる顧客[*3]の働きかけで星岡茶寮の借り受けが実現した。狂暴で傲岸な人格破綻者といわれ社会から疎んじられた魯山人が、人生の岐路において様々な人々の心をとらえて前進できたのは、飽くなき美食へのこだわりとそのための空間の演出に並外れた才能と実行力を備えていたためである。

図12.3　魯山人の生家の界隈(京都市北区上賀茂北大路町)³⁾　　図12.4　魯山人の養子先の界隈(京都市上京区東竹屋町油小路東入)⁴⁾

12.1.2　不幸な生い立ちと書道家としての成功

　北大路魯山人は1883(明治16)年、京都上賀茂神社の社家・北大路家の次男として生まれ房次郎と命名された。両親共に社家を務めた家柄であったが、当時120軒あった社家は困窮していた(図12.3)。生まれる前に父親が亡くなり生まれると同時に母親に見捨てられ、貧しい養子先を転々とする。後に何度も離婚を繰り返し実子さえも冷酷にあしらったのは幼少時の経験からだとされるが、逆境においてくじけなかったのは、3歳の時に見た山ツツジの花の色に美を追究する自らの天命を感得したためだったと本人は語っている。

　6歳の時に近所の計らいで京都の木版師の養子となる(図12.4)。養父は貧しいながらも食道楽で、台所仕事に使われた房次郎は既にこの頃から食材の善し悪しを見抜く目と煮炊きの確かさから重宝がられた。尋常小学校の4年間の義務教育を終えるとすぐ丁稚奉公に出された。12歳の時、勧業博覧会で竹内棲鳳(後の栖鳳)*⁴の絵を見たことをきっかけに日本画を志して奉公先を飛び出す。しかし貧しさゆえ叶わず、養家の木版業を手伝う傍ら画材を買うために賞金目当てで当時流行の「一字書き」(書道コンクール)に応募する。最初から受賞を重ねたことから自らの書の才能を自覚することになる。やがて京都に入ってきたばかりのペンキによる看板描きの仕事で多額の収入を得る傍ら、今度は書家を志し、17歳で既に近所では「先生」と呼ばれるようになっていた。

　21歳の時、徴兵検査で近視のため兵役免除となった房次郎は、書の修業と実母*⁵に会う目的で東京に出た。翌年、日本美術展覧会の書の部で隷書の千字文に応募し1等を受け、宮内大臣子爵に買い上げられる。また、町書家・岡本可亭*⁶の内弟子となり、可亭が傾倒する顔真卿*⁷の書を本格的に学んだ。25歳で独立し、福田鴨亭を名乗り最初の結婚をするが、3年後に突然朝鮮へ出奔し、篆刻*⁸を習い古利を訪ね、上海では書画篆刻の大家を訪れ交遊した。書道留学のような大陸滞在では、中国文人の反権力の自由な人生観をも学んだ。

逆境を才能の発露のきっかけとして　　167

図12.5　小蘭亭、内部(主に1914−16、滋賀)5)　　図12.6　九谷風あやめ平向付(1940)6)

12.1.3　食客としての経験と美食のための陶磁器の創作

　帰国し31歳で福田大観と号し、各地の富豪の食客となり数多くの扁額、濡額*9や室内装飾(図12.5)を手がけ、この間に多彩な経験と重要な人脈を得ている。長浜では少年の頃憧れた竹内栖鳳に会い、数多くの印章を作成した。京都の松ヶ崎山荘*10ではさらに多くの日本画家と知りあうとともに、当主に付き従って京都の美食を食べ漁る。逗留先では厨房に入り常に進んで料理を調えて喜ばれた。金沢では食卓に当主・細野燕台*11が自作の食器を使っていたことに驚いた。これが縁となり須田青華*12の窯場で初めての陶芸体験をして、今度は自らの成形と絵付けの才能に気づく。34歳で北大路魯卿*13と号する。

　一方、十代から古美術にも惹かれ、時には給料の大半を投じた魯山人は、中村竹四郎*14と共同で37歳にして骨董屋大雅堂を開設し、第一次大戦の好景気に乗って成功する。この小さな店の2階で、店の古陶磁器に盛りつけた目の覚めるような手料理を親しい者同士で楽しむようになったのが美食倶楽部の始まりである。会員が増えると骨董品では数が追いつかず40歳にして京都の陶磁器伝習所へ通い、さらに青華窯や京都の宮永東山*15の下で作陶に熱中し次々に技を体得した(図12.6)。星岡茶寮の開設の翌年には北鎌倉の深沢村山崎に借地した広大な敷地の一角についに専用の窯を築き、陶工を呼び寄せて魯山人の作陶は全盛期を迎える。また雑誌『星岡』*16を発行し、自身の美学を語るとともに柳宗悦の民芸論をはじめ他作家の作品を容赦なく批判した。自分勝手な行動がもとで星岡茶寮を追われた後も精力的に作品をつくって展覧会を開催した。第二次大戦中は陶工たちが招集され窯場を閉じざるをえず、漆器の制作に励んだ。戦後はパリで現代日本陶芸展に参加し、イサム・ノグチ*17と備前伊部で作陶し、ピカソのアトリエを訪ねて欧米旅行*18をするなど活動範囲を広げる。重要無形文化財指定をあっさり断るなど作家としての孤を守り、肝ジストマに冒された晩年は独り闘病し、病院のベッドで77歳の生涯を閉じた。

図12.7 「老荘の威風を仰ぐ」の磁印(左)と印影(右)(1927頃)[7]—魯山人は『栖鳳印存』以外にも印影集や習字帖を刊行している

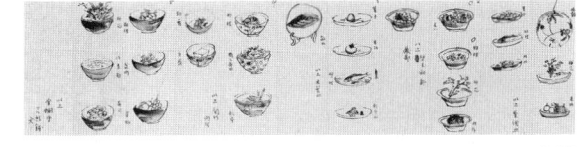

図12.8 料理盛付帖[8]—魯山人が自らつくった器を用いた盛りつけ方をも記録した

12.2 時代と心がつくる美を求めて

12.2.1 人格の表現としての書道

　魯山人は書画、陶磁器、篆刻、扁額など、作品の種類が多くその数も同時代の作家に比べ圧倒的である。また、どの作品も非常に強い個性を持つが、彼自身は直接個性を目指したわけではない。創作に入ると神懸かり状態になって並はずれた集中力で短時間に作品を仕上げた。これらの作品は、自由で速く強靭な筆使いによる自らの書の表現方法が様々な造形領域に及んだ結果といえる。書とは個性を磨きながら人格を正直に表現する行為であり、その行為に命を込めようとする心の嗜みであるとした。自ら書家であった(図12.7)にもかかわらず、書家や僧の書は職業を守る動機ゆえに形式にとらわれていると批判した。人格表現の書を極めるために、まず良書といわれるものを数多く見比べて鑑賞し、唐の時代くらいに遡りできるだけ古い書を手本として、技巧が自分のものになるまで練習を重ね、その後は自由、自然に筆を運ぶことを心がけた。

12.2.2 美食によるもてなしの心と器の美

　また、魯山人は美食という考えと方法を社会に普及させた。美味なるものは人の心を無条件にとらえるという幼少時からの経験を核に、自ら楽しみ人をもてなすために男子が厨房に入ることを大胆に肯定し、書画や美術骨董で磨いた美的感覚によって料理の演出方法をつくり出した。料理は真心から出発せねばならないが、家庭料理こそが料理の現実で、料理屋の料理はその芝居と位置づけた。また、素材の持ち味を重視し、熱いものは熱いうちに、冷たいもの冷たいうちに供する現在のコース料理の先駆けを考案し、すべて膳盛りで出され膳の数だけを増やす本膳料理[*19]の定式を崩した。さらに、料理の味を左右する器の役割に特にこだわった。陶磁器を自ら焼くようになったのも、料理が引き立ち、思わず盛りつけたくなるような器の姿(図12.8)を求めたためである。

図 12.9　富嶽小禽図(1938 頃)[9]

図 12.10　鉄製透置行灯(1950)[10]——鉄板を切り絵のように切り抜きシルエットを楽しむ。戦後この手法で吊り行灯と置き行灯を続けてデザインした

12.2.3　茶道における美を解する心

　美味なる料理によってもてなすには、それを盛りつける器に始まる総合的な空間の設えが必要である。魯山人は実践の拠り所を唯一無二のものとして茶道に求めた。茶道から生涯かけて学ぶべきは茶の心であり、それは歴史や形式にとらわれずに美（的趣味）を解する心であるとした。この心によって書画(図12.9)、建築、造園、工芸(図 12.10)などあらゆる対象への審美眼を持つに至る。

　茶の心を学ぶためには、茶会において茶道をつくり上げた人々による名器、名幅を用い鑑賞することを条件とし、美術骨董品の収集には出費を惜しまなかった。名品を使ってのみ、到達点としての美を解する心に触れてそこへ向かうことができるのであり、誰もが茶道を志すことはできるが、最初に学ぶ点茶手前は通過点に過ぎないと断定した。名品を通じて、頭脳明晰、情操豊かで品位を備えた作者の創作の苦心と愛情を感じ取ることを最重要視した。また、優れた人は優れた時代が生むのであり、茶道においては創始の時期として少なくとも桃山や江戸初期には遡る必要があると考えていた。作品を通じて、作者のみならず、その時代の空気を感じ取ることもまた重視したのである。

　このような考え方を実行し、審美眼を得るためには美に対する妥協があってはならない。また、高価な名器を入手するだけの財力が必要である。さらに、世俗的な欲望はものを見る目を曇らせるため捨て去らねばならない。魯山人は、この点について日常的に彼なりの実践をしていた。料理や陶磁器の創作に関しては自ら手を動かすだけでなく、優秀な職人たちに厳しい態度で的確な指示を出した。また、茶人や趣味人同士の陰口を批判し、常に面と向かって相手を批判した。民芸運動の民衆による用の美という概念に対して、そもそも用は階級別にある[*20]と反論した。また平安期の仏像、仏画に対する審美眼を最高位に位置づけていた。そして政治的権威にも経済的安定にも隷属せず、作家としての精神の自由と活動の独立を保つことを心がけた。

(左)図12.11 濡額「八勝」[11]—料亭・八勝館(名古屋)の表門に置かれたもので各地に残る扁額としては後期の作品。八勝館には大量の器類を納めており、晩年の正月は毎年ここで過ごした
(中,右)図12.12 良寛の書(中)、魯山人による良寛の臨書(右)[12]—そっくりに真似るのではなく、良寛になりきって自由に書こうとする魯山人の気持ちが伝わってくる

12.3　命の輝きとしての雅味

12.3.1　中国の書風から良寛の境地へ

　義父の家業が木版師であったこともあり、魯山人は少年時代に中国の書の規範をまとめた古法帖で徹底的に習書を行った。また運筆法は、岡本可亭を通じて唐の顔真卿がとったといわれる懸腕直筆を自らも生涯用いた。これは筆を紙に対して垂直に立てて肘腕のみで筆を動かす方法で、魯山人の独特の線はこの筆先から生まれた。さらに篆刻については、朝鮮、中国で現地のものを学んでいる。これらを基盤として、魯山人は既に30代で人気の書家として多くの仕事をこなしている。印譜については、大正期の日本画家の三分の一が魯山人の作品を画印に用いたといわれる。竹内栖鳳をはじめ、橋本関雪、上村松園、土田麦僊、富田渓仙、横山大観、今村紫紅など錚々たる顔ぶれである。特に栖鳳のためにつくった印の中から、自信作を集めた『栖鳳印存』を1920(大正9)年に刊行している。扁額、濡額に関しては、京都、近江、北陸、東京など食客として逗留した土地で商店や旅館、趣味家の茶室や書斎のために数多くの作品を彫った(図12.11)。また、求められれば襖や地袋にも書画を残している。

　茶道の名器や仏教美術について美に関する洞察を深めるにつれ、魯山人の視線は日本の書に移る。特に良寛の書に傾倒し可能な限り実物を見、臨書するほどであった(図12.12)。魯山人は古法帖の一番良いものの中から一番良いところばかりを学んだ良寛の稀に見る審美眼を見抜いた。また、小野道風の「秋萩帖」に学んだ跡を見つけつつ、それを越えていることに驚嘆した。平安の三筆に勝る幕末の良寛に、書は古いほど良いという常識を外れた天才を見たのである。しかも、晩年の書風は型から自由でありながら隙がなく高雅な人格を示す。50代の魯山人は、若い頃は唐以前の書に学び60代以降に独自の境地に入った良寛を自己と重ね、進むべき美の道を見出そうとしたのである。

図 12.13　星岡茶寮、星岡窯製のタイルによる手洗所（1935 頃）[13]

図 12.14　同、魯山人が設えを指導した利休の間における茶道の稽古（1935 頃）[14]

12.3.2　美食空間の設え

　食べるという行為は生き物が命をつなぐために他の命をもらう行為である。しかし、美味という価値をさらに豊かにするために、味覚をはじめとする五感のすべてを満足させることは人間だけが要求する。この要求に魯山人はどこまでも応え、食材の扱いを出発点に食空間のすべてを芝居のための舞台装置として完全に設えようとした。客の心をとらえることは客の心を思いやることと考え、食器はすべて魯山人の手による陶磁器を用い、家具調度、部屋（図 12.13）、庭園を調えるとともにもてなしの方法を吟味した。

　星岡茶寮では全国の珍しい食材を最も美味な時期に取り寄せ、季節だけでなくその日の天候によっても献立を変えた。調理場は 1 階にあったため、吸い物が冷めないように客席のある 2 階には別に温める場所が用意された。8 年後、銀座に出した支店で、客の食欲を刺激するように入り口から調理場が見えるようにした空間構成は、後に小さな料亭の定石となった。各会員の食に関するデータをカルテに保存し好き嫌いや出身地の郷土料理に気を配り、さらに来店の際の体調を思いやった。また、本膳的な方法の代わりに懐石、中華、フランス料理の長所を組み合わせた大皿盛りの料理は、魯山人の教育方針で研修し魯山人が見立てた着物を着た女性たちが、魯山人による作品から取り分けた。

　特に接客や料理に携わる人たちが美や茶の心を解し人格を高めることを重視した。昼の休み時間に茶道と華道の稽古（図 12.14）をさせ、東京帝国大学の教授による「枕草子」の講義を受けさせることもあった。このような魯山人の姿勢は信頼へとつながり、茶寮の会員の子女を預かり行儀見習いとして少女給仕にあたらせた。魯山人自身が客となって給仕の稽古の指導をする時は、お辞儀や返事から始まって、酒の勧め方、前菜から始まる料理の据え方から食器の下げ方まで噛んで含めるように丁寧に指導した。料理人は斡旋所からではなく公募によった。日常の食事を踏み台として味についての修業をする心がけ、絵画

図12.15　星岡窯全景(1935頃、鎌倉)[15]

図12.16　星岡窯の露天風呂(1932)[16]―朝飯会では稀少な陶器の設えゆえ「雅器風呂」と命名された

彫刻などの美的趣味、臨機応変に料理をこしらえる機転を備えた者を求めた。会員に対しては、茶寮内で茶席を持ち愛蔵の道具で自由に接待をしあう「洞天会」のほか、朝飯会、納涼会、魯山人陶芸展示会など様々な行事を行った。その一方、食卓で騒ぐ幼い子供の同伴を許可しなかった。しかし、夏には「納涼園」と称し、星岡茶寮の前庭の芝生を利用して会員以外でも子供を連れてビール、軽食、アイスクリームなどを飲食できるようにして人気を呼んだ。

　茶寮で用いる食器や調度類を焼く星岡窯(図12.15)を築いた7000坪の敷地には職人の住居と自邸を置き、あたかも光悦による洛北鷹ヶ峯(たかがみね)[*21]の様相であった。近郊から豪農の民家を買い取って次々に移築し、客の招待や美術骨董品の所蔵・展示にも用いた。1931(昭和6)年、そのうちの1軒の落成の際の「洞天朝飯会」は8月の朝5時に会員40名が集まって行われた。池の蓮が白い花を開き、萩の葉に露が残る時刻に、露天の朝風呂が仮設の葦簀(よしず)の向こうで湯気を立て、魯山人が開始直前に彫り上げた濡額の「浴室」の2文字が人々を迎える。大浴槽に明代青磁の大水瓶、腰掛に古染付け[*22]、上がり湯に万暦赤絵[*23]の大鉢を用いた(図12.16)。風呂上がりに少し歩くと、今度は古染付けの大水瓶に氷と桃、西瓜、葡萄などが浮かんでおり、客が選んだものを骨董ガラスの器を冷やしてそれに盛って供される。6時頃には赤松林の山腹に設えられた50畳敷きの特設大露台で、窯場一体を一望にしながら朝食となる。漆絵の変わり盆に時代物の重ね食籠(じきろう)(漆器の食器)で供され、織部、瀬戸、志野に混じって、骨董ガラスの小皿が涼味を、蓮飯の葉が野趣を加える。7時には迎賓用の慶雲閣[*24]の次の間で軽い茶会が催された。準備のため魯山人はほとんど徹夜で指揮をとり、窯場は来客の5時まで戦場のようだった。星岡窯は1936(昭和11)年に魯山人が星岡茶寮を解雇[*25]された後も活動拠点となり、戦後はイサム・ノグチ、山口淑子(よしこ)夫妻が仮住まいした。慶雲閣を晩年の住居とした後も、4〜5mもの桜を巨大な信楽(しがらき)の壺に生けた観桜会を催すなど、茶の心を空間においても独自に追求した。

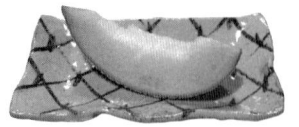

(左)図12.17　鉄絵文長皿（1950年代）[17]—中心を窪ませ四隅を立ち上げる型は魯山人の特徴で、盛りつけやすい。料理の形に技巧を凝らさなくても引き立てあう。晩年はこのような日常の器を様々な焼き方で数多くつくった

(右)図12.18　染付詩文扁壺（1940頃）[18]—魯山人は書家の経験を生かし、漢詩文から気に入った詩句を選んで絵付けに用いた。楽々と書いているかのようだが、気に入るものが書けるまで何度も書き直した

12.3.3　本歌取りを越える陶磁器を目指して

　魯山人は貪欲に美味を追求し、その必要条件として「料理のきもの」をつくるため陶芸の道に入った。生命の原点である食べるという行為と美をつなぐために、料理に一番近い空間としての陶磁器に、生き生きとした美と作者の人格の現れである優雅さを求めたのである。この点で魯山人のものづくりの姿勢は対象や分野を問わず一貫していた。陶磁器については、食器だけでなく、茶碗、花器、香炉なども手がけた。

　大正末期には40歳を超えて陶芸を始める者は珍しく、20代で始めるものは中年陶工と呼ばれた。骨のやわらかな子供の頃から素材の扱いになじむことがあらゆる工芸において職人の修業の条件であった。さらにその中から作家として立つことは不可能に近かった。個人作家として窯を持ち商品性のある売れる作品をつくる者は皆無で、裕福な者の趣味の範囲にとどまるのが普通だった。作家は帝展や官展の常連、茶道宗家の道具方、代々の窯元、民芸運動作家など何らかの組織に属することによってのみ需要が約束されたのである。魯山人自身は、土づくりから窯焼きまでを独りでこなすだけの技術を学ぶ能力を備え、実際ある程度は身につけていた。しかし、料亭、料理屋で用いるためには一度に数多くを制作する必要があり、何より魯山人は技術についても一流でなければ気が済まなかった。専門の腕のある職人が魯山人の指示で土をつくり、ろくろを引き、釉薬を調合し、窯を焚き、さらに箱をつくった。

　直接魯山人が自らの手を用いたのは、ろくろ以外の成形、絵付け、箱書き*26である。成形については皿、箸置き、花入れ、香炉など手でひねりヘラで削り落とした、生き生きとした表情の傑作が数多くある。手首がしなやかでたっぷりと柔らかな肉厚の大きな手で、職人に十分こねさせた粘土の塊に次々に形を与えた。一見無造作で苦心の跡が見えない複雑で隙のない形は、視覚的な面白さと使いやすさの両方に応えている（図12.17）。絵付けについても同様で、特

(左)図12.19　銀彩蟹絵段鉢(1950年代後半)[19]―輝く水紋に木の葉が舞い散る瞬間を閉じ込めたように見える。中央に細い線彫の蟹が見える
(右)図12.20　備前木の葉大鉢(1950年代後半)[20]―葉脈を釘で線彫し、葉の形を木のへらで切り取る。野趣と優雅を兼ね備え晩秋の風が感じられる

に晩年の作品は、いわゆる丁寧さにはほど遠いがのびやかである(図12.18)。魯山人は制作の気分が乗ってくると、うずたかく積まれた陶器に次々に絵付けし釘彫をした。焼き上がりで失敗した場合も捨てずに取っておき、金彩や銀彩(図12.19)を加えて再び絵付けするなどしてまったく違った作品に生まれ変わらせた。さらに技術に関しても、職人に頼るだけでなく自ら工夫を重ね、赤絵と萌葱の金襴手[*27]の箔の切り方や器への接着方法を独自に開発した。

　本歌として範とした陶芸は常に変化し、九谷、織部、志野、伊賀、信楽、備前、乾山など多岐にわたった。その選択は、形式美への依存や品格の乏しい世俗性を排除した美の有無を彼独自の目で判断した結果である。九谷、高麗茶碗、古染付けなどを好んで収集し構想を得たが、伊万里や鍋島には興味を向けなかった。星岡窯を北鎌倉に築いた4年後の1930(昭和5)年には、人夫を雇って織部、志野などの窯跡を発掘[*28]し、歴史上謎とされていた部分に光を当てることに貢献をした。発掘品を持ち帰り、博物館員や古美術商らを招き星岡茶寮で展示し、雑誌『星岡』に持論を展開する。これらの陶片を見る時は目ではなく全身で見ているようだったといわれる魯山人にとって、観察という行為自体がその対象を越えて自身の作品を構想する行為であったと考えられる。

　織部については、古田織部以前から窯として確立していたこと、萌葱の釉薬の掛け方のバランス、徹底した省略による的確な写生と着物の柄のような図案による絵付けの表現力に着目し、江戸初期までのもののみを良しとした。志野についても、光悦以前から光悦風を思わせる茶碗が数多くあり、美術的価値は足利前後の絵画彫刻に引けをとらないとした。また、志野と同時に発掘された黒瀬戸茶碗には、志野に劣らない和の美と貫禄を見ており、長次郎[*29]さえ到底及ばないとした。魯山人が最後に辿り着いたのは、絵付けも釉薬もない備前(図12.20)で、世界にも類のない美しさであるとし、古備前に倣い名工に田土から土をつくらせ、これまでに培った美意識のすべてをもって焼いた。

命の輝きとしての雅味　　175

＊1　顧問兼料理長：社長は中村竹四郎＊14が就任し、料理人8名、接客係40名を含む60名あまりを率いた。築地の料亭「錦水」が夕食に8円を取って高いと評判だったのに対し、星岡茶寮は10円を取っていた。当時の料理割烹店のように芸妓を呼んで酒を出すわけでなく、すべて美食のための料金であった。

＊2　田舎家：大正から昭和初期に地方の民家を移築するのが流行り、こう呼ばれた。新館では囲炉裏をそのまま活用する以外に、梁の曲線に呼応する桃山調の破風をテーブルに転用して骨董のウィンザー・チェアと組み合わせ、洋風の空間を演出した。

＊3　錚々たる顧客：星岡茶寮の斡旋には東京市長・後藤新平の口添えもあり、東京市電気局長・長尾半平が直接動いて実現した。長尾は美食家で、魯山人の価値観に共感し、大阪曽根の茶寮開設にも尽力した。

＊4　竹内栖鳳：1864-1942。四条派を学び、渡欧。西洋画法を取り入れ、京都画壇の指導者として日本画の近代化に努めた。代表作に「アレ夕立に」(1909)など。

＊5　実母：魯山人が上京した頃は四条隆平男爵邸で女中頭をしていた。再会では我が子を冷たくあしらったが、魯山人の朝鮮への出奔には同行した。魯山人とそっくりの性格だったと評される。1920年没(76歳)。

＊6　岡本可亭：漫画家・岡本一平、小説家・岡本かの子の父で、画家・岡本太郎の祖父。

＊7　顔真卿：709-84。楷・行・草の三書に優れた唐の書家。文忠、顔魯公とも称せられる。北大路魯郷、魯山人の「魯」はこれに因む。

＊8　篆刻：古代中国の秦で用いられた書体である篆書を石、木、金属などに彫ること。清代に書道芸術として復興した。篆書以外の書体を用いることもある。

＊9　扁額、濡額：扁額は、門、玄関、室内に掛ける細長い額で、特に外部に置かれたものを濡額と呼ぶ。広義には印章と共に篆刻の一種と見なされる。

＊10　松ヶ崎山荘：京都で木綿問屋を営む豪商・内貴清兵衛の別荘。内貴は美食家で、料理屋の料理を嫌い錦小路で旬の材料を求め自室で料理した。書画骨董を好み、日本画家や芸術家の世話を楽しみとした。魯山人は倉庫係と書生を兼務した。

＊11　細野燕台：金沢の豪商で、美術骨董を売買する。自作の食器類は青華窯で焼いた。

＊12　須田青華：青華窯の初代。魯山人の筆さばきに最初から天才性を認めた一人。細野燕台の紹介により知りあう。後に、星岡窯に第一級の職人を提供する。

＊13　北大路魯郷：顔真卿＊7参照。

＊14　中村竹四郎：便利堂社長で親友・中村伝三郎の弟で、美的趣味から意気投合した。1919(大正8)年、共同で「大雅堂美術店」(翌年、美術店に改称)を開く。

＊15　宮永東山：京都伏見に窯を持つ。魯山人は花の茶屋では青華窯で焼いた自作以外に青磁の食器の必要に迫られ東山の窯に赴く。

＊16　雑誌『星岡』：1927年から36年まで、魯山人が関与し、表紙の題字や絵も手がけた。会員のための茶会、料理、美術骨董、建築などに関する記事が掲載された。茶寮を追われた後も、『雅美生活』(1938)、『料理読本』(1939-40)などを刊行した。

＊17　イサム・ノグチ：第14章参照。

＊18　欧米旅行：ロックフェラー財団の招聘により1954(昭和29)年から2年半各地を旅行し、特にフランス、イタリアの美食を体験する。作品200点を持参しニューヨーク近代美術館をはじめ多くの美術館で展覧会や講演会を行い、作品を寄贈している。財団の申し出を断り多額の借金をして自費旅行とした。

＊19　本膳料理：本膳・二の膳・三の膳からなり、一汁三菜、二汁五菜、三汁七菜などが一人一人に膳ごとに供される。料理がすべて最初に出されるため熱いものは冷め、冷たいものは温かくなる。

＊20　用は階級別にある：柳宗悦は、初期茶人が貧しい朝鮮民衆の飯茶碗に美を見出し尊重したにもかかわらず、利休以後、箱書き＊26にこだわり民芸の美を忘れたことを批判した。魯山人は、手を離れた工芸はないという柳の持論に対して、王侯貴族、富者、中産・無産にそれぞれの生活があり一律でないことを指摘し、これを一律にするのはレーニンのような共産圏の専政君主であると断定した。

＊21　光悦による洛北鷹ケ峯：本阿弥光悦(1558-1637)は1615(元和元)年、徳川家康から拝領した地・鷹ケ峯に、本阿弥一族、職人らと共に移住し、陶芸、漆芸、出版、茶の湯など様々な芸術活動の拠点とした。

＊22　古染付け：中国・明末に景徳鎮の民窯で焼かれた染付磁器。呉須(藍色の顔料)で描かれた絵や文様には素直で自由な気分が表現される。特に日本の茶人に好まれ、江戸後期以降の清朝染付と区別される。

＊23　万暦赤絵：中国・明末に景徳鎮の万暦窯で焼かれた五彩(赤絵)磁器。白磁に赤、緑、青、黄、紫などの釉薬で描かれた華麗な絵や文様が特徴。

＊24　慶雲閣：元禄期の豪農の住居を移築。1間だけで20畳を越し、天井は寺のように高く、障子、襖も大きかった。茅葺き屋根で、その門前には染井吉野の大木があった。

＊25　星岡茶寮を解雇：高価な美術骨董品の支払いを星岡茶寮に回してくる放漫さが直接の原因にある。1936(昭和11)年、突然北鎌倉の窯場と陶工だけを有する身分となるが、1945(昭和20)年、示談となる。一方、星岡茶寮の会員の援助に応えることで、陶芸活動は以前より精力的になった。また、日本橋白木屋に魯山人が推薦する全国の食材を量り売りするコーナーを設けたり、全国の主婦を相手に月々美味しいものを宅配したり、魯山人が監督した陶器を頒布したりする「山海倶楽部」を発足させた。

＊26　箱書き：書画・器などを収める木箱の蓋に作品、作者名を記し押印すること。作者自身によるものは共箱といわれ、より価値が高い。

＊27　金襴手：上絵付けをした陶磁器に、さらに金箔や金泥の文様をのせたもの。明代嘉靖年間のものが最も優れたとされる。魯山人は戦前に赤絵よりも困難といわれた萌葱金襴手の再現に成功し、嘉靖期に肩を並べる作品を生み出した。

＊28　窯跡を発掘：発見は、宮永東山窯から招かれ星岡窯を手伝った荒川豊蔵による。1930(昭和5)年、名古屋の関戸家の伝来した志野茶碗を見た魯山人と豊蔵は、焼かれたのが瀬戸か美濃かで対立する。故郷の美濃へ帰った豊蔵は、大萱の牟田洞でまったく同じ絵の描かれた陶器の破片を発見する。その後、窯下、大平、姥が懐、笠原等の古窯の発掘調査に対し、魯山人は金銭的な援助をし、自らもしばしば現地に赴いた。

＊29　長治郎：？-1589。楽焼の初代。千利休の下で茶器を焼いた帰化人・無阿弥夜の子とされる。侘、禅、老荘等の思想に基づく装飾のない重厚な楽茶碗を残す。

13
重森三玲
伝統とモダンの融合

重森千青

「私は長年庭園の研究に打ち込んできたが、他人から見れば随分苦労の結晶のように見えても、私自身は庭が好きならこそやれた仕事であり、苦労は苦労でも、結構楽しい苦労であった。私ほど庭が好きで楽しんでいる者はないとさえ思っている。」(『刻々是好刻』北越出版、1974、巻頭序文より)

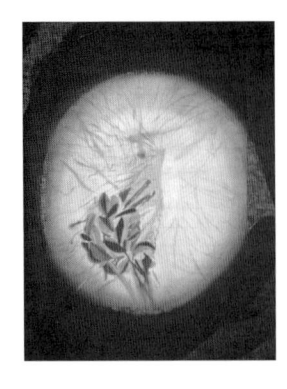

(左)図13.1　近代抽象画家の影響を受けて三玲が描いた絵画[1)]
(右)図13.2　茶室・天籟庵(1914、岡山)[2)]

13.1　日本庭園の革新を体現した作庭家

13.1.1　早くから目覚めた日本文化の芸術性

　重森三玲は、1896(明治29)年8月20日、岡山県上房郡賀陽町吉川(現加賀郡吉備中央町吉川)で生まれた。比較的裕福な家で、幼少の頃より恵まれた家庭環境で育った。小学生の頃より、茶は不昧流[*1]、いけばなは池坊流[*2]を習い始めたという記録がある。三玲の父・元治郎は大変器用な人で、父のものづくりに対する感覚や実地などを見て育った影響は大変大きかったであろう。

　このように幼少期から日本文化の芸術性に触れる環境で過ごした三玲は、1917(大正6)年、日本美術学校に入学する。三玲は、日本美術(建築、絵画、仏像)を勉強しながらも、当時の美術史論や創作に物足りなさを感じ、特に室町期の美術論(庭園、挿花、茶湯)に大いなる不満を持っていた。また幅広く西洋絵画・思想・哲学にも傾倒し、日本画の技法を使ってカンディンスキーのような色使いとモチーフによる革新的な絵画を模作したことから(図13.1)、近代抽象画家からの影響は計りしれない。本名の「計夫」を「三玲」に改名したことも、ジャン=フランソワ・ミレーに因み、名前さえも創作の一環として捉えていたことがうかがえる。三玲にとって、西欧の哲学や美学が基本に据える主体性や論理性を欠いていた日本美術界では、新たな理念に基づく手法の展開が不可能に思えた。そのような研究の行き詰まりを感じていた時、田村剛博士[*3]と知り合い(1919(大正8)年)、庭園史の世界で地歩を固めていくことになる。

13.1.2　作庭の始まり

　作庭家、庭園研究者として知られる三玲であるが、ライフワークであった庭園に関する仕事が本格化するのは、かなり後年になってからであるということはあまり知られていない。

　吉川の生家に建てられ、現在は吉川八幡宮の境内に移築された「天籟庵」と

(左)図13.3　天籟庵庭園(1924、岡山)[3)]
(右)図13.4　三玲の原風景ともいえる岡山・豪渓にある天柱山[4)]

命名された茶室(図13.2)は、三玲が18歳の時の作品(1914)であり、建築設計の処女作である。また作庭についても、その頃から徐々にではあるが、自邸庭園の滝石組を父の元治郎と共同で始めたようである。厳密にいうと、この頃の造形は元治郎が主となっており、三玲はそのサポートのような形であった。

その後、茶室や書院に面してつくられた天籟庵庭園は、元治郎によって一応の完成を見る。しかし、1923(大正12)年に関東大震災によって帰省した三玲は、関野 貞 博士[*4]が吉川八幡の調査のために来宅されることになったことから、急遽、天籟庵庭園の改造に着手し、1924(大正13)年末に完成させた[*5](図13.3)。

この時期、三玲は実作の他にも興味深い活動を行っている。吉川八幡の神社建築の重要性を見出し、早い段階から独自の調査・研究を行い、文化財指定を受けるために奔走した。また、郷里の豪渓にある天柱山(図13.4)を中心とした景勝地一帯の原始森林公園計画を田村博士の助力を得て進め、これは日本で最初の森林公園計画であったといえる。著述に関しても、研究誌『庭園』に「枯山水庭園[*6]について」という題目で重厚な論文を書き上げている。

13.1.3　古庭園の実測と庭園史研究

1929(昭和4)年、三玲は京都に居を構え、古庭園の実測や作庭の活動を本格化させる。まず、1932(昭和7)年に日本庭園の研究団体「京都林泉協会」[*7]を設立する。1936-38(昭和11-13)年にかけて、全国の古庭園約250件を実測、文献調査をした。実測調査の結果を『日本庭園史図鑑』(図13.5)にまとめる執筆作業も同時進行で進めた。この時、三玲は3～4人の助手と共にスケッチ、実測、製図、写真撮影、文献読破、執筆と、役割分担しながらも一人で何役もこなし、1938(昭和13)年末に、『日本庭園史図鑑』全26巻を完結させた。その翌年には、三玲の代表作ともいえる東福寺本坊庭園を完成させる。

13.1.4　いけばなにおける革新

庭園史研究と作庭の活動と併行して、いけばなに関しても、戦前と戦後の2

図 13.5 『日本庭園史図鑑』(全 26 巻、1936 – 38)[5]　　図 13.6　月刊誌『いけばな藝術』(1949 – 55)[6]

回にわたって行動を起こし、いけばな界に大きな衝撃を与える。

　戦前(1932(昭和 7)年)に「新興いけばな協会」[*8]を立ち上げ、翌年勅使河原蒼風(そうふう)[*9]、中山文甫(ぶんぽ)[*10]らとつくった「新興いけばな宣言」は、「家元解体、自由で創作的な作風のいけばな、現在の堕落を糾弾」というような、過激な内容の文章であった。また、戦後(1949(昭和 24)年)は、いけばな研究グループ「白東社(びゃくとうしゃ)」[*11]を立ち上げ、京都吉田上大路町の自邸を舞台に、抽象性の高いいけばな芸術の創作、研究活動を行った。同時に『いけばな藝術』[*12]なる月刊誌(図 13.6)も、1949(昭和 24)年 12 月 1 日に創刊号を立ち上げた。しかし、戦後の活動も長続きはせず、月刊誌も 1955(昭和 30)年をもって廃刊となる。

　三玲のいけばなの活動は、そのいずれも時代を先取りしすぎてしまったことから、世のいけばなの流れを大きく改革することはできず、あえなく志半ばで挫折したといってよい。学生時代の革新的日本画の試みで挫折してから、三玲自身にとって二度目の大きな挫折であった。

　しかしながら、絵画における平面構成による創作、いけばなの立花から得た立体造形による創作、知識、美への探求心は、日本文化への美的観念を改めて再認識することとなり、その後の庭園や建築などの空間設計に大きく生かされていったことを考えると、無駄な動きではなかったといえる。

　三玲の日本文化への取り組みは、庭園、建築[*13]、茶[*14]、いけばな等の分野で、決して伝統美を否定することなく、かといって現状維持や後戻りすることをせず、時代の流れに大きく逆らいながらも強い信念を持ち続けながら先進的な創作活動に邁進し、大きな新しい流れをつくり出した。そしてそれは庭園界において、「三玲の空間」といわれる独創的な庭園を提起し確立したといえる。

　自らを絶えず激流の中心に身を置き、その激しい流れをコントロールしながら力強い創作活動に終始した人生を終了したのは、1975(昭和 50)年 3 月 12 日、享年 79 歳であった。

図13.7 地山と洲浜の複雑な曲線が見られる松尾大社庭園、蓬萊の庭(1975、京都)[7]

図13.8 立石が見事な東福寺光明院波心庭(1939、京都)[8]

13.2 「永遠のモダン」の追求

13.2.1 古庭園で再発見した石の魅力

重森三玲が昭和の日本庭園における新しい波を起こすに至った原動力となったものは、全国の古庭園実測調査である。これが、以後の庭園史研究および作庭活動の方向を決定づけたといえる。

この実測調査により、先人たちが庭園という空間に築き上げてきた「石組」構成の芸術性・抽象性に、大いに着目した[*15]。その創作性を真摯に受け止めながら、現代に生きる感性を生かし、芸術の分野にまで踏み込んだ日本庭園をつくることを追い求めた結果、石組による立体造形感の強い特異な作風を確立したのである。石は未来永劫にわたって不変なものであることから、石を使って自身が生きた昭和を明確に表現した空間を創作すれば、それが「永遠のモダン」になることを、古庭園の石組から気がついたわけである。

13.2.2 重森三玲の作庭理念

三玲にとって「永遠のモダン」は、自身の作庭理念の中で終生の目標としたが、その作庭理念は以下のように挙げられる。①日本庭園におけるすべての時代の意匠形態を把握していること、②過去(古庭園)の模倣をしないこと、③概念として伝統から極端に逸脱しないこと、④過去には使われなかった新しい素材を追求(ただし金属類は使用しない)したこと、⑤自然景観の模写をしないこと。

13.2.3 モダンで大胆な庭園構成

三玲の庭が明るくモダンなのは、植栽構成を簡略化したことによって、空間上部を大きくあけたことが、第一の要因である。この方法は、龍安寺庭園の構成[*16]と同様であるといってよい。さらに苔の地山と汀の洲浜における複雑な曲線と色使いを施すことで、古庭園にない色彩構成としていることも挙げられる(図13.7)。

図13.9 視点の動きによって石組の表情ががらりと変わる大徳寺瑞峯院庭園(1961、京都)[9]

　そのような構成の中で、とりわけ「三玲流」ともいえる立石(たていし)を前面に押し出した石組が目を引く(図13.8)。その扱い方は、古庭園よりも強弱のつけ方が激しいところに特徴があり、イサム・ノグチ[*17]も大変着目していた。
　日本庭園における石組構成は、「三尊石組(さんぞんいわぐみ)」と呼ばれる三つの石を使って組む手法が一般的で、中心が高く左右の脇侍石(わきじいし)が力を抜く方向を考えて添えられる。これらの伝統的な概念は守りながらも、より激しく立体造形観を強調した石組構成としたのが特色である。これは鑑賞する際に、どのようなポイントから見ても動的な印象を鑑賞者に与えられ、動きのある造形となる。
　使用する石も色が鮮やかで、古庭園では主石に用いられることが多かった緑泥片岩(りょくでいへんがん)(青石)を主体とした構成としている。昭和初期の庭園界では、鮮やかすぎる色であることからほとんど用いられなかったが、庭園に絵画的な色の扱い方を取り入れたかった三玲にとって鮮やかさは必要不可欠な要素であった。
　また三玲の庭園は、見る場所によって絶えず大きく表情を変え、立ち止まった場面ごとに一つの絵になるようにつくられている(図13.9)。視点の動きによって刻々と変化し、細かく角度を変えて立ち止まり、空間の中の「場」を一つずつ切り取った時、鑑賞者の感性に訴えかける象徴主義的な鋭さは、古庭園に見られる感覚とはまったく異なる。
　この視点による変化は、平面図という紙の上ではあくまでも単なる計画であり、現場における地割構成と石組作業の指示によって、初めて具体化する。三玲はこのことを最も大切にした。つまり、一つとして同じ表情のものがない自然石を使って立体造形を行い、それを各部の形態と調和させ、しかも全体の意匠形態も考慮に入れつつ、あらゆる角度から見ても緊張感を発散するようにつくられた庭園は、現場での真剣勝負による、極度の緊張感を伴った即興的な造形であったといえる。この即興性を伴った現場こそが、三玲にとって最高のアトリエであり、キャンバスであり、芸術そのものだったのである。

図 13.10　東福寺本坊庭園(1939、京都)、平面図[10]

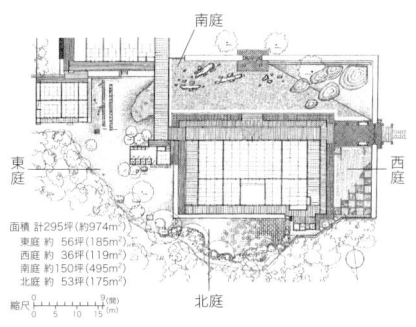

図 13.11　同、南庭の神仙島石組[11]

13.3　抽象美の具現化

　三玲は生涯で、実作として約200ほどの庭園をつくり、計画案も含めると250ほどの庭園を設計したことになる。北は東北・岩手県から南は九州・大分県まで、全国に広く作庭機会を持ったが、特に関西圏が多く、実作数の半数以上にあたる112の庭園をつくった。

13.3.1　東福寺本坊庭園

　三玲が、古庭園の実測調査を終えた直後の作品で、1938(昭和13)年に依頼を受け、翌年、設計および作庭に着手し、およそ4ヶ月半で完成させた。
　方丈(禅宗の長老・住持の居所。四畳半の広さの部屋)を囲む東西南北に八つの意匠が施されている。東庭の北斗七星、西庭の大市松の井田の庭、南庭の蓬莱、方丈、瀛州、壺梁の各神仙島[*18]石組と禅宗京都五山[*19]を表す苔の築山、北庭の小市松の八つの意匠からなる。これを、釈迦の入滅の過程を八つに分けた釈迦八相成道とかけて「八相の庭」と名付けた。三玲にとって、公の目に触れる寺社庭園として、事実上のデビュー作、そして代表作といってよい。庭園構成は、庫裡(寺の台所。住職や家族の居間)から方丈に至る渡り廊下右側の東庭、方丈南側に面しこの庭園の主庭でもある南庭、方丈西側にある西庭、その流れを受け継ぎながら方丈北側に展開する北庭で終了する構成となっている(図13.10)。

・南庭　設計当初、2本の老木の松が存在し、東福寺管長(神道や仏教で、一宗一派を管轄する長)の意向でどうしても伐採が許されなかったため、南庭は、東側に石組を構成し、西側に五山を表現した苔山を配置した。敷地に対して土塀側に石を配置し、全体を斜線構成とした。また西側の五山表現の苔山も斜線で仕切ることによって、次の西庭の「井田の庭」につなげている。
　南庭は古式な枯山水の構成や主題を持ち、石組構成は寺院の創建当初の背景

図13.12 東福寺本坊庭園、西庭（竣工当時）の大市松[12]　　図13.13 同、西庭（現在）[13]

を鑑みて鎌倉時代の剛健な作風を主とした石組であるが、各神仙島にある長さ6mに及ぶ横に寝かせた石などは古庭園にはまったくない手法であり（図13.11）、三玲の新たな意匠への挑戦がうかがえる。神仙島の瀛洲、壺梁の両島は、鶴・亀の形態をとるが、古典の庭園に多い鶴・亀の形態とは異なり、長石を用いた表現であることも特徴的である。

　また、自然の山並みを表現することが当たり前であった苔山を禅寺の五山に見立て、しかもそれを横切るかのような無機的な1本の斜線で西庭につなげているが、これらの意匠表現も従来の古庭園には見られない手法で、自然観を表現するのではなく、作者の強い表現を主体とした作品であることが読み取れる。

・**西庭**　南庭からの斜線を受け継ぐのが西にある「井田の庭」である。市松模様は日本古来の伝統的な表現方法の一つであるが、庭園には用いられていなかったことに着目し、この西庭と北庭の両庭に用いることになった。

　大市松紋様も、南庭の苔山を横切る斜線と同様、北庭へ暗黙的につなげていく斜線構成となっている（図13.12）。また大市松をかたどる葛石（延石）による仕切りが、南側に向かって低くなっており、葛石を白川砂中に沈めていくことによって、ぼかしの手法がとられている。そしてそれを、南東角の独立した葛石で方形に囲まれたサツキが受ける形になっている。しかしながら現在この西庭は、設計意図になかった苔地模様が付加され、白川砂へぼかしていく表現が隠れてしまった。さらにサツキの高さも高くなりすぎて、大市松としての意匠表現が弱まり、庭園維持の難しさを物語っている（図13.13）。

・**北庭**　北庭は、日本庭園のモダニズムを語る上で、欠かすことのできない作品である。小市松とした意匠目的は単純な理由で、南庭の勅使門から方丈へ敷き詰められていた板石を再利用しなくてはならなかったからである。三玲は早い段階から、桂離宮や修学院離宮の建物内に使用されている斬新な市松模様[*20]に着目していたが、それを庭園に応用した（図13.14）。

図 13.14　東福寺本坊庭園、北庭の小市松[14]　　　図 13.15　同、東庭の北斗七星[15]

　北庭は、西側の大市松を受けるような形で、東側と谷に向かってぼかしていくように配置されている。従来の日本庭園には、水墨山水画の直接的な影響は数多くあるが、ぼかしという抽象的かつ印象的な表現手法は例がなかった。この北庭のデザインは、それ以後の庭園界において大きな影響を及ぼした。

　配列方法は、やはり斜線による構成とし、その始まり部分は苔と板石の素材と色のコントラストが大変美しい。谷と東側に向かってぼかしながら消えていく表現方法は、板石の素材と白川砂の素材が同様であることから、まさに色と配置による同化、消去が意図されていることがわかる。さらに、北庭の最も東側に 5 枚の板石が暗示的に配置されている。

・**東庭**　東庭は、山内にある東司（便所）の解体修理の際に出てきた礎石を利用して北斗七星を意匠化したものである（図 13.15）。北庭の小市松意匠と同様に廃物利用の庭園で、しかも庭園意匠として星座をかたどったのは初の試みであり、三玲の新しいものを追求する姿勢がよく現れている。近年発掘された古墳の中の壁画における星座の重要性が語られているが、それを戦前において庭園内に意匠化したことは、三玲の膨大な文献読破と発想における先進性を物語っているといえる。またほとんど取り上げられないが、奥の二重生垣背後に自然石による北斗七星も組まれ、生垣を境にして鏡のような形で構成されていることが、当時の実測図および写真によって確認できる[21]。この小面積の東庭が、決して付け足しのような空間構成になっていないのは、やはり三玲の作品に対する真摯な姿勢によるものであろう。

　また、全体平面図（図 13.10）から理解できることであるが、この東庭の七石による北斗七星（礎石、自然石）、北庭東側角の五石の板石、西庭南西角の三尊石組の組合せが、日本庭園の基本形でもある七五三の考え方[22]を暗黙的に表現しおり、これなども龍安寺の庭園の七五三から大きく前進した考え方に基づくものであるといえる。

図 13.16　岸和田城庭園、大将陣石組（1953、大阪）[16]

図 13.17　同、俯瞰[17]

13.3.2　岸和田城庭園

1953（昭和 28）年、岸和田城本丸石垣内の約 500 坪の敷地に作庭された。作庭当初は天守閣はまだ再建されていなかったが、天守閣の前庭となること、城郭の中に作庭することなどから、城をモチーフとした構成とした。古庭園では蓬莱神仙[*23]、須弥山[*24]が庭園の思想背景として表現されたが、そうした考え方から離れた点からも、新しい創作を試みようとしていたことがうかがえる。

　三玲はこの庭園をつくる際に、城郭関係の古文書や平面図を読みあさり、室町期以前の地取図を参考にした。それらの時代の地取図は大変モダンなものが多いと記している。そして城郭的な地割に併せて、石組構成は諸葛孔明の「八陣法」[*25]をテーマに選んだ。これは敵を攻める陣法ではなく、外的から守る陣形であることから、これからの平和な時代を願ってという意味合いも込められている。和歌山県沖ノ島産の緑泥片岩を用いた石組は、四方正面たる石組構成の大将を中心に天・地・風・雲・龍・虎・鳥・蛇の各陣を配した。そして全体に京都産白川砂が敷設され、上空からの砂紋の美しさも考慮した。

　この庭園の空間構成は、地上から見る際は四方正面である。つまりどの角度から見ても正面のように見える。特に庭園内中央にある八陣法中心の「大将陣石組」（図 13.16）は、どの角度から見ても波乱を起こすことはなく、まったくの自然石のみで四方正面として組み上げているが、これは一つ一つの石を把握し構成する卓越した力と審美眼がないと不可能である。まさに日本庭園の手法を用いたスカルプチャー・ガーデンといってよい。

　また後の天守閣や飛行機からの俯瞰を考えて、上部から見た際の美しさを意匠したことも（図 13.17）、日本庭園の構成上初めてのことであった。数多くの古庭園の実測によって庭園形態（地割）の美しさを平面図から多数読み取った三玲が、それに古城郭の地取図の斬新さを併せることによって、上空から眺めた際の現代庭園の美として意匠したことは、やはり革新的であった。

(左)図13.18 松尾大社庭園、上古の庭(1975、京都)[18]
(右)図13.19 同、曲水の庭 [19]

13.3.3 松尾大社庭園

　重森三玲の絶作(1975)で、上古の庭、曲水の庭、即興の庭、蓬莱の庭の4庭からなる。庭園内の石組はすべて緑泥片岩で、徳島、香川、愛媛県のものを使用した。敷石などは鳴戸石と丹波石である。

　上古の庭は、松尾神社背後の山中にある磐座(日本庭園の原初形態で御神体とした石)に因んで、山下に新たにつくられた。据えられた石は石組ではなく、神々の意思によって据えられたものであると三玲自身の説明がある通り、磐座とは庭園ではなく、神々を巨石によって象徴したものである(図13.18)。クマザサが植えられたのも、人の入れない高山の趣を表している。

　曲水の庭は、奈良・平安期につくられた曲水式庭園[*26]を範とした構成である。御手洗川の水を利用した洲浜を伴った曲水の流れとし、背後の築山の斜面に連続した石組とそれをつなぐサツキの大刈込を配した構成となっている(図13.19)。また三玲らしく流れの中にも石組を施し、また石橋を架けるなどの変化も忘れてはいない。曲水をゆったりと流れる水、サツキの大刈込、洲浜の緑泥片岩と、単純な構成ながらもやはり色にこだわった構成となっている。また高木類も一切ないことから、空間上部を開放感のある構成としている。

　またこの曲水の庭の背後の宝物収蔵庫と儀式殿の間にある庭園は、当初の設計計画にまったくなかった空間であるが、即興的につくり上げた庭園である。緑泥片岩、白川砂、錆砂利構成の枯山水形式の庭園で、収蔵庫、渡り廊下、儀式殿の3方向からの眺めを考慮し、磐座の自由奔放さと曲水の庭の形式的な石組との中間構成といえる意匠となっている。

　蓬莱の庭は、三玲が池の地割を出した段階で病に伏してしまい、その後現場に戻ることはできなかったので、長男の完途がその遺志を継いで完成させた。古典の手法(石組)と現代の手法(池の護岸)を巧みに取り入れた、開放的な池泉庭園となっている(図13.7)。また最初で最後の親子合作の庭園でもある。

＊1　不昧流：1751－1818（寛延4－文政元）年、松江藩7代目藩主の松平不昧が確立した茶湯を受け継ぎ、流派として確立したもの。茶湯の流派で、表千家、裏千家、遠州流なども同様で、始祖は流派を擁立するための活動は行っていなかった。
＊2　池坊流：立花および生花の現存する最古の流派。池坊専慶が、長禄・寛正（1457－66）期に活躍し、池坊専好（初代・2代）が立花を大成した。数多くの立花図を残している。
＊3　田村剛：1890－1979。岡山県津山市出身。東京帝国大学農科大学林学科卒業。林学博士。近代造園学創立者の一人で、造園学会長などの要職をはじめ、論文、著書、作品づくり、多彩な方面で活躍した。
＊4　関野貞：1867－1935。日本建築史家、東京大学教授。1889（明治22）年に平城宮跡発見し、奈良を中心として古建築の保護・保存に尽力した。
＊5　天籟庵庭園：立石を主体とした枯滝石組と、橋石、舟石、枯流れの構成は、大仙院庭園から脱していないが、立体造形が並外れて優れた処女作。
＊6　枯山水庭園：水を使用することなく、自然や水を表現した庭園のこと。古くは奈良・平安期に、池庭のほとりに石を据えて、水を使わずに山水（自然）表現した部分を指した。現在一般的にいわれる全庭「枯山水」形式は、室町時代後期になってから出現した。
＊7　京都林泉協会：1932（昭和7）年6月に、庭園史家、作庭家の森蘊を会長として創設された、庭園、古建築、石造美術、仏教美術などの研究を行う団体。藤原義一、土居次義、川勝政太郎、上原敬二などを中心に、毎月1回の例会、会報誌の発行、古庭園の修復など精力的な活動を行い、現在も活動中である。
＊8　新興いけばな協会：1932（昭和7）年設立。戦前における重森三玲の、近代いけばな活動の中心となった協会。中山文甫、藤井好文、勅使河原蒼風、桑原専渓、柳本瓦甫がメンバー。設立翌年に、「新興いけばな宣言」なる、流派解体などを打ち出した過激な草稿書をつくったが、未発表に終わった。
＊9　勅使河原蒼風：1900－79。大阪・堺出身。本名・鉀一。草月流初代。いけばなの英才教育を受けながら、既存のいけばなに飽きたらず、自ら前衛いけばなの世界へと突き進んだ作家。
＊10　中山文甫：1899－1986。未生流家元の家に生まれ、伝統いけばなを教育されながら西洋美術に傾倒し、大正末期には前衛的ないけばなの創作を行っていた。1954年、未生流中山文甫会を自ら創設し、現在もその遺志を受け継いで活動している。
＊11　白東社：1949（昭和24）年、重森三玲によって設立された戦後のいけばな研究会。翌年には月刊誌『いけばな藝術』を発刊し、前衛いけばな運動の拠点とした。京都吉田の自宅において研究会を開催し、現在80歳を超えて未だに過激な作品をつくり続ける中川幸夫もメンバーの一人であった。また親交のあったイサム・ノグチなども、編集部に訪れて即興的に花を生けてみたり、写真は土門拳が担当するなど、様々な分野の一流の人々がコラボレートしていた。残念ながら1950年代後半に解散となり、以後重森三玲はいけばなの世界から身を引くことになった。
＊12　『いけばな藝術』：白東社＊11参照。
＊13　建築：18歳（1915）の時に岡山の実家に茶室（天籟庵）をつくったのが始まり。自邸の茶室（無字庵、

1953）など、寺院、住宅などの庭園と附随する形で、書院と茶室の設計をした。設計理念は庭園と同様である。
＊14　茶：三玲はお茶を、すべての日本文化に通ずる大切なものと位置づけ、陶器、絵、書、裂、建築、庭園など、すべての分野に精通してこそ成り立つと考えていた。年始めの初釜、ガラスの茶会などと称して、創作的な会を催したのもその一環である。
＊15　重森三玲以前の庭園：日本庭園は、室町後期の枯山水庭園、桃山から江戸期にかけての露地によってすべての形態が確立された。その後の成熟期以降は、露地の影響による自然景観の写しのような意匠が主流となり、石組が廃れ、精神性や抽象性が影を潜めるようになった。三玲が作庭を始めた頃は、こうした堕落した自然風景的な日本庭園が主流を占めていた。
＊16　龍安寺庭園の構成：黄金比率の石配置、遠近法の具体化と、様々な説が出されているが、作者、作庭年代ともに不明ですべてが謎である。室町時代の作と推定される。
＊17　イサム・ノグチ：パリのユネスコ本部の庭園（1958）を任されたノグチは、その空間構成要素に日本庭園のテイストを欲していた。ノグチは1957年に重森のもとを尋ね、古典の石組形態、重森の新しい石組理念などを直接聞き出し教えを請うた。重森はノグチと共に四国まで石を探しに行き、自然石の持つ美しさ、力強さ、不変性など、石の可能性や魅力を教えた。また岡山の方眼石も三玲が伝えた。第14章参照。
＊18　神仙島：中国の伝説で、渤海の遠洋にある仙人が住む険しい山を伴った島で、不老不死の秘薬等のある理想郷として考えられていた。近づくと海中に沈み、遠ざかってしまうことから、強大な亀の甲羅の上に載った島であるとも考えられていた。蓬萊、方丈、瀛洲などの神仙島がある。
＊19　禅宗京都五山：京都臨済宗の五寺。1386（至徳3）年、足利義満により、天龍寺・相国寺・建仁寺・東福寺・万寿寺が決定され、南禅寺を五山の上とした。鎌倉五山も義満が定めた。
＊20　桂離宮や修学院離宮の市松模様：桂離宮松琴亭、笑意軒の床の間、襖、腰張りなどに群青色を用いた鮮やかな市松模様がある。また修学院離宮も同様で、近世の革新的なデザインといえる。
＊21　自然石の北斗七星：現在では建物の関係からなくなっている可能性があるが、現時点で確認できていない。
＊22　七五三の考え方：古来から縁起のよい数といわれたことから、庭園に取り込まれた。たいていは石によって、七石、五石、三石によって表した。代表例としては龍安寺庭園や大徳寺真珠庵庭園が有名である。また京都正伝寺のように、植栽による七五三もある。
＊23　蓬萊神仙：神仙島＊18参照。
＊24　須弥山：仏教の宇宙観。世界の中心に宇宙空間を突き抜ける孤高の高山があって、その山を須弥山という。その周りには、八つの山と八つの海があって、須弥山と併せて「九山八海」という。
＊25　諸葛孔明の八陣法：中国古代の兵法で、天地風雲龍虎鳥蛇の八陣を指す。他説もあるが、この兵法が最も一般的である。
＊26　曲水式庭園：中国が発祥で、奈良期あたりにつくられ出したのではないかといわれている。奈良の平城京左京三条二坊之宮跡庭園が有名である。

# 14
イサム・ノグチ
彫刻としての空間の探求

南 智子

「彫刻は単なる「オブジェ」であってはいけません。空間の彫刻—空間を定義する彫刻—は、彫刻として目に見えないものでありながら、なお彫刻的空間として存在するものであるでしょう。」(*Studio International*, July/August, 1968 より)

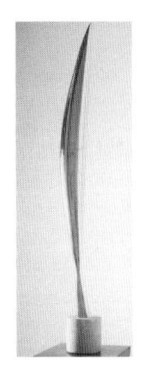

(左)図 14.1　空間の中の鳥（コンスタンティン・ブランクーシ、1919、ニューヨーク近代美術館）[1]
(右)図 14.2　マーサ・グラハムのための舞台美術（1935、アメリカ）[2]

14.1　モダンアートと日本美の融合

14.1.1　芸術家としての母の教育

　1904 年 11 月 17 日、ロサンゼルスで、イサム・ノグチは日本の詩人・野口米次郎とアメリカ人女性レオニー・ギルモアの間に生まれた。父親は彼が生まれる前に日本に帰国し、レオニーを正式な妻としなかったため、2 歳までアメリカで母子での暮らしを送る。母のレオニーは子供の将来を思い、ノグチを国籍や人種を越えて活躍できる芸術家の道に歩ませたいと願っていた。そのために日本での教育を考えていた彼女は、1907（明治 40）年、徐々に高まる排日運動への危惧もあり、米次郎を頼ってノグチと共に来日する。

　その後 13 歳になるまで、ノグチは東京、茅ヶ崎、横浜と移り住みながら、日本で母と共に過ごす。後に彼自身が、「日本では雄大な景色というより、昆虫・葉っぱ・花など、自然の細部がより鮮明に意識された。日本ではいつも自然が身近でした」と回想しているように、この時期にノグチは日本の自然に触れ、子供心にも日本の美意識を身につけていった。また、日本文化に関心の高かった母は、芸術家としての感性と技能を養わせるため、鎌倉の日本庭園を彼に見学させたり、9 歳の時には茅ヶ崎の小さな自宅の設計を手伝わせる。11 歳になると地元の指物師に弟子入りさせ、欄間彫刻などに触れる機会を与えた。

　しかし、日本での生活は、外国人への強い偏見が、ノグチに精神的に暗い影響を与えた。また当時、第一次世界大戦の戦況が激しく、徴兵を心配したレオニーの計らいで、1918（大正 7）年、ノグチは単身アメリカに渡る。

14.1.2　モダンアートの洗礼とアイデンティティの探求

　アメリカでは経済的支援者が現れ、一度は医学の道を目指すが、1924 年、20 歳でニューヨークのレオナルド・ダ・ヴィンチ美術学校へ入学する。アカデミックな具象彫刻を学び、3 ヶ月で作品が新聞に紹介されるほどの評価を受ける。

(左)図14.3 ルナー・ヴォヤージュ(アルゼンチン号船内、1947)[3]
(右)図14.4 ロッキングスツールとダイニングテーブル(1955)[4]

　しかし、当時ニューヨークは、フォービスム[*1]やキュビスム[*2]、ドイツ表現主義[*3]などが紹介され、ヨーロッパ「前衛」[*4]の影響が大きくなり始めていた。イサムは具象美術を否定し、モダンアートに自分のスタイルを探す。とりわけコンスタンティン・ブランクーシ[*5]の彫刻の単純な抽象的形態(図14.1)に強い影響を受けた。そして1927年、キュビスム、ダダイスム[*6]などの前衛運動が盛んなパリに留学。半年程度、ブランクーシの助手を務める。

　パリから一時アメリカに帰国した後、今度は自身の芸術の独自性を模索するためアジアに目を向け、1930-31年にかけて中国、日本を訪れる。中国では唐三彩や毛筆画[*7]に学び、日本では京都を訪れ、博物館に展示されていた埴輪や禅寺の庭を見学する。埴輪からは人の暮らしや営みと彫刻との関わりを学び、日本庭園からは彫刻と同様の造形美と精神的な感動を受ける。日本の庭を彼は「空間の彫刻」と呼び、以後の作品制作の大きな糧となっていく。

　その後、第二次世界大戦前後は、戦争に活動を制約されながらも、彫刻だけでなく様々な分野へ活動の幅を広げていく。その一つ、前衛舞踏家マーサ・グラハム[*8]の舞台美術(図14.2)は、庭園や広場のデザインへつながる空間設計の実験場でもあった。インテリア・デザインも手がけ、後の「あかり」シリーズ(図14.9)に展開する光源を内蔵した「ルナー彫刻」(図14.3)と、それを壁や天井のデザインに応用した室内設計、家具デザイン(図14.4)などを手がける。大規模な公共プロジェクトにも関心を持ち、生涯のテーマとなる「遊び山」[*9]や環境芸術の先駆けと呼べる大地への彫刻の計画を1933年に発表する。1935年にはメキシコ壁画運動[*10]に参加する。こうしたなかで、彫刻と社会との関わりを考え、その探求に、1949年からイギリスのストーンヘンジやインドのジャンタル・マンタル(天文台)など世界各地の石造の古代遺跡や公共広場を訪ねている。

　また、この時期ノグチは、ヨーロッパからアメリカに移住してきたマルセル・デュシャン[*11]やアンドレ・ブルトン[*12]らシュールレアリスム[*13]のグループと交

モダンアートと日本美の融合

図14.5　ユネスコ本部庭園（1958、フランス）[5]

流を持つ。その影響を受けて制作した「クーロス」(1946)は、大理石片を組み合わせて人間の深層心理を表現し、世界的な注目を集めた。

14.1.3　建築家とのコラボレートによる作品づくり

　1950(昭和25)年、来日したノグチは、戦後、世界のアートシーンをリードしていたアメリカから来た日系前衛彫刻家として歓迎される。約5ヶ月の滞在中には、京都で桂離宮などの庭園や寺、絵画や書を見学して回るとともに、日本の芸術家や建築家と交流を持ち、後の日本での活動へとつながっていく。その最初が、建築家・谷口吉郎[*14]から依頼された、ノグチの父がかつて教鞭をとった慶應義塾大学の「新萬來舎（ばんらいしゃ）」(1952)の室内デザインである。1951(昭和26)年には丹下健三[*15]の広島ピースセンターの原爆慰霊碑のデザインを手がける（計画のみ）。また、北大路魯山人[*16]とも親交を持ち、1951年に日本の女優・山口淑子（よしこ）[*17]と結婚してからは、魯山人の好意で彼の隣の茅葺き民家に居を構え、魯山人に陶芸を学びながら作品を制作する。こうした日本での活動の成果を結実させたのがパリの「ユネスコ本部庭園」(1958、図14.5)であり、日本の回遊式庭園に着想を得た作品となった。制作に必要な石を日本に探し求めた時には、作庭家・重森三玲[*18]と出会い、石釣り[*19]や石組のアドバイスを受けている。

　「ユネスコ本部庭園」以降も、アメリカ、日本や世界各地で、ノグチは庭園や広場のデザインを数多く手がける。そこで彼はコラボレーターとして、アメリカではゴードン・バンシャフト[*20]、ショージ・サダオ[*21]、日本では丹下健三や大谷幸夫[*22]、谷口吉生[*23]らの建築家とパートナーを組み、一般的な「彫刻」という枠を越えた作品を生み出していった。一方で、彼はニューヨーク、イタリアの大理石の産地・ピエトラサンタ、日本の庵治石（あじ）の産地・四国の牟礼（むれ）[*24]にアトリエを持ち、石彫作品も制作し続ける。こうしたワークスタイルは、1988年、84歳で彼が亡くなるまで続いた。最後の作品は、彼が長年夢見ていた「遊び山」を具体化した札幌「モエレ沼公園」（マスタープランのみ、図14.16)である。

図14.6 ピードモント公園のプレイスケープ(1976、アメリカ)[6]

図14.7 牟礼で制作した石彫[7]

14.2 空間の彫刻の創造

14.2.1 「空間の彫刻」の精神性と象徴性

　庭園や公園、室内設計など、彫刻家としての枠を越えて活躍したノグチであるが、彼はあくまで自身を「彫刻家」と捉えていた。彼の考える彫刻とは、「人生の希望や抱負、苦悩、労働など、人々がかかえる諸々の今日的問題と結びつく」「人間的に有意義で、抽象であって同時に社会に関連をもつ」ものであり、彼は彫刻に有用性（実用性）、社会性（社会的問題への貢献）、精神性（儀式的意義）、象徴性（生命や自然のシンボル）を求めた。こうした役割を持っていれば、庭や広場やインテリアなども彫刻であるというのがノグチの考えであり、特に庭や広場は「空間の彫刻」として作品を数多く発表した。有用性や社会性の追求はパブリック・スカルプチャーをはじめ、照明器具「あかり」シリーズや子供たちが遊ぶスペースや遊具の設計（図14.6）、アースワークへと作品の領域を広げ、精神性や象徴性の探求は作品コンセプトにつながっていた。

　彫刻の精神性や象徴性の探求の中で、ノグチの作品に数多く見られる特徴は、自然や宇宙、生命の象徴であり、それは日本庭園、ブランクーシの作品、世界の石造遺跡などから影響を受けていると思われる。

　日本の庭は、砂、石、水、木など、自然の素材を使い、その配置、組合せと対比によって、自然や生命の持つ美や力の表現を目指す。ブランクーシは自然の本質や生命の躍動を極力シンプルな形に抽象化して表現する。両者が表現するのは、「あるがままの自然」では気づかない「あるべき自然の本質」「自然の真髄」であり、これが見る者に精神的な感動を与える。ここにノグチが目指す一つの抽象彫刻の姿があった。後期の作品に多い石彫は、石の一部だけを削ったり、磨いたりしているが、その手法は、装飾ではなく、例えば日本の生け花のように、自然の素材を生かしながら、自然の本質が表に立ち現れるように手

図14.8 イェール大学バイネキ稀書図書館のサンクンガーデン(1964、アメリカ)[8]

を加えるのである(図14.7)。庭や広場のデザインでは、彫刻を群として配した作品が数多いが、これは、枯山水[*25]が石や砂を使って山河（自然）を表すように、周りの空間と彫刻の組合せによる表現を試みたものである。

また時に、ノグチの表現には、自然や生命、宇宙などを幾何学的形態に象徴させる場合もある(図14.8)。これは古代遺跡や世界の公共広場、とりわけインドの18世紀初頭の天文台ジャンタル・マンタルに強い影響を受けていると思われる。そこは、レイアウトされた石像の日時計や星座儀などの幾何学的形態が宇宙を象徴する広場で、ノグチの庭園や広場のデザインにも、ピラミッド型や円形、立方体などの幾何学形態が数多く見られる。

14.2.2 「空間の彫刻」の構成方法

庭や広場のデザインに際して、彫刻（エレメント）と周りの空間全体を一つの「空間の彫刻」として捉え制作したノグチの具体的な手法の一つは、個（彫刻）と全体（背景）が相対的な関係を持つように、彫刻のスケールやフォルムを背景から導き出すことである。背景の垂直性に呼応するように作品に水平性を与えたり、日本庭園の借景を取り入れたり、作品を絵画の額のように見立てて背景を覗かせて見せる。そうすることで、彫刻とその周囲の空間や背景は一体となり、その全体がすべて作品となる。こうした作品づくりのために、ノグチはクライアントから単体の彫刻作品の依頼を受けた場合も、周囲のスペースも含めたデザインを手がけるようにオーダー内容を変更する場合が多かった。

彫刻（エレメント）一つ一つの配置にも、日本庭園の影響が見られる。日本の回遊式庭園が、歩きながら庭を見ることで、様々な視点から観賞され、その表情が変化するように、エレメントとしての彫刻の配置にも視点の変化を考慮する。また、水の流れを取り入れて動きによる変化を生み出したり、日差しと影のうつろいの効果を利用する作品も多い。時間や動きによる「うつろい」を与え、自然や生命、歴史を象徴するのも、ノグチの作品の特徴である。

(左)図 14.9　あかりシリーズ(1952−)[9]
(右)図 14.10　赤い立方体(1968、アメリカ)[10]

14.3　彫刻と空間と人間の対話を目指して

14.3.1　「あかり」シリーズ

　ノグチの作品の中でも最もポピュラーな「あかり」シリーズ(1952−、図 14.9)は岐阜提灯にインスピレーションを受けて誕生したものであるが、そのルーツは、1943 年に手がけた「ルナー彫刻」(図 14.3)と呼ばれる光源を内蔵した「光の彫刻」に遡ることができる。

　「ルナー彫刻」は、室内に置かれる彫刻が照明されるのなら、それ自体が発光する彫刻が理にかなうと意図してつくられ、光の持つ温かさややすらぎの感覚を彫刻の表現に取り入れようとした。この「光の彫刻」をベースに、提灯の素材である和紙と竹を使って生まれた「あかり」は、「明るさ (light)」と「軽さ (lightness)」を兼ね備えており、折畳み式でポータブルな提灯の有用性を作品に取り入れたものでもある。

　「あかり」誕生以来、ノグチはその形や色、設置式のバージョン違いを 300 種以上もデザインし、それらは市場で販売されてきた。価格は、できるだけ多くの人が購入できるようにと、リーズナブルに設定されている。この作品には、彫刻が生活のクオリティに寄与するようにというノグチの願いが込められており、彫刻の実用性を考え、それを実現した作品の一つである。

14.3.2　赤い立方体

　ニューヨーク・ウォール街に、1968 年につくられた「赤い立方体」(図 14.10)は、黒やベージュ色のビルの背景の中で、街行く人の目を引きつける。建築家ゴードン・バンシャフトとの協同制作によるこのパブリック・スカルプチャーは、高さ約 7m、円筒形の穴のあいた立方体が一つの頂点だけで立つ。周囲のビルの垂直・水平性の中で、この立方体の斜めのラインが浮き上がり、重力に抗うような不安定さが非現実的な感覚を生み出し印象づける。「彫刻が建築に

(左)図14.11　チェイス・マンハッタン銀行ビルのサンクンガーデン(1964、アメリカ)[11]
(右)図14.12　フィナンツィアリア・フィエレ・ディ・ボローニャ広場(1979、イタリア)[12]

とって、および人的環境の空間において意味をなしうるのは、その空間との相関関係において決定的なものとなっているときのみである」とノグチは述べているが、ビルに囲まれた公共空間と彫刻との関係性が、無機質なビルのカラーと赤色の対比、垂直・水平と斜めの方向性の対比によりつくり出されている。円筒の穴からは、背景が覗け、両者は視覚的に結びつけられる。

　立方体は人間の技術を象徴し、「穴」には「混沌」「疑問符」という意味があるといわれており、人類と自然やテクノロジーとの関係をシンボライズする。

14.3.3　チェイス・マンハッタン銀行ビルのサンクンガーデン

　ゴードン・バンシャフトの依頼で、ウォール街にある銀行地下ロビーのガラス張りの中庭のデザインをノグチは手がける(1964、図14.11)。直径約18m、地上に吹き抜ける円形の庭には、花崗岩が同心円を描くように敷かれ、その上に宇治川で採った自然石が7個配置されている。白い敷地は水面の波を描き、夏場にはここに水が張られ、黒い石は浮かんで見えるように置かれている。その表情は庭の周りを巡ることで絶えず変わり、ゴツゴツした石の表面の影と日差しにきらめく水面が、時のうつろいを感じさせる。石という自然素材を組み合わせ、配置することで、オフィス街の中に「自然」の山河を表現し、喧噪の街中に心静まる瞑想の場を提供している。枯山水の探求の成果が現れており、「これは私の龍安寺[*26]である」とノグチは語っている。

14.3.4　フィナンツィアリア・フィエレ・ディ・ボローニャ広場

　イタリア・ボローニャの高層ビルの計画を進めていた丹下健三から、1979(昭和54)年にノグチはそのビルの周りの広場のデザインを依頼される。

　高層ビル棟に向かってなだらかな階段を上ってアプローチする人にとっての「門」として位置づけられたその彫刻は、ピラミッド形の台座の上に長さ16mの花崗岩の梁を置いたもので、ビルとビルの間の空間を視覚的に一つにまとめる役割を持っている。ビルの垂直性と彫刻の水平性とが絶妙のバランスをもっ

(左)図14.13　カリフォルニア・シナリオ(1982)¹³⁾
(右)図14.14　同、「ライ豆の精神」(1982)¹⁴⁾

て呼応し、ビルの周りの空間と彫刻が一体となっている。巨大すぎるように思われる彫刻のサイズは、「赤い立方体」(図14.10)でも見られたように、周りの空間との相対的な関係から導き出されている(図14.12)。

ここで、ノグチは彫刻を置く台座でさえも作品の一部としてつくっている。これは、庭園や広場の敷地の敷石も作品の一部として、彫刻と一体としてデザインする考えと同じである。

14.3.5　カリフォルニア・シナリオ

1980−82年にかけて建築家ショージ・サダオと手がけた広場は、ショッピングモールの中の6500m²の敷地に七つの彫刻を配し、川を流したノグチの回遊式庭園である。それは「カリフォルニア・シナリオ」と呼ばれ、砂漠、森、草原などのカリフォルニアの自然や生活を表現している。

「水源」という名の高さ9mの直角三角形の彫刻からは水が流れ、それが川となり、人類による農地灌漑を表現する花崗岩のピラミッド「ウォーター・ユース」に流れ込む。他にも、砂利敷きの円形のなだらかな小山にサボテンなどが植えられた「デザート・ランド」、農地を表現する塚「ランド・ユース」など、彫刻の一つ一つが象徴的であり、それを総合してカリフォルニアの自然とそれを利用し文明を築いてきた人間の営みの物語を紡いでいる(図14.13)。

彫刻エレメントの一つ、広場のクライアントの先祖の物語に因んで命名された「ライ豆の精神」(図14.14)は、牟礼のアトリエで15の万成石(まんなり)を組んでつくったものである。丸みのある自然石が、自然ではなしようのないテクニックで隙間なく組み合わされ、一つの塊になっているが、それはとても「自然」に見える。他の彫刻エレメントが象徴的な幾何学形態を用いているのに対し、「命のはじまり」を表現しようとしたこの作品は、あるがままの自然の石に手を加え、組み合わせることで、石にユーモラスな表情が生み出され、「生」を感じさせる。石の持つ潜在的な力が現れている。

図 14.15　土門拳記念館の庭園（1984、山形）[15]

　「カリフォルニア・シナリオ」は、日本庭園と幾何学形態を用いたインドの天文台などの世界の広場や遺跡から受けた影響を、ノグチが消化して一つの作品に結実させた庭園である。

14.3.6　土門拳記念館の庭園

　1984（昭和59）年、日本を代表する写真家・土門拳の作品を展示するために、山形県酒田市に計画された記念館の中庭を、ノグチは建物の設計者・谷口吉生の依頼でデザインする。山の麓の緑に囲まれた敷地に、自然の変化を反映する人工池をつくり、時とともに移り変わるというコンセプトに基づいて建物をデザインしようとした谷口に、ノグチは共鳴したといわれている。

　9m × 11mの庭は三方が建物の白い壁に囲まれ、一方は人工池に開かれている。そこにノグチは池の反対側から花崗岩の石段を4段つくり、池へと流れ込むように水を流した。石段の上には、リンガ型の石彫が一つ。静かな水の流れは時の流れを、力強く立つ石彫は土門拳の「生」を象徴し、戦後の日本を撮り続けた写真家の生涯を庭は表現している（図14.15）。

　ここは、彫刻作品や植物をいくつも敷地に配置した、それまでのノグチの広場や庭園のデザインとは異なり、シンプルである。しかし、壁と石段の水平線が見え、石段の横に竹が植栽されただけのほとんど何もない場所に、太い柱のような石彫が置かれるだけで空間には緊張感が生まれ、垂直の方向性を持つその石彫は上へと視線を誘い、壁の外に広がる山の緑や空と中庭とを結びつける。数々の日本庭園に触れ、石の精神を研究したノグチは、1949年に「彫刻は…単に石だけのものでなく、…石と石の間の、石と人間の間の、そして対話と観照の間の空間であるはずだ」と述べているが、この庭園の石彫も、周りの空間や自然と対話し、そしてそれを見る者と対話する。聞こえるのは水のせせらぎと風に揺れる木々の葉ずれの音。訪れた者が、心静かに自然を感じ、一人の人間の歴史について思いをめぐらせる場が生まれている。

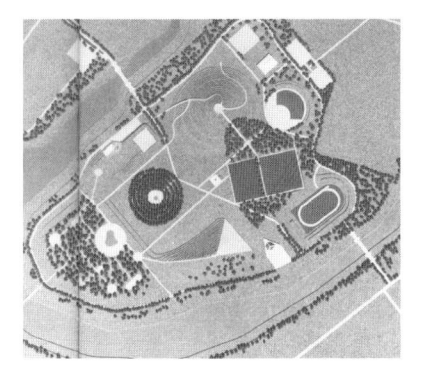

(左)図14.16　モエレ沼公園(2004、札幌)、マスタープラン[16]
(右)図14.17　同、プレイマウンテン[17]

　ノグチは晩年に近づくにつれ石彫に打ち込み、石を彫るという作業に、太古の時代や自然や宇宙とのつながりの中で自己の存在を見つけるという意義を見出していた。そうして生まれた石彫には、時、自然、生命を感じさせる精神性が宿り、その周りの「間」に力を与え、「彫刻的空間」を生み出している。

14.3.7　モエレ沼公園

　ノグチの最後の作品となったのは、札幌のモエレ沼に囲まれた、ゴミを埋め立ててできた敷地に、市民に憩いの場を提供するためにつくられた189haの公園である。残念ながら、ノグチは1988(昭和63)年にマスタープラン(図14.16)を残したのみであるが、その意志を継ぎ、ショージ・サダオの監修、下村純一(アーキテクトファイブ)の設計総括で2004(平成16)年に完成された。

　ノグチはこの広大な敷地を「全体を彫刻としてみなした、宇宙の庭になるような公園」として、空からの鳥瞰的な視点で総合的にデザインした。

　そこには、1933年に既に構想されていたピラミッド状の「プレイマウンテン」(図14.17)、ギャラリーやホールを備えたガラスのピラミッド形の施設、幾何学形のカラフルな遊具を置いた遊び場、野外ステージ、ステンレス柱を使った「テトラマウンド」、噴水、桜の森などが計画され、これまでの作品に見られたノグチの作品のボキャブラリーが集まっている。ここで、人々は彫刻を巡りながら、彫刻に触れ、登り、彫刻で遊ぶ体験をする。彫刻は眺められるものだけではなく、実際に役立ち、人と共に存在するものとなる。

　この公園は、「大地を彫刻する」という発想で1933年に発表した子供の遊び場「遊び山(プレイマウンテン)」や、アメリカの大草原にピラミッドをデザインし、開拓精神へのリスペクトとした「鍬のモニュメント」などのアースワークと呼べるノグチの作品を、初めてその理想に近い形で実現したものである。作品を通して、人々の暮らしや公共に役立ち、また社会的な問題と結びつこうとしていたノグチの長年の夢をかなえるものとなった。

＊1　フォービスム　fauvisme：20世紀初め、フランスのアンリ・マチス、ジョルジュ・ルオーらが始めた絵画運動。原色的色彩、奔放な筆触の太い描線、形態の単純化を特徴とする。

＊2　キュビスム　cubisme：遠近法的な空間表現を否定し、対象を多視的に捉えて描く手法で、フランスのパブロ・ピカソやジョルジュ・ブラックにより展開された。その始まりはピカソが1907年に描いた「アヴィニョンの娘たち」とされる。

＊3　ドイツ表現主義：序章参照。

＊4　ヨーロッパ「前衛」：1913年にニューヨーク、ボストン、シカゴなどで大規模な美術展「アーモリー・ショー（国際現代美術展）」が開催され、フォービスム、キュビスムなどのヨーロッパの前衛美術が多数紹介され、これ以降、アメリカに前衛の波が押し寄せた。

＊5　コンスタンティン・ブランクーシ　Constantin Brancusi：1876－1957。ルーマニア出身の彫刻家。1904年、パリ美術学校に入り彫刻を学び、一時ロダンに師事するが、その後具象彫刻を離れ、きわめて単純な形態の抽象的の作品を生み出した。

＊6　ダダイスム　dadaïsme：第一次大戦中から戦後にかけて国際的に展開された芸術運動。あらゆる既成の価値観、芸術形式を否定し、自発性・偶然性から生まれる自由な発想と表現を目指した。

＊7　唐三代と毛筆画：北京に滞在したノグチは、古代からの中国美術を見学して回り、なかでも唐代の三色の釉薬を使って焼かれた唐三代に夢中になった。毛筆画は、山水や花鳥虫魚を描いた水墨画の大家・斉白石に師事する。

＊8　マーサ・グラハム　Martha Graham：1894－1991。モダンダンスのパイオニア的存在。ノグチとは国際的に活躍していた日本人の舞踏家・伊藤道郎の紹介で知りあい、1935年の舞台「フロンティア」を最初に、ノグチに舞台美術を依頼する。「フロンティア」の舞台装置は、黒1色の背景にV字型に白いロープを張り、「フロンティア」の精神を空間でも表そうとした。

＊9　遊び山：1933年、ニューヨーク市は不況に困窮するアーティストを救済するため、公共施設の彫刻や壁画、ポスターなどの制作の機会を与える。ノグチは、彫刻を日常体験ともっと関わりの深いものにしたいという考えで、セントラル・パークのための遊園地「遊び山」の計画案（1面が頂上まで階段状のピラミッド形の山で、その斜面を登ったり、滑ったりして楽しむ遊び場）を提出するが、不採用に終わる。

＊10　メキシコ壁画運動：メキシコで革命後、1920年代に開始された芸術運動。新しく誕生した社会を国民に伝えようと、国の庁舎や大学、地下鉄の壁などに国の歴史や革命の理想を主題にした壁画を描く。ディエゴ・リベラ、ダヴィド・アルファロ・シケイロス、ホセ・クレメンテ・オスコロなどが中心。ノグチは1927年にニューヨークでオスコロに出会って以来、運動への参加を希望。「メキシコの歴史」という壁画レリーフを制作し（1936、メキシコシティ）、虐げられた労働者の歴史を表現した。

＊11　マルセル・デュシャン　Marcel Duchamp：1887－1968。フランス出身の画家だが、後にニューヨークに渡り、ダダイスムを押し進める。「アーモリー・ショー」では「階段を降りる裸体No.2」が展示され、賛否両論を呼ぶ。ノグチとはパリ留学時代、ブランクーシのアトリエで出会ってから親交を持つ。

＊12　アンドレ・ブルトン　André Breton：1896－1966。シュールレアリスムの詩人であり、指導者的存在。ノグチとはパリ留学時代に知りあう。

＊13　シュールレアリスム　surréalisme：ダダイスムの影響を受け、アンドレ・ブルトンによる「シュールレアリスム宣言」(1924)に始まる芸術運動。人間の深層心理に着目し、既製の価値観にとらわれない精神の自由を目指した表現。

＊14　谷口吉郎：1904－79。1950(昭和25)年のノグチの来日時に知りあう。当時、谷口は、戦争で被災していた慶應義塾大学の施設の設計を担当しており、ノグチに教職員の談話室「新萬來舍」のインテリアデザインを依頼する。ノグチは京都の桂離宮や詩仙堂にヒントを得て内装を手がけ、その部屋から見える庭に、彫刻作品を配した。

＊15　丹下健三：第8章参照。

＊16　北大路魯山人：第12章参照。

＊17　山口淑子：1920－。李香蘭の名でも知られる女優。第二次世界大戦前は中国で、戦後は日本、アメリカ・ハリウッドで活躍した。

＊18　重森三玲：第13章参照。

＊19　石釣り：渓谷などで作庭に必要な石を探すこと。

＊20　ゴードン・バンシャフト　Gordon Bunshaft：1909－90。設計事務所SOMの主任建築家。「コネティカット・ゼネラル生命保険会社の庭園」(1957)のデザインで、初めてノグチとコラボレートする。「イェール大学バイネキ稀書図書館のサンクンガーデン」「IBM本社の庭園」(1964)もノグチとの共同作品である。

＊21　ショージ・サダオ　Shoji Sadao：ノグチと交流のあったバックミンスター・フラーのもとで働き、1965年にノグチと共同事務所をつくり「フィリップ・A・ハート広場」(1979)、「ベイ・フロント・パーク」(1993)などの作品を共同で手がける。元イサム・ノグチ財団専務理事。

＊22　大谷幸夫：1924－。東京大学の丹下研究室で、広島ピースセンター(1955)、東京都庁舎(1957)などに関わる。1965(昭和40)年、横浜の「国立こどもの国」の遊園地の設計をノグチと共に手がける。1年限定の仮設施設で、現在はわずかな山とトイレが残る。代表作に「国立京都国際会館」(1966)。

＊23　谷口吉生：1937－。「土門拳記念館」の庭園デザインをノグチに依頼。父は谷口吉郎で、親子二代でノグチと共に仕事をする。作品には「丸亀市猪熊弦一郎現代美術館」(1991)、「豊田市美術館」(1995)など。

＊24　牟礼：日本での石彫のアトリエとその制作の協力者を探していたノグチは、1964(昭和39)年、香川県牟礼で活動していた石彫家・和泉正敏を訪ねる。1969年に制作場を、翌年には住宅をつくる。敷地内にはノグチの石彫が当時のまま置かれ、現在ここは、イサム・ノグチ庭園美術館として公開されている。

＊25　枯山水：水を用いず、石・砂などで山水(自然)を表現する庭園様式。室町時代、宋・明の山水画の影響を受け、禅院の方丈前庭などに多く作庭される。

＊26　龍安寺：1450(宝徳2)年創建の京都の臨済宗の寺。方丈の前庭は典型的な枯山水として有名で、一木一草も用いず、地表に白砂を敷き、15個の自然石が、東から7・5・3の構成で配置されている。ノグチは1931(昭和6)年の来日時に訪れている。

図版出典

【1 村野藤吾】
扉写真),8),13),14),15) 多比良敏雄撮影
1)『建築家渡辺節』大阪府建築士会渡辺節追悼誌刊行実行委員会、1969
2),3),4),5),6),9),10),11),12),16),17),18) 笠原一人撮影
7) 村野・森建築事務所『村野藤吾建築図面集 第6巻』同朋社出版、1992

【2 吉田五十八】
扉写真),1),10),12) 東京藝術大学所蔵（『吉田五十八建築展』東京藝術大学藝術資料館、1993 より）
2) David Watkin, *A History of Western Architecture*, Watson Guptill Publications, 2000（西田雅嗣・矢ヶ崎善太郎編『図解 建築の歴史』学芸出版社、2003 より）
3) Peter Murray, *Renaissance Architecture*, Abram, 1971
4),11) 吉田五十八研究室所蔵（栗田勇監修『現代日本建築家全集3 吉田五十八』三一書房、1974 より）
5),16) 村沢文雄撮影（栗田勇監修『現代日本建築家全集3 吉田五十八』三一書房、1974 より）
6) 元離宮二条城事務所所蔵（太田博太郎監修『カラー版 日本建築様式史』美術出版社、1999 より）
7) 吉田靖撮影（日本建築学会編『日本建築史図集』彰国社、1949 より）
8) 吉田五十八記念芸術振興財団所蔵（砂川幸雄『建築家吉田五十八』晶文社、1991 より）
9) 吉田五十八「近代数寄屋住宅と明朗性」『建築と社会』1935 年 10 月号を部分的に再構成
13) 平山忠治撮影（栗田勇監修『現代日本建築家全集3 吉田五十八』三一書房、1974 より）
14),15) 多比良敏雄撮影（栗田勇監修『現代日本建築家全集3 吉田五十八』三一書房、1974 より）
17) 新建築社写真部撮影
18) 多比良敏雄撮影（砂川幸雄『建築家吉田五十八』晶文社、1991 より）

【3 堀口捨己】
扉写真）鳥畑一紀撮影（栗田勇監修『現代日本建築家全集4 堀口捨己』三一書房、1971 より所蔵
1) 京都大学大学院工学研究科工学部建築系図書室所蔵
2) 東京大学工学系研究科建築学専攻所蔵（『建築文化8月号別冊 堀口捨己の「日本」』彰国社、1996 より）
3)『分離派建築会作品2』（SD 編集部編『現代の建築家 堀口捨己』鹿島出版会、1993 より）
4) 渡辺義雄撮影（堀口捨己編『日本の美術83 茶室』至文堂、1973 より）
5) 和木通（彰国社）撮影
6) 新建築社写真部撮影
7)『現代建築』1940 年 4 月号（『建築文化8月号別冊 堀口捨己の「日本」』彰国社、1996 より）
8) 堀口捨己『紫烟荘図集』洪洋社、1927（鈴木博之他監修『建築 20 世紀 PART1』『新建築』1991 年 1 月臨時増刊より）
9) 清水襄撮影（大川三雄他『建築モダニズム 近代生活の夢のかたち』エクスナレッジ、2001 より）
10),17) 堀口捨己『堀口捨己作品：家と庭の空間構成』鹿島出版会、1978

11) 渡辺義雄撮影（『建築文化』1995 年 4 月号より）
12) 加藤武雄撮影（堀口捨己『堀口捨己作品：家と庭の空間構成』鹿島出版会、1978 より）
13)『現代建築』1939 年 7 月号（『SD』2000 年 9 月号より）
14) 渡辺義雄撮影（SD 編集部編『現代の建築家 堀口捨己』鹿島出版会、1993 より）
15) 田畑みなお撮影（桐浴邦夫『近代の茶室と数寄屋』淡交社、2004 より）
16) 八勝館パンフレット

【4 白井晟一】
1),8),16) 田中禎彦撮影
2),3)『重要文化財江川家住宅修理工事報告書』重要文化財江川家住宅修理委員会、1963
4),5),11) 安原盛彦撮影
6),7) 下村純一撮影
9) 柳本正撮影、松濤美術館提供
10) 川向正人撮影（『建築』1989 年 11 月号より）
12),13) 白 井 晟 一 『TEMPLE ATOMIC CATASTROPHES』1955
14),15) 村井修撮影（栗田勇監修『現代日本建築家全集9 白井晟一』三一書房、1970 より）
17),18) 村井修撮影（SD 編集部編『現代の建築家 白井晟一』鹿島出版会、1993 より）

【5 遠藤新】
扉写真),1),2),3),4),5),20) 遠藤陶所蔵
6),8),9),11),12),14),15),16) 黒田智子撮影
7) 婦人之友社所蔵（遠藤新生誕百年記念事業委員会『建築家遠藤新作品集』中央公論美術出版、1991 より）
10),17),18) 武庫川女子大学提供
13) 遠藤楽所蔵（遠藤新生誕百年記念事業委員会『建築家遠藤新作品集』中央公論美術出版、1991 より）
19)『満州建築雑誌』（遠藤新生誕百年記念事業委員会『建築家遠藤新作品集』中央公論美術出版、1991 より）

【6 山口文象】
扉写真),8) 山口家所蔵（RIA 建築綜合研究所編『建築家山口文象 人と作品』相模書房、1982 より）
1) 竹中文庫所蔵（伊達美徳『新編山口文象 人と作品』アール・アイ・エー、2003 より）
2) 竹内新太郎所蔵（RIA 建築綜合研究所編『建築家山口文象 人と作品』相模書房、1982 より）
3),12) 土木学会附属土木図書館所蔵
4)『国際建築』1936 年 11 月号
5),13) 伊達美徳『新編山口文象 人と作品』アール・アイ・エー、2003
6),7) RIA 建築綜合研究所編『建築家山口文象 人と作品』相模書房、1982
9) 平山忠治撮影（栗田勇監修『現代日本建築家全集11 坂倉準三・山口文象とRIA』三一書房、1971 より）
10) 栗田勇監修『現代日本建築家全集11 坂倉準三・山口文象とRIA』三一書房、1971
11) 加嶋章博撮影
14)『国際建築』1938 年 9 月号
15)『建築雑誌』1934 年 8 月号
16) 山口家所蔵（『日本の生活デザイン』建築資料研究社、1999 より）

17) 『建築世界』1936年3月号
18) 『新建築』1938年8月号
19) 『建築』1964年3月号
20) 村井修撮影（RIA建築綜合研究所編『建築家山口文象　人と作品』相模書房、1982より）

【7 前川國男】
扉写真）廣田治雄撮影（『Glass and Architecture』1988年6月号より）
1) 前川建築設計事務所所蔵（宮内嘉久編『前川國男作品集―建築の方法Ⅱ』美術出版社、1990より）
2) Willy Boesiger & Hans Girsberger, Le Corbusier 1910-65, Verlag für Architektur, Zürich（宮内嘉久編『前川國男作品集―建築の方法Ⅱ』美術出版社、1990より）
3) 近江栄・堀勇良『日本の建築　明治大正昭和10』三省堂、1981（宮内嘉久編『前川國男作品集―建築の方法Ⅱ』美術出版社、1990より）
4) 『明治製菓銀座売店競技設計図集』洪洋社、1931（松隈洋『近代建築を記憶する』建築資料研究社、2005より）
5) 『ANTONIN RAYMOND』城南書院、1935（松隈洋『近代建築を記憶する』建築資料研究社、2005より）
6) 『国際建築』1936年1月号（松隈洋『近代建築を記憶する』建築資料研究社、2005より）
7),8),9),10),11),12),13),14),16),17) 松隈洋撮影
15) 松隈洋撮影（1999年）

【8 丹下健三】
扉写真）斎藤康一撮影、丹下都市建築設計提供
1) 読売新聞社提供
2) 新建築社写真部撮影
3) Max Bill & Le Corbusier, LE CORBUSIER 1929-34, Les Editions d' Architecture (Artemis), 1964
4) ©丹下健三（丹下健三・藤森照信『丹下健三』新建築社、2002より）
5),15) 川澄明男撮影（『新建築』1961年3月号より）
6) 丹下都市建築設計所蔵（『SD』1995年9月号より）
7) Max Bill & Le Corbusier, LE CORBUSIER 1910-29, Les Editions d' Architecture (Artemis), 1964
8),9),10),12),13),14) 黒田智子撮影
11) 瀬良茂所蔵（丹下健三・藤森照信『丹下健三』新建築社、2002より）
16) 川澄明男撮影（丹下健三『一本の鉛筆から』日本経済新聞社、1985より）
17),20) 丹下都市建築設計所蔵（丹下健三・藤森照信『丹下健三』新建築社、2002より）
18) アオヤマ・フォト・アート撮影（『プロセスアーキテクチュア』73号、1987より）
19) 村井修撮影（丹下健三・藤森照信『丹下健三』新建築社、2002より）

【9 リチ・上野＝リックス】
扉写真)、3)、6)、7)、10)、11)、13) 京都インターアクト美術学校所蔵（『リチ・上野＝リックス作品集』インターナショナル美術専門学校、1987より）
1) 『ホフマンとウィーン工房』豊田市美術館、1996
2) 『ウィーン世紀末』セゾン美術館、1989
4) 向井正也所蔵（『HIROBA』1987年11月号より）
5),18) 『インターナショナル建築』No.9、1930
8) 京都インターアクト美術学校所蔵（笠原一人撮影）
9),14),16) 群馬県立群馬産業技術センター所蔵（笠原一人撮影）
12) 京都市繊維技術センター所蔵（笠原一人撮影）
15) 群馬県工業試験所撮影
17) 京都インターアクト美術学校所蔵（『ウィーン　生活と美術1873-1938』府中市美術館、2001より）
19) ㈱そごう所蔵（『大阪人』2005年2月号より）
20) 『絵画修復報告』No.5、山領絵画修復工房、1999

【10 剣持勇】
扉写真）剣持デザイン研究所所蔵（『ジャパニーズ・モダン　剣持勇とその世界』松戸市文化振興財団、2004より）
1) 『デザインにっぽんの水脈　東京高等工芸学校の歩み[3]』松戸市教育委員会、2000
2) 産業技術総合研究所提供（『ジャパニーズ・モダン　剣持勇とその世界』松戸市文化振興財団、2004より）
3) ㈱工芸財団所蔵（『日本の生活デザイン』建築資料研究社、1999より）
4) 仙台市博物館所蔵（『デザインにっぽんの水脈　東京高等工芸学校の歩み[3]』松戸市教育委員会、2000より）
5),10),11) 松本哲夫所蔵（『ジャパニーズ・モダン　剣持勇とその世界』松戸市文化振興財団、2004より）
6) 職業能力開発総合大学校所蔵（『ジャパニーズ・モダン　剣持勇とその世界』松戸市文化振興財団、2004より）
7),13) 笠原一人撮影
8) 天童木工所蔵（『デザインにっぽんの水脈　東京高等工芸学校の歩み[3]』松戸市教育委員会、2000より）
9) 天童木工所蔵（『ジャパニーズ・モダン　剣持勇とその世界』松戸市文化振興財団、2004より）
12) ㈱ダスキン所蔵（『ジャパニーズ・モダン　剣持勇とその世界』松戸市文化振興財団、2004より）
14) 石田潤一郎撮影

【11 浜口ミホ】
扉写真）『近代建築』1967年3月号
1) 『国民新聞』大正4年4月29日（内田青蔵・大川三雄・藤谷陽悦編著『図説・近代日本住宅史』鹿島出版会、2001より）
2) 『大正「住宅改造博覧会」の夢』INAX BOOKLET、1988
3) 大熊喜邦『文化村の簡易住宅』洪洋社、1922（『大正「住宅改造博覧会」の夢』INAX BOOKLET、1988より）
4) 西澤泰彦『図説大連都市物語』河出書房新社、1999
5),12),15) 東京建築士会編『105人の住いの記録』、1989
6) 内田青蔵・大川三雄・藤谷陽悦編著『図説・近代日本住宅史』鹿島出版会、2001
7) NPO法人西山夘三記念すまい・まちづくり文庫所蔵（西山夘三『すまい考今学現代日本住宅史』彰国社、1989より）
8) 浜口ミホ「明日の日本住宅」、建設省編『明日の住宅と都市』彰国社、1949
9) 浜口ミホ「浜口ハウジング設計事務所の住宅」『近代建築』1967年3月号
10),11) 浜口ミホ「覚書9外開部住宅群の1案」『新建築』第17巻、第4号、1941
13) 『北海道戦後開拓史』（遠藤明久『北海道住宅史話（下）』住まいの図書館出版局、1994より）

14）浜口美穂所蔵（藤森照信『昭和住宅物語』新建築社、1990 より）
16）日本住宅公団建築部『台所回りの寸法と試作の研究』1956（北川圭子『ダイニング・キッチンはこうして誕生した』技報堂出版、2002 より）
17）『日本住宅公団 10 年史』日本住宅公団、1965（藤森照信『昭和住宅物語』新建築社、1990 より）
18）浜口ミホ「椅子座と床座と住まい方」、日本建築学会編『作法と建築空間』彰国社、1990
19）北川圭子『ダイニング・キッチンはこうして誕生した』技報堂出版、2002

【12 北大路魯山人】
扉写真),8)『北大路魯山人展』京都新聞社、1988
1),2),13),14),15) 中村竹四郎『星岡茶寮』星岡茶寮、1935
3),4) 黒田智子撮影
5) ㈳長浜観光協会提供
6),7) 小松正衛『北大路魯山人』保育社、1995
9),19) 白崎秀雄『北大路魯山人秀作図鑑』グラフィック社、1979
10),11),17),18),20) 八勝館所蔵（黒田智子撮影）
12) 平野雅章編『魯山人著作集　第 2 巻』五月書房、1980
16) 粟田常太郎『星岡』第 21 号、星岡窯研究所、1932

【13 重森三玲】
扉写真),1),10) 重森家所蔵
2),3),5),6),7),8),9),11),13),14),15),16),17),18),19) 重森千青撮影
4) ㈳岡山県観光連盟提供
12) 重森三玲撮影

【14 イサム・ノグチ】
扉写真) ⓒKaz Inoue (Isamu Noguchi, *A Sculptor's World*, Steidl, Göttingen, 2004), portrait right: ARS & SPDA, 2006
1) 高階秀爾監修『カラー版　西洋美術史』美術出版社、1990
2),3),4),9) ⓒ 2006 The Isamu Noguchi Foundation and Garden Museum / ARS, NewYork / SPDA, Tokyo (Isamu Noguchi, *A Sculptor's World*, Steidl, Göttingen, 2004 より)
5),8),12),13),14) Dore Ashton, *Noguchi East and West*, University of California Press, Berkeley and Los Angeles, 1992
6),17) アナ・マリア・トーレス／相馬正弘翻訳監修『イサム・ノグチ　空間の研究』マルモ出版、2000
7),15) ⓒ 2006 The Isamu Noguchi Foundation and Garden Museum / ARS, NewYork / SPDA, Tokyo (Dore Ashton, *Noguchi East and West*, University of California Press, Berkeley and Los Angeles, 1992 より)
10) 綿引幸造撮影（ドウス昌代『イサム・ノグチ―宿命の越境者(下)』講談社文庫、2003 より）
11) Isamu Noguchi, *A Sculptor's World*, Steidl, Göttingen, 2004
16) ⓒ 2006 The Isamu Noguchi Foundation and Garden Museum / ARS, NewYork / SPDA, Tokyo（アナ・マリア・トーレス／相馬正弘翻訳監修『イサム・ノグチ　空間の研究』マルモ出版、2000 より）

索引

事項索引

【あ】
RIA　88,89
アール・デコ　122
アール・ヌーヴォー　34
インターナショナル・スタイル　53,71,87,92,93,122,134
ウィーン工房　22,122,126,129,130
ウィーン分離派　14,18,22,25,34,126,131
【か】
家庭博覧会　150
枯山水　179,183,187,194,196
規範原型　141
キュビスム　163,191
京都林泉協会　162,179
近代建築　16,19,35,38,42,49,50,71,93,103,104,107,118,134
具体美術協会　145,163
工芸指導所　123,138,139,143
51C型　157
【さ】
CIAM　99,112,117
ジャパニーズ・モダーン　137,142,143,144
住宅営団　153,154
住宅改良運動　150,151
住宅改良会　150
シュールレアリスム　15,163,191
書院造　19,26,37
縄文／弥生　58
新興いけばな協会　162,180
新興数寄屋　14,35,37,41,162
新制作派協会　15,88,140,144
数寄屋　18,19,26,29,30,33,35,37,38,39,41,52
生活改善同盟会　150
ゼツェッション　47,98,126
折衷主義、折衷様式　12,25,26,98
創宇社建築会　86,89
【た】
ダイニング・キッチン　157,158
ダダイスム　163,191
茶室　18,19,35,47,49,50,52
帝冠様式　26,48,100,113
デ・ステイル　14,19,34,71
伝統拡大　57,61,62,64
伝統論争　55,110
ドイツ工作連盟　22,123,141
ドムーイノ　71,99,101,104
【な】
日本インターナショナル建築会　127,139

日本住宅公団　157
日本的なもの　14,48,50,139
【は】
バウハウス　14,15,16,71,87,92,123,138,141
非都市的なもの　49,51,52
白東社　180
ヒューマニズム　19,21,26,31
ピュリスム　71
表現主義　14,18,25,34,191
フォービスム　191
フリー・ファサード　99,101,104
フリー・プラン　99,101,104
分離派建築会　14,34,46,86
ポイント・システム　158
星岡窯　173
星岡茶寮　166,172
ポスト・モダニズム　24
【ま】
マヴォ　94
民芸運動　168,170
メキシコ壁画運動　191
メタボリズム・グループ　112,145
モダニズム　13－19,23,27,28,31,35,58,59,62,70,71,93,99,101,102,110,113,122,130,138,139,142,147
モダン・リヴィング　15,155,156
もの派　163
【や】
様式建築、様式主義　18,22,23,24,54,100
【ら】
リヴィング・キッチン　154－157
歴史主義　12,14,18,46,49,50,54,70

人物索引

【あ】
イームズ、チャールズ　140
池辺陽　55
石本喜久治　34,46,87
市浦健　152
猪熊弦一郎　88,116
岩元禄　86
ヴァーグナー、オットー　126
上野伊三郎　127,134
上野＝リックス、リチ　122,125－136
遠藤新　70,73－84,122,152
大谷幸夫　147,192
岡村仁三　38,41
岡本可亭　167
【か】
岸田日出刀　98,111

北大路魯山人　162,163,165－176,192
クリムト、グスタフ　126
グロピウス、ヴァルター　16,87,123
剣持勇　116,123,137－148
コンドル、ジョサイア　46
【さ】
サダオ、ショージ　192,197,199
佐野利器　46,98
重森三玲　162,163,177－188,192
白井晟一　18,19,57－68
ジョンソン、フィリップ　140
清家清　58
関野貞　179
【た】
タウト、ブルーノ　25,35,83,123,127,138,139,141,142
竹内栖鳳　167,171
辰野金吾　75
谷口吉生　192,198
谷口吉郎　98,192
田村剛　178
丹下健三　58,64,71,109－120,140,145,146,192,196
チゼック、フランツ　126,129
勅使河原蒼風　180
デュシャン、マルセル　191
【な】
中條精一郎　86
中村竹四郎　168
中山文甫　180
西山夘三　157
ネルソン、ジョージ　140
ノグチ、イサム　140,142,163,168,173,182,189－200
【は】
橋口信助　150
浜口ミホ　123,149－160
浜口隆一　111,152
バンシャフト、ゴードン　192,195,196
ブランクーシ、コンスタンティン　191,193
ブルトン、アンドレ　191
ブロイヤー、マルセル　140
ペッヘ、ダゴベルト　126
ホフマン、ヨゼフ　126,129
堀口捨己　18,19,34,45－56
本城和彦　157
【ま】
前川國男　71,97－108,111,123,140,147,152
ミース・ファン・デル・ローエ　140
村野藤吾　18,19,21－32,38,128,132,135
モリス、ウィリアム　126
【や】
ヤスパース、カール　59
柳宗悦　168

山口文象　71,85－96,140
山田守　46,86,134
横山不学　98,104
吉田五十八　18,33－44,162
吉武泰水　157
吉田鉄郎　86
【ら】
ライト、フランク・ロイド　70,74,75,77,101,122
ル・コルビュジエ　15,71,98,99,106,109,111,113,114
レーモンド、アントニン　101
【わ】
渡辺節　18,22

作品索引

【あ】
赤い立方体　195
あかりシリーズ　191,195
秋の宮村役場　60
朝香宮邸　122
遊び山　191,199
安楽椅子 SM7051　145
ヴァイセンホーフ・ジードルンク　16
宇部市民会館　27,28
遠藤新自邸　80
黄金の茶室　48
大阪新歌舞伎座　29
大阪万国博覧会　お祭り広場　110
大阪万国博覧会　松下館　43
大島測候所　52,53
岡田邸　52
荻原庫吉邸　80
【か】
カーダスキン　145,146
香川県庁舎　116,146,147
柏戸椅子　144
佳水園　30
神奈川県立図書館・音楽堂　105
加能合同銀行本店　25
壁紙　蔓・花　127
壁紙　麦と雲雀　129
カリフォルニア・シナリオ　197
川合玉堂邸　36,40
関西大学　28
岸和田城庭園　186
北村邸　41,42
規箱原型タイプ C2　141
京都会館　105
京都市役所貴賓室　127,129,134
清洲橋　87,91
熊本県立美術館　107
倉敷市庁舎　114

黒部川第二発電所　92
原爆堂計画　60,63,64
小出邸　51
甲子園ホテル　78,82,122
国立屋内総合競技場　118
国立京都国際会館　147
国立西洋美術館　106
小林古径邸　39,40
コマツユニカLT1200　146
小屋平ダム　92
近藤賢二別邸　81
【さ】
埼玉県立博物館　106,107
在盤谷日本文化会館　105,112
在ローマ日本文化会館　43
サンパウロ日本館　55
紫烟荘　51
七宝の宝石箱　カーニバル　133,134
七宝のマッチ飾り箱　マッチ棒／紳士／淑女　130,134
如庵　48
自由学園　75,77,78,79
松濤美術館　62
縄文的なるもの　19,58,60,61
新大阪ビル　24,28,29
新制作座文化センター　94,95
新高輪プリンスホテル　31
新萬來舎　140,192
親和銀行　62,65,66,67
数寄屋橋　91
鈴木邸　41,42
スター・バー　127,134
スタッキングスツール 202　144
スペインの別荘　159
世界平和記念聖堂　28
善照寺　63
そごう百貨店　27,135
【た】
大東亜建設記念造営計画　112
大東亜建設忠霊神域計画　111
大日本精糖堺工場　88
タワー灰皿セット　145,146
チェイス・マンハッタン銀行ビルのサンクンガーデン　196
中宮寺本堂　43
中国・白城子風物絵巻　132
千代田生命本社ビル　24,30,31
帝国議会議事堂　12,18,76
帝国ホテル　18,70,74,75,122
天籟庵　178,179
ドイツ文化研究所　29
東京駅　18,75
東京カテドラル・聖マリア聖堂　114

東京計画1960　117
東京帝室博物館　100
東京都庁舎　119
東京文化会館　106
東福寺本坊庭園　183,184,185
土門拳記念館の庭園　198
豊海橋　91
【な】
日生劇場　30
日生劇場・アクトレス　135
日本芸術院会館　42
日本歯科医学専門学校附属病院　92,93
日本住宅の封建性　153,157,159
日本生命日比谷ビル　25,30
日本相互銀行本店　104
日本庭園史図鑑　179,180
濡額　八勝　171
ノアビル　60
【は】
八勝館・御幸の間　54
浜口ミホ自邸　156,157
林芙美子邸　88
番町集合住宅　87,94
広島ピースセンター　64,115
広島ピースセンター　原爆慰霊碑　192
フィナンツィアリア・フィエレ・ディ・ボローニャ広場　196
ブリュッセル万博日本館　147
プリント・デザイン　CANDY　131
プレモス　103,104,156,157
【ま】
マーサ・グラハムのための舞台美術　190,191
前川國男自邸　103
松井田町役場　63
松尾大社庭園　181,187
丸椅子 C-315-E　144
満州中央銀行　74,83
目白ヶ丘教会　76
モエレ沼公園　199
森五商店東京支店　27
【や】
ヤクルト容器　145,146
矢部部勤吉邸　81
山田智三郎邸　93,94
ユネスコ本部庭園　192
吉屋信子邸　39
【ら】
ラムダーハウス　90
ルナー彫刻　191,195
ローコストハウス　88,94
【わ】
若狭邸　53,54

執筆者略歴　　　　　　　　　　　　　　　　　　　　　　　　　　　　　　　　　　　　　　（執筆順）

黒田智子　　　　　　　　　　　　　　　　　　　　　　　　　　　　　　Tomoko Kuroda
武庫川女子大学生活環境学部生活環境学科・短期大学部生活造形学科教授。
1958年兵庫県生まれ。京都工芸繊維大学工芸学部住環境学科卒業、神戸大学大学院自然科学研究科環境科学専攻博士後期課程単位修得退学、スイス連邦工科大学建築理論研究所客員研究員を経て、2010年より現職。著書に『作家たちのモダニズム』(編著、学芸出版社)、『Encyclopedia of the City』(共著、Routledge, London)、『Anthologie zum Stadtebau Band III』(共著、Gebr. Mann Verlag・Berlin) など。

笠原一人　　　　　　　　　　　　　　　　　　　　　　　　　　　　　　Kazuto Kasahara
京都工芸繊維大学大学院工芸科学研究科助教。
1970年生まれ。京都工芸繊維大学工芸学部造形工学科卒業。同大学院工芸科学研究科博士課程修了。博士(学術)。共著書に『近代建築史』(昭和堂)、『建築MAP大阪／神戸』(TOTO出版)、『関西のモダニズム建築20選』(淡交社)、『京・まちづくり史』(昭和堂)、『戦争を学ぶミュージアム／メモリアル』(岩波書店)、『EXPO'70』(ダイヤモンド社)など。

青井哲人　　　　　　　　　　　　　　　　　　　　　　　　　　　　　　Akihito Aoi
明治大学理工学部建築学科教授。
1970年生まれ。京都大学工学部建築学科卒業。同大学院修士課程修了、同大学院博士課程中退。博士(工学)。神戸芸術工科大学助手、人間環境大学准教授などを経て現職。著書に『植民地神社と帝国日本』(吉川弘文館)、『彰化一九〇六年一市区改正が都市を動かす』(アセテート)、『アジア都市建築史』(共著、昭和堂)など。共訳書に『生きている住まい』(学芸出版社)、『植えつけられた都市』(京都大学学術出版会)。

本田昌昭　　　　　　　　　　　　　　　　　　　　　　　　　　　　　　Masaaki Honda
大阪工業大学工学部建築学科教授。
1963年京都府生まれ。京都工芸繊維大学大学院工芸科学研究科博士後期課程単位取得満期退学。博士(学術)。大阪府立工業高等専門学校助教授、京都工芸繊維大学研究員等を経て現職。著書に『テキスト建築の20世紀』(共編著、学芸出版社)、『作家たちのモダニズム』『カラー版 図説 西洋建築の歴史』(以上共著、学芸出版社)、『ヨーロッパ建築史』『近代建築史』(以上共著、昭和堂)など。

田中禎彦　　　　　　　　　　　　　　　　　　　　　　　　　　　　　　Sadahiko Tanaka
山梨県教育庁学術文化財課長。
1969年生まれ。京都大学工学部建築学科卒業、同大学大学院生活空間学専攻博士課程中退。博士(工学)。文化庁文化財調査官、ICCROM(文化財保存修復研究国際センター、在ローマ)プロジェクトマネージャー等を経て現職。著書に『日本人建築家の軌跡』(至文堂)、『近代建築史』(共著、昭和堂)、『東畑謙三の光跡』(共著、日刊建設通信新聞社)、『日本建築の空間』(共編著、新建築社)等。論考に「20世紀前半の朝鮮総督府による朝鮮の歴史的建造物の調査保存事業について」等。

加嶋章博　　　　　　　　　　　　　　　　　　　　　　　　　　　　　　Akihiro Kashima
摂南大学理工学部建築学科教授。
1969年生まれ。京都工芸繊維大学工芸学部造形工学科卒業、カタルーニャ工科大学大学院留学、京都工芸繊維大学大学院修了。博士(学術)。ジローナ市役所都市計画課、渡辺豊和建築工房、聖母女学院短期大学講師を経て現職。共著書に『GIRONA Pedres i Flors』(Universitat de Girona)、『テキスト建築の20世紀』(学芸出版社)など。

松隈　洋　　　　　　　　　　　　　　　　　　　　　　　　　　　　　　Hiroshi Matsukuma
京都工芸繊維大学美術工芸資料館教授。
1957年生まれ。京都大学工学部建築学科卒業後、前川國男建築設計事務所入所。2000年京都工芸繊維大学助教授。2008年10月より現職。博士(工学)。著書に『坂倉準三とはだれか』(王国社)、『近代建築を記憶する』(建築資料研究社)、『ルイス・カーン―構築への意志』(丸善)、編著に『前川國男　現代との対話』(六耀社)など。

奥　佳弥　　　　　　　　　　　　　　　　　　　　　　　　　　　　Kaya Oku
大阪芸術大学芸術学部建築学科准教授。
1962 年生まれ。奈良女子大学住居学科卒業。オランダ政府給費生としてアムステルダム自由大学文学部美術史学科に留学。京都工芸繊維大学大学院工芸科学研究科博士後期課程修了。博士（学術）。神戸芸術工科大学環境デザイン学科助手、大阪芸術大学建築学科専任講師を経て、2004 年より現職。著書に『リートフェルトの建築』(TOTO 出版)、共著書に『デ・ステイル 1917 – 1932』(河出書房新社)、『ヨーロッパ建築史』(昭和堂)、『国際デザイン史』(思文閣出版)、『作家たちのモダニズム』(学芸出版社) など。

小林正子　　　　　　　　　　　　　　　　　　　　　　　　　　　Masako Kobayashi
成安造形大学、摂南大学、帝塚山大学非常勤講師。
ユニバーシティ・カレッジ・ロンドン留学。京都工芸繊維大学大学院工芸科学研究科博士後期課程修了。博士（学術）。一級建築士。共著書に『作家たちのモダニズム』『カラー版 図説 西洋建築の歴史』(以上、学芸出版社)、『ヨーロッパ建築史』『近代建築史』(以上、昭和堂) など。

重森千靑　　　　　　　　　　　　　　　　　　　　　　　　　　　Chisao Shigemori
㈲重森庭園設計研究室主宰、京都工芸繊維大学非常勤講師。
1958 年生まれ。中央大学文学部文学科卒業。㈲カワサキ造園、㈱重森完途庭園研究所を経て現職。作品に「長保寺寂光庭」「松尾大社瑞翔殿庭園」「重森三玲記念館庭園」「Ｓ邸 融和の庭」など。著書に『京の庭』(ウエッジ)、『ランドスケープの新しい波』(共著、メイプルプレス)、「京の庭(CD)」(共著、トランスアート）。

南　智子　　　　　　　　　　　　　　　　　　　　　　　　　　　Tomoko Minami
京都工芸繊維大学大学院工芸科学研究科博士後期課程建築学専攻。
1965 年京都市生まれ。京都工芸繊維大学工芸学部住環境学科卒業、同大学院工芸学研究科住環境学専攻修士課程修了。研究対象はバロックの建築家フランチェスコ・ボッロミーニ。共著書に『作家たちのモダニズム』『カラー版 図説 西洋建築の歴史』(以上、学芸出版社)。

近代日本の作家たち
建築をめぐる空間表現

2006 年 1 月 30 日　初版第 1 刷発行
2024 年 12 月 20 日　初版第 6 刷発行

編　者………黒田智子
発行者………井口夏実
発行所………株式会社 学芸出版社
　　　　　　京都市下京区木津屋橋通西洞院東入
　　　　　　電話 075 – 343 – 0811　〒600 – 8216

装　丁………有光茂樹・有光真理
　　　　　　CRATER Design Works
装　画………黒田智子　奥田有美
　　　　　　武庫川女子大学 生活環境学科 空間計画第 3 研究室
印　刷………イチダ写真製版
製　本………新生製本

Ⓒ 黒田智子ほか 2006　　　　　Printed in Japan
ISBN 978 – 4 – 7615 – 2379 – 4